4급

쉽게 따는

행복漢한 급수한자

새희망

한자능력검정시험안내

✣ 한자능력검정시험이란 ?

· 한자능력검정시험은 한자 활용 능력을 측정하는 시험으로 공인급수 시험(특급, 특급Ⅱ, 1급, 2급, 3급, 3급Ⅱ)과 교육급수 시험(4급, 4급Ⅱ, 5급, 5급Ⅱ 6 급, 6급Ⅱ, 7급, 7급Ⅱ, 8급)으로 나뉘어져 실시합니다.

· 한자능력검정시험은 1992년 처음 시행되어 2001년부터 국가공인자격시험(1급~4급)으로 인정받았고 2005년 29회 시험부터 3급Ⅱ 이상은 국가공인시험으로 치러지고 있습니다.

· 자세한 내용은 시행처인 한국 한자능력검정회 홈페이지 **www.hanja.re.kr**에서, 시험점수와 합격안내는 **www.hangum.re.kr**을 참조하세요!

✣ 어떤 문제가 나올까요?

각 급수별로 문제 유형은 아래 표와 같습니다.

구분	특급	특급Ⅱ	1급	2급	3급	3급Ⅱ	4급	4급Ⅱ	5급	5급Ⅱ	6급	6급Ⅱ	7급	7급Ⅱ	8급
독음	45	45	50	45	45	45	32	35	35	35	33	32	32	22	24
훈음	27	27	32	27	27	27	22	22	23	23	22	29	30	30	24
장단음	10	10	10	5	5	5	3	0	0	0	0	0	0	0	0
반의어(상대어)	10	10	10	10	10	10	3	3	3	3	3	2	2	2	0
완성형(성어)	10	10	15	10	10	10	5	5	4	4	3	2	2	2	0
부수	10	10	10	5	5	5	3	3	0	0	0	0	0	0	0
동의어(유의어)	10	10	10	5	5	5	3	3	3	3	2	0	0	0	0
동음 이의어	10	10	10	5	5	5	3	3	3	3	2	0	0	0	0
뜻풀이	5	5	10	5	5	5	3	3	3	3	2	2	2	2	0
약자	3	3	3	3	3	3	3	3	3	3	0	0	0	0	0
한자 쓰기	40	40	40	30	30	30	20	20	20	20	20	10	0	0	0
필순	0	0	0	0	0	0	0	0	3	3	3	3	2	2	2
한문	20	20	0	0	0	0	0	0	0	0	0	0	0	0	0

· 독음 : 한자의 소리를 묻는 문제입니다.
· 훈음 : 한자의 뜻과 소리를 동시에 묻는 문제입니다. 특히 대표훈음을 익히시기 바랍니다.
· 반의어.상대어 : 어떤 글자(단어)와 반대 또는 상대되는 글자(단어)를 알고 있는가를 묻는 문제입니다.
· 완성형 : 고사성어나 단어의 빈칸을 채우도록 하여 단어와 성어의 이해력 및 조어력을 묻는 문제입니다.
· 동의어.유의어 : 어떤 글자(단어)와 뜻이 같거나 유사한 글자(단어)를 알고 있는가를 묻는 문제입니다.
· 동음이의어 : 소리는 같고, 뜻은 다른 단어를 알고 있는가를 묻는 문제입니다.
· 뜻풀이 : 고사성어나 단어의 뜻을 제대로 알고 있는가를 묻는 문제입니다.
· 한자쓰기 : 제시된 뜻, 소리, 단어 등에 해당하는 한자를 쓸 수 있는가를 확인하는 문제입니다.
· 필순 : 한 획 한 획의 쓰는 순서를 알고 있는가를 묻는 문제입니다. 글자를 바르게 쓰기 위해 필요합니다.

· 4급 출제 유형 : 독음(32) 훈음(22) 반의어(3) 완성형(5) 부수(3) 동의어(3) 동음이의어(3) 뜻풀이(3) 약자(3) 한자쓰기(20) 장단음(3)

* 출제 기준은 기본지침으로서 출제자의 의도에 따라 차이가 있을 수 있습니다.

합격 기준표

구분	특급 · 특급II	1급	2급 · 3급 · 3급II	4급 · 4급II · 5급 · 5급II	6급	6급II	7급	7급II	8급
출제 문항수	200		150	100	90	80	70	60	50
합격 문항수	160		105	70	63	56	49	42	35
시험시간	100분	90분	60분	50분					

✣ 급수는 어떻게 나뉘나요?

8급부터 시작하고 초등학생은 4급을 목표로, 중고등학생은 3급을 목표로 두면 적당합니다.

급수	읽기	쓰기	수준 및 특성 배정한자
특급	5,978	3,500	국한혼용 고전을 불편 없이 읽고, 연구할 수 있는 수준 고급
특급II	4,918	2,355	국한혼용 고전을 불편 없이 읽고, 연구할 수 있는 수준 중급
1급	3,500	2,005	국한혼용 고전을 불편 없이 읽고, 연구할 수 있는 수준 초급
2급	2,355	1,817	상용한자를 활용하는 것은 물론 인명지명용 기초한자 활용 단계
3급	1,817	1,000	고급 상용한자 활용의 중급 단계
3급II	1,500	750	고급 상용한자 활용의 초급 단계
4급	1,000	500	중급 상용한자 활용의 고급 단계
4급 II	750	400	중급 상용한자 활용의 중급 단계
5급	500	300	중급 상용한자 활용의 초급 단계
5급 II	400	225	중급 상용한자 활용의 초급 단계
6급	300	150	기초 상용한자 활용의 고급 단계
6급 II	225	50	기초 상용한자 활용의 중급 단계
7급	150	-	기초 상용한자 활용의 초급 단계
7급 II	100	-	기초 상용한자 활용의 초급 단계
8급	50	-	한자 학습 동기 부여를 위한 급수

* 상위급수의 배정한자는 하위급수의 한자를 포함하고 있습니다.

✣ 급수를 따면 어떤 점이 좋을까요?

· 우리말은 한자어가 70%를 차지하므로 한자를 이해하면 개념에 대한 이해가 훨씬 빨라져 학업 능률이 향상됩니다.
· 2005학년부터 수능 선택 과목으로 한문 과목이 채택되었습니다.
· 수많은 대학에서 대학수시모집, 특기자전형지원, 대입면접시 가산점을 부여하고 학점이나 졸업인증에도 반영하고 있습니다.
· 언론사, 일반 기업체 인사고과에도 한자 능력을 중시합니다.

급수한자 200%활용법

다양한 학습 방법으로 기초를 튼튼히!!!

❖ 한자 소개

앞으로 배울 한자를 20자씩 뜻 그림과 함께 소개합니다.

❖ 기본 학습

훈(뜻)과 음(소리)

한자 익히기의 기본인 훈(뜻)과 음(소리)을 알기

뜻 그림

한자의 뜻을 알기 쉽게 그림으로 표현

필순

필순에 맞게 바르게 따라 쓰기

장단음 표기

':'는 장음 한자 표시이며, '(:)'은 장·단 두 가지로 발음되는 한자 표시이고 단음인것은 표시를 하지 않았습니다.

한자 유래

재미있는 한자 풀이를 통해 유래 알기

교과서 단어

해당 한자가 들어 있는 교과서 단어

약자

해당 한자의 약자 익히기

쓰기 연습란

충분한 반복 쓰기 연습

4급 급수한자　　월　일 확인:

傑

뛰어날 걸 (亻/人부)

한자의 유래 뛰어난 사람이란 뜻의 인(亻/人)과 발음을 결정한 걸(桀)이 합쳐진 한자입니다.

· 傑作(걸작) : 매우 뛰어난 작품.

(총 12획)

傑 뛰어날 걸

儉

검소할 검 : (亻/人부)

한자의 유래 검소한 사람이란 뜻을 결정한 사람 인(亻/人)과 발음을 결정한 첨(僉)이 합쳐진 한자입니다.

· 儉素(검소) : 꾸밈이 없이 무던함.

(총 15획)

儉 검소할 검

약자 倹

이 정도 실력이면 급수따기 OK!

예상 문제 暇刻覺干看簡敢甘

.다음 漢字語(한자어)의 讀音(독음)을 쓰세요.

1) 視覺 (　　　)	11) 傑作 (
2) 簡便 (　　　)	12) 儉素 (
3) 看過 (　　　)	13) 堅固 (
4) 休暇 (　　　)	14) 犬馬 (
5) 勇敢 (　　　)	15) 打擊 (
6) 刻苦 (　　　)	16) 感激 (
7) 降下 (　　　)	17) 干求 (

모의 한자능력검정시험 제1회

第1回 漢字能力儉定試驗 4級

1 다음 漢字語의 讀音을 쓰세요. (1~20)

<보기> 天地 ⇨ 천지

1. 看過
2. 傾向
3. 紀念
4. 拍手
5. 負擔
6. 總額

13. 潔白
14. 努力
15. 飛行
16. 田園
17. 風景

✣ 예상문제

실제 한자능력시험에 나왔던 문제와 예상문제를 단원이 끝날 때마다 제시하였습니다.

✣ 모의한자능력시험

실제 시험과 똑같은 답안지와 함께 제공되어 실제 시험처럼 풀면서 실전 감각을 익힐 수 있습니다.

재미있게 놀며 다시 한 번 복습을…

8 한자 복습

필순에 따라 한자를 써 보세요.

月 달 월 — 月 - 총 4획 丿 刀 月 月 · 月出(월출), 月末(월말)

火 불 화 — 火 - 총 4획 · · 丷 火 · 火山(화산), 火災(화재)

水

木

만화로 읽는 사자성어

走馬看山 (주마간산)

달리는 말 위에서 산천을 구경한다는 뜻으로 천천히 살펴볼 틈 없이 바삐 서둘러 대강대강 보고 지나침을 이르는 말입니다.

✣ 복습(8,7,6,5,4급II)

8,7,6,5,4급II에서 공부했던 한자를 다시 한 번 읽고, 써 보면서 복습을 합니다.

✣ 만화 사자성어

사자성어를 만화로 쉽게 이해할 수 있게 구성하였습니다. 배운 사자성어를 생활 속에서 적절히 사용해 보세요.

8급, 7급, 6급, 5급 4급II
상대어 · 반의어, 유의어,
약자, 모양이 비슷한 한자,
일자 다음어

✣ 부록

반의어, 유의어, 약자, 모양이 비슷한 한자, 일자 다음어를 수록하였습니다.

찾아보기 (4급 250자)

4급 과정

暇
겨를/틈 가

刻
새길 각

覺
깨달을 각

看
볼 간

干
방패 간

簡
간략할/대쪽 간

敢
감히/구태여 감

甘
달 감

甲
갑옷 갑

降
내릴 강/항복할 항

居
살 거

巨
클 거

拒
막을 거

據
근거 거

傑
뛰어날 걸

儉
검소할 검

擊
칠 격

激
격할 격

堅
굳을 견

犬
개 견

한자의 유래 시간이란 뜻을 결정한 일(日)과 발음을 결정한 나머지 글자가 합쳐진 한자입니다.

· 休暇(휴가) : 일정한 기간 동안 쉬는 일.

겨를/틈 가 : (日부) (총 13획)

暇	暇	暇	暇	暇	暇	暇	暇
겨를/틈 가							
暇							

한자의 유래 지금은 그 음이 변하였지만 발음을 결정한 해(亥)와 도(刂/刀)가 합쳐진 한자입니다.

· 時刻(시각) : 시간의 어느 한 시점.

새길 각 (刂/刀부) (총 8획)

刻	刻	刻	刻	刻	刻	刻	刻
새길 각							
刻							

월 일 확인:

깨달을 **각** (見부)

한자의 유래 발음을 결정한 학(學)과 '보고서 깨닫는다, 눈을 뜨다' 등의 뜻을 결정한 볼 견(見)이 합쳐진 한자입니다.

· 覺書(각서) : 상대편에게 약속하는 내용을 적어 주는 문서.

(총 20획)

覺	覺	覺	覺	覺	覺	覺	覺
깨달을 각							
覺							약자 覚

방패 **간** (干부)

한자의 유래 처음에는 'Y' 자 모양의 나무 막대기를 이용하여 방패로 사용했던 아주 원시적인 무기를 본뜬 한자입니다.

· 干滿(간만) : 밀물과 썰물.

干 干 干 (총 3획)

干	干	干	干	干	干	干	干
방패 간							
干							

한자의 유래 손의 모습을 본뜬 손 수(手)와 눈 목(目)이 합쳐진 글자로 손을 눈썹 위에 얹어 햇빛을 가리고 멀리 보고 있는 모습을 본뜬 한자입니다.

· 看過(간과) : 대강 보아 넘김.

볼 간 (目부)

一 二 三 手 手 看 看 看 看 (총 9획)

看	看	看	看	看	看	看	看
볼 간							
看							

한자의 유래 뜻을 결정한 대나무 죽(竹)과 발음을 결정한 간(間)이 합쳐진 한자입니다.

· 簡單(간단) : 까다롭지 않고 단순함.

간략할 / 대쪽 간(:) (竹부)

⺮ 竹 竹 竹 竹 竹 竹 筲 筲 筲 筲 簡 簡 簡 (총 18획)

簡	簡	簡	簡	簡	簡	簡	簡
간략할/대쪽 간							
簡							

한자의 유래 짐승의 모습을 본뜬 '亠 + 耳' 와 짐승을 맨손으로 잡고 있는 모습인 '攵' 이 합쳐진 한자로 사나운 짐승을 겁도 없이 쥐고 있어 '함부로', '감히' 등의 뜻을 결정했습니다.

· 勇敢(용감) : 씩씩하고 겁이 없으며 기운참.

감히 / 구태여 감 : (攵/攴부) (총 12획)

敢	敢	敢	敢	敢	敢	敢	敢
감히/구태여 감							
敢							

혀의 모습과 혀의 위에 음식이 놓여진 모습을 본뜬 한자입니다.

· 甘言(감언) : 듣기 좋게 하는 달콤한 말.

달 감 (甘부) 一 十 廾 廿 甘 (총 5획)

甘	甘	甘	甘	甘	甘	甘	甘
달 감							
甘							

한자의 유래 갑옷의 갈라진 틈을 잘 표현한 한자입니다.

· 甲富(갑부) : 첫째가는 큰 부자.

갑옷 **갑** (田부)

甲 (총 5획)

甲	甲	甲	甲	甲	甲	甲	甲
갑옷 갑							
甲							

한자의 유래 언덕의 모습을 본뜬 부(阝/阜)와 두 발의 모습을 본뜬 글자가 합쳐져 언덕을 '내려오다' 는 뜻을 결정했습니다.

· 下降(하강) : 높은 데서 낮은 데로 내려옴.

내릴 **강**:/항복할 **항** (阝/阜부)

降 (총 9획)

降	降	降	降	降	降	降	降
내릴 강/항복할 항							
降							

한자의 유래 걸터앉아 있는 사람의 모습을 본뜬 시(尸)와 발음을 결정한 고(古)가 합쳐진 한자입니다.

· 同居(동거) : 한집에서 같이 삶.

살 거 (尸부) ㇇ コ 尸 尸 尸 屈 居 居 (총 8획)

居	居	居	居	居	居	居	居
살 거							
居							

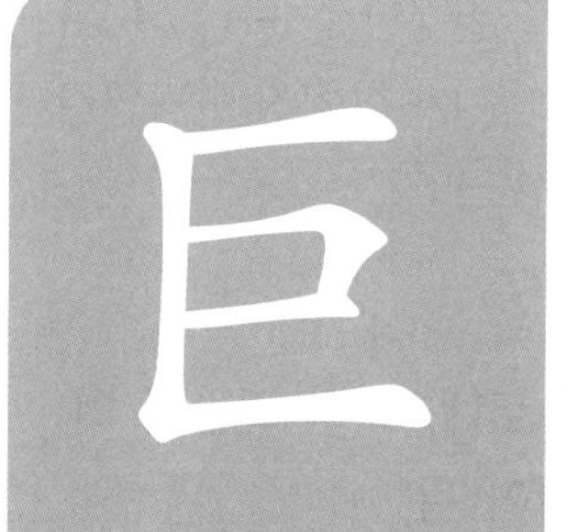

한자의 유래 커다란 굽은 자의 모습을 본뜬 한자입니다.

· 巨人(거인) : 보통 사람보다 몸이 유난히 큰 사람.

클 거 : (工부) 丨 𠃌 𠂈 巨 巨 (총 5획)

巨	巨	巨	巨	巨	巨	巨	巨
클 거							
巨							

한자의 유래 '막는다' 는 뜻을 결정한 손 수(扌/手)와 발음을 결정한 거(巨)가 합쳐진 한자입니다.

· 拒絕(거절) : 받아들이지 아니하고 물리침.

막을 **거** : (扌/手부) 拒 (총 8획)

拒	拒	拒	拒	拒	拒	拒	拒
막을 거							
拒							

한자의 유래 '의거하다' 는 뜻을 결정한 손 수(扌/手)와 발음을 결정한 거(豦)가 합쳐진 한자입니다.

· 根據(근거) : 근본이 되는 토대, 어떤 의견의 이유 또는 바탕이 됨.

근거 **거** : (扌/手부) 據 (총 16획)

據	據	據	據	據	據	據	據
근거 거							
據							약자 拠

한자의 유래 뛰어난 사람이란 뜻의 인(亻/人)과 발음을 결정한 걸(桀)이 합쳐진 한자입니다.

· 傑作(걸작) : 매우 뛰어난 작품.

뛰어날 **걸** (亻/人부) 丿 亻 亻' 亻ク 亻夕 亻夕ㄧ 亻夕ニ 亻桀 亻桀 亻桀 傑 傑 (총 12획)

傑	傑	傑	傑	傑	傑	傑	傑
뛰어날 걸							
傑							

한자의 유래 검소한 사람이란 뜻을 결정한 사람 인(亻/人)과 발음을 결정한 첨(僉)이 합쳐진 한자입니다.

· 儉素(검소) : 꾸밈이 없이 무던함.

검소할 **검** : (亻/人부) 丿 亻 亻' 亻亼 亻亼 亻亼 亻合 亻合 亻合 亻僉 亻僉 亻僉 儉 儉 儉 (총 15획)

儉	儉	儉	儉	儉	儉	儉	儉
검소할 검							
儉							약자 倹

擊

한자의 유래 손으로 '치다'는 뜻을 결정한 손 수(手)와 발음을 결정한 격(毄)이 합쳐진 한자입니다.

· 攻擊(공격) : 나아가 적을 침.

칠 격 (手부)

擊 (총 17획)

擊	擊	擊	擊	擊	擊	擊	擊
칠 격							
擊							

激

한자의 유래 물살이 격렬하게 '부딪히다'는 뜻을 결정한 물 수(氵/水)와 발음을 결정한 나머지 글자가 합쳐진 한자입니다.

· 感激(감격) : 마음 속에 깊이 느껴 격동됨.

격할 격 (氵/水부)

激 (총 16획)

激	激	激	激	激	激	激	激
격할 격							
激							

한자의 유래 굳은 땅이라는 뜻을 결정한 흙 토(土)와 발음을 결정한 나머지 글자가 합쳐진 한자입니다.

· 堅固(견고) : 굳고 튼튼함.

굳을 **견** (土부)

(총 11획)

堅	堅	堅	堅	堅	堅	堅	堅
굳을 견							
堅							

한자의 유래 개의 모습을 잘 표현한 글자로 '丶'는 개의 꼬리 부분을 표현한 것입니다.

· 忠犬(충견) : 주인에게 충직한 개.

개 **견** (犬부)

一 ナ 大 犬 (총 4획)

犬	犬	犬	犬	犬	犬	犬	犬
개 견							
犬							

예상 문제 暇刻覺干看簡敢甘甲降

1. 다음 漢字語(한자어)의 讀音(독음)을 쓰세요.

1) 視覺 (　　　　　　)
2) 簡便 (　　　　　　)
3) 看過 (　　　　　　)
4) 休暇 (　　　　　　)
5) 勇敢 (　　　　　　)
6) 刻苦 (　　　　　　)
7) 降下 (　　　　　　)
8) 巨物 (　　　　　　)
9) 甘草 (　　　　　　)
10) 居住 (　　　　　　)
11) 傑作 (　　　　　　)
12) 儉素 (　　　　　　)
13) 堅固 (　　　　　　)
14) 忠犬 (　　　　　　)
15) 打擊 (　　　　　　)
16) 感激 (　　　　　　)
17) 干求 (　　　　　　)
18) 同甲 (　　　　　　)
19) 根據 (　　　　　　)
20) 拒絕 (　　　　　　)

2. 다음 漢字(한자)의 訓(훈)과 音(음)을 쓰세요.

1) 堅 (　　　,　　　)
2) 刻 (　　　,　　　)
3) 覺 (　　　,　　　)
4) 擊 (　　　,　　　)
5) 看 (　　　,　　　)
6) 降 (　　　,　　　)
7) 敢 (　　　,　　　)
8) 犬 (　　　,　　　)
9) 拒 (　　　,　　　)
10) 居 (　　　,　　　)

11) 巨 (,)
12) 甲 (,)
13) 儉 (,)
14) 簡 (,)
15) 據 (,)
16) 傑 (,)
17) 干 (,)
18) 激 (,)
19) 暇 (,)
20) 甘 (,)

3. 다음 밑줄 친 단어를 漢字(한자)로 쓰세요.

1) 이런 일들은 여가시간을 잘 활용하여 해결할 수 있다.
2) 거인들이 사는 나라가 정말 있을까?
3) 촌각을 다투는 급박한 상황이 발생하였다.
4) 이렇게 간단한 일 조차도 못하면 어떡하니?
5) 선각자의 길에는 어려움이 늘 있다.
6) 멀리 타향에서 아무도 간호해 주는 사람도 없이 그는 병을 앓았다.
7) 적군이 우리를 향해 반격을 하기 시작하였다.
8) 이 도시는 걸출한 인물을 많이 배출하였다.
9) 그는 견과류를 매우 좋아한다.
10) '오수의 개' 이야기는 우리나라의 대표적인 충견에 대한 전설이다.

4. 다음 질문에 맞는 漢字(한자)를 보기에서 골라 번호를 쓰세요.
(반의어, 동의어, 동음이의어, 완성형, 부수)

보기

① 暇	② 刻	③ 覺	④ 干	⑤ 看
⑥ 簡	⑦ 敢	⑧ 甘	⑨ 甲	⑩ 降
⑪ 居	⑫ 巨	⑬ 拒	⑭ 據	⑮ 傑
⑯ 儉	⑰ 擊	⑱ 激	⑲ 堅	⑳ 犬

1) 警과 비슷한 의미의 한자는?

2) 監과 비슷한 의미의 한자는?

3) 住와 비슷한 의미의 한자는?

4) 小와 상대 또는 반대의 의미를 가진 한자는?

5) 登과 상대 또는 반대의 의미를 가진 한자는?

6)苦와 상대 또는 반대의 의미를 가진 한자는?

7) 檢과 音은 같으나 뜻이 다른 한자는?

8) (　　)馬之勞(개나 말 정도의 하찮은 힘, 자신의 노력을 낮추어 이르는 말)에 들어갈 한자는?

9) 自(　　)之心(자기가 한일에 대해 미흡하게 여기는 마음)에 들어갈 한자는?

10) 田을 부수로 가진 한자는?

5. 다음 뜻에 맞는 한자를 보기에서 고르시오.

보기
① 先覺 ② 堅固 ③ 降等
④ 干求 ⑤ 愛犬

1) 사물이나 세상에 대하여 남보다 먼저 깨달음. ( )
2) 등급이나 계급이 낮아짐. ( )
3) 개를 사랑함, 또는 그 개. ( )

6. 다음 漢字(한자)의 略字(약자)를 쓰세요

1) 覺 ⇨
2) 據 ⇨
3) 儉 ⇨

7. 다음 漢字語(한자어) 중에서 앞 글자가 長音(장음)으로 발음되는 것을 고르세요

1) ① 自覺 ② 看過 ③ 甘草 ④ 儉約
2) ① 看板 ② 假令 ③ 刻苦 ④ 休暇
3) ① 加減 ② 時刻 ③ 敢行 ④ 新婦

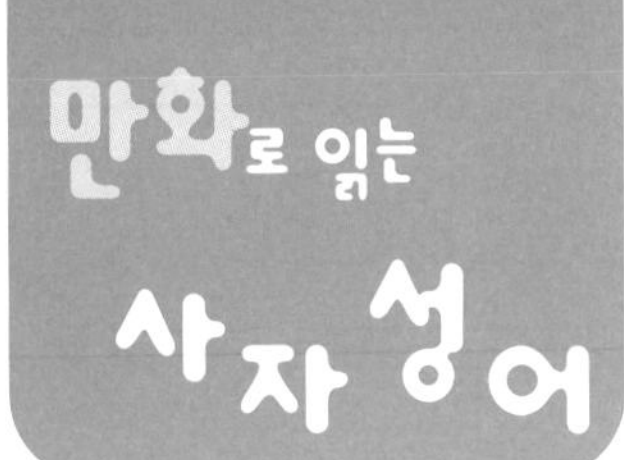

走馬看山(주마간산)

달리는 말 위에서 산천을 구경한다는 뜻으로 천천히 살펴볼 틈 없이 바삐 서둘러 대강대강 보고 지나침을 이르는 말입니다.

❖ 走:달릴 주, 馬:말 마, 看:볼 간, 山:뫼 산

4급 과정

傾
기울 경

更
고칠 경/다시 갱

鏡
거울 경

驚
놀랄 경

季
계절 계

戒
경계할 계

系
이어맬/이을 계

繼
이을 계

階
섬돌 계

鷄
닭 계

孤
외로울 고

庫
곳집 고

穀
곡식 곡

困
곤할 곤

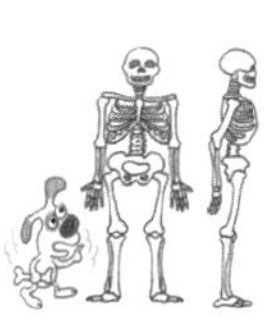

骨
뼈 골

孔
구멍 공

攻
칠 공

管
대롱/주관할 관

鑛
쇳돌 광

構
얽을 구

한자의 유래 처음에 기울다는 뜻을 가진 한자는 경(頃)이었는데 지금은 경(頃)이 '요사이', '근래'라는 뜻으로 쓰이다 보니 인(亻/人)이 합쳐져 경(傾)이 '기울다' 라는 뜻으로 쓰입니다.

· 傾向(경향) : 어떤 방향으로 기울어 쏠림.

기울 경 (亻/人부)

(총 13획)

傾	傾	傾	傾	傾	傾	傾	傾
기울 경							
傾							

한자의 유래 돌을 깎아서 만든 편경의 모습을 본뜬 한자로 소리가 잘 나도록 '다시 고치다' 는 뜻에서 유래되었습니다.

· 變更(변경) : 바꾸어 고침.

고칠 경/다시 갱:(日부)

更 (총 7획)

更	更	更	更	更	更	更	更
고칠 경/다시 갱							
更							

월 일 확인:

한자의 유래 옛날에는 구리로 만든 거울을 사용하였으므로 그 재질을 나타내는 쇠 금(金)과 발음을 결정한 경(竟)이 합쳐진 한자입니다.

· 眼鏡(안경) : 불완전한 시력을 돕거나, 눈을 보호하기 위하여 눈에 쓰는 기구.

거울 경 : (金부) (총 19획)

鏡	鏡	鏡	鏡	鏡	鏡	鏡	鏡
거울 경							
鏡							

한자의 유래 발음을 결정한 경(敬)과 잘 놀라는 말의 모습을 본뜬 글자인 말 마(馬)가 합쳐진 한자입니다.

· 大驚(대경) : 크게 놀람.

놀랄 경 (馬부) (총 23획)

驚	驚	驚	驚	驚	驚	驚	驚
놀랄 경							
驚							

한자의 유래 벼의 모습을 본뜬 화(禾)와 어린 아이의 모습을 본뜬 글자인 아들 자(子)가 합쳐져 '어리다, 마지막, 계절' 등의 뜻을 결정했습니다.

· 四季(사계) : 봄 · 여름 · 가을 · 겨울의 사철.

계절 계 : (子부) (총 8획)

季	季	季	季	季	季	季	季
계절 계							
季							

한자의 유래 두 손의 모습을 본뜬 '廾'과 창의 모습을 본뜬 창 과(戈)가 합쳐진 한자로 손에 창을 쥐고 경계를 하고 지킨다는 뜻을 가지고 있습니다.

· 訓戒(훈계) : 타일러 경계함.

경계할 계 : (戈부) (총 7획)

戒	戒	戒	戒	戒	戒	戒	戒
경계할 계							
戒							

한자의 유래 실타래의 모습을 본뜬 실 사(糸)와 손의 모습이 변한 형태인 '爫'가 합쳐진 한자로 손에 실을 쥐고 서로 잇는다는 뜻입니다.

· 直系(직계) : 친족 사이의 핏줄이 곧게 이어지는 계통.

이어맬/이을 **계** : (糸부) 系 (총 7획)

系	系	系	系	系	系	系	系
이어맬/이을 계							
系							

한자의 유래 실을 잇는다는 뜻을 결정한 실 사(糸)와 발음을 결정한 나머지 글자가 합쳐진 한자입니다.

· 繼承(계승) : 조상이나 선임자의 뒤를 이어받음.

이을 **계** : (糸부) 繼 (총 20획)

繼	繼	繼	繼	繼	繼	繼	繼
이을 계							
繼							약자 継

한자의 유래 계단 모양의 언덕을 나타내어 뜻을 결정한 언덕 부(阝/阜)와 발음을 결정한 개(皆)가 합쳐진 한자입니다.

· 階級(계급) : 지위나 관직 등의 등급.

섬돌 **계** (阝/阜부) (총 12획)

階	階	階	階	階	階	階	階
섬돌 계							
階							

한자의 유래 발음을 결정한 해(奚)와 새의 모습을 본떠 글자의 뜻을 결정한 새 조(鳥)가 합쳐진 한자입니다.

· 養鷄(양계) : 닭을 키움.

닭 **계** (鳥부) (총 21획)

鷄	鷄	鷄	鷄	鷄	鷄	鷄	鷄
닭 계							
鷄							

외로울 **고** (子부)

한자의 유래 어린 아이의 모습을 본떠 뜻을 결정한 글자인 외로울 혈(孑)과 발음을 결정한 과(瓜)가 합쳐진 한자입니다.

· 孤兒(고아) : 부모가 없는 아이.

孤 (총 8획)

孤	孤	孤	孤	孤	孤	孤	孤
외로울 고							
孤							

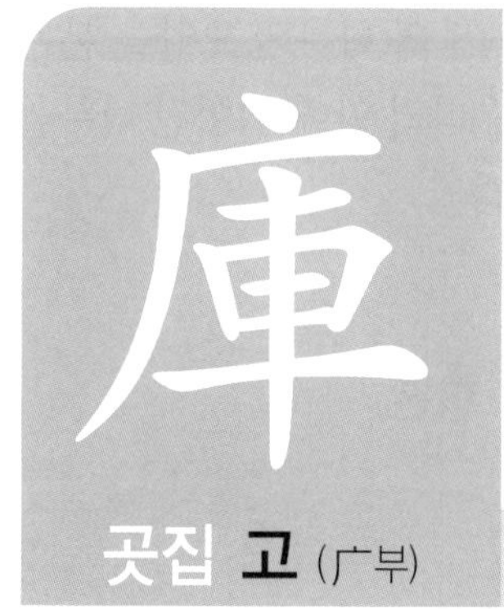

곳집 **고** (广부)

한자의 유래 왼쪽으로 지붕을 이은 엄(广)과 창고 안에 수레를 보관하고 있는 모습을 본뜬 한자입니다.

· 金庫(금고) : 돈이나 귀중품 · 중요 서류 등을 안전하게 보관하는 상자.

庫 (총 10획)

庫	庫	庫	庫	庫	庫	庫	庫
곳집 고							
庫							

곡식 **곡** (禾부)

한자의 유래 발음을 결정한 각(殼)과 뜻을 결정한 벼 화(禾)가 합쳐진 한자입니다.

· 穀物(곡물) : 곡식.

(총 15획)

穀	穀	穀	穀	穀	穀	穀	穀
곡식 곡							
穀							

곤할 **곤** : (口부)

한자의 유래 담장을 나타내는 '口' 와 나무의 모양을 본뜬 목(木)이 합쳐져 울타리 안에 심어진 나무를 뜻하는 한자입니다.

· 困境(곤경) : 어려운 처지, 형편.

(총 7획)

困	困	困	困	困	困	困	困
곤할 곤							
困							

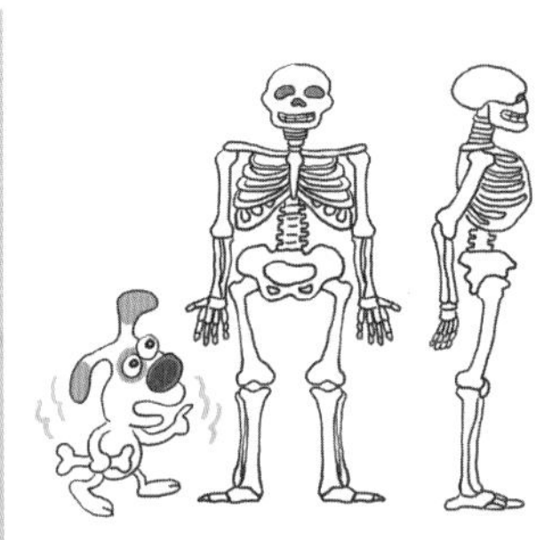

한자의 유래 뼈의 모습을 본뜬 한자입니다.

· 骨格(골격) : 몸을 지탱하는 여러 가지 뼈의 조직.

뼈 골 (骨부) (총 10획)

骨	骨	骨	骨	骨	骨	骨	骨
뼈 골							
骨							

한자의 유래 어린 아이의 모습을 본뜬 자(子)와 엄마의 가슴을 본뜬 을(乚)이 합쳐진 한자로 가슴에서 나오는 젖의 모습에서 유래되었습니다.

· 毛孔(모공) : 털구멍.

구멍 공 : (子부) 孑 了 子 孔 (총 4획)

孔	孔	孔	孔	孔	孔	孔	孔
구멍 공							
孔							

한자의 유래 발음을 결정한 공(工)과 손에 연장을 쥐고 있는 모습을 본뜬 복(攵)이 합쳐진 한자로 치다는 뜻을 가졌습니다.

· 攻守(공수) : 공격과 수비.

칠 공 : (攵/攴부) 攻 攻 攻 攻 攻 攻 攻 (총 7획)

攻	攻	攻	攻	攻	攻	攻	攻
칠 공							
攻							

한자의 유래 피리를 만드는 재료를 뜻하는 죽(竹)과 발음을 결정한 관(官)이 합쳐진 한자입니다.

· 管理(관리) : 어떤 일을 맡아 관할하고 처리함.

대롱/주관할 관 (竹부) 管 管 管 管 管 管 管 管 管 管 管 管 管 管 (총 14획)

管	管	管	管	管	管	管	管
대롱/ 주관할 관							
管							

월 일 확인:

한자의 유래 '쇠' 라는 뜻을 결정한 쇠 금(金)과 발음을 결정한 광(廣)이 합쳐진 한자입니다.

· 鑛夫(광부) : 광산에서 광석을 캐는 노동자.

쇳돌 **광** : (金부) (총 23획)

鑛	鑛	鑛	鑛	鑛	鑛	鑛	鑛
쇳돌 광							
鑛							약자 鉱

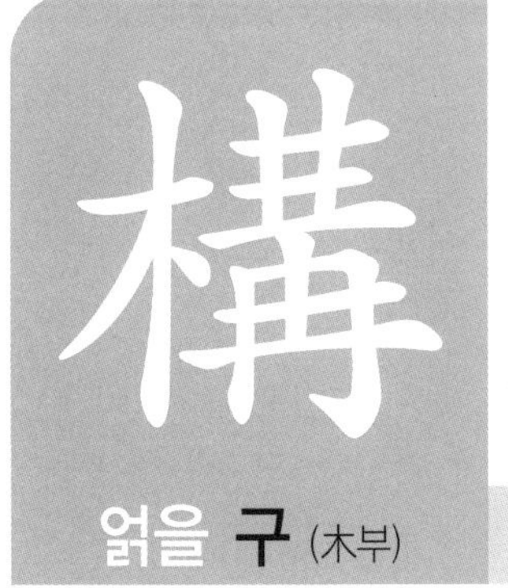

한자의 유래 얽어매는 재료를 뜻하는 나무 목(木)과 발음과 얽어맨 나뭇단의 모습을 동시에 가지고 있는 짤 구(冓)가 합쳐진 한자입니다.

· 構成(구성) : 몇 개의 부분이나 요소를 얽어서 하나로 만드는 일.

얽을 **구** (木부) (총 14획)

構	構	構	構	構	構	構	構
얽을 구							
構							

예상 문제 傾更鏡驚季戒系繼階鷄

1. 다음 漢字語(한자어)의 讀音(독음)을 쓰세요.

1) 傾向 (   )
2) 變更 (   )
3) 望遠鏡 (   )
4) 警戒 (   )
5) 季節 (   )
6) 直系 (   )
7) 管理 (   )
8) 金鑛 (   )
9) 孤立 (   )
10) 車庫 (   )
11) 穀食 (   )
12) 困境 (   )
13) 孔子 (   )
14) 階級 (   )
15) 大驚 (   )
16) 繼續 (   )
17) 養鷄 (   )
18) 攻擊 (   )
19) 構成 (   )
20) 骨格 (   )

2. 다음 漢字(한자)의 訓(훈)과 音(음)을 쓰세요.

1) 攻 (,   )
2) 鏡 (,   )
3) 階 (,   )
4) 鑛 (,   )
5) 鷄 (,   )
6) 戒 (,   )
7) 穀 (,   )
8) 系 (,   )
9) 更 (,   )
10) 繼 (,   )

11) 傾 (,) 16) 構 (,)

12) 孤 (,) 17) 庫 (,)

13) 管 (,) 18) 季 (,)

14) 困 (,) 19) 驚 (,)

15) 孔 (,) 20) 骨 (,)

3. 다음 밑줄 친 단어를 漢字(한자)로 쓰세요.

1) 오늘도 선생님의 훈계를 들었다.

2) 우리나라는 사계가 뚜렷하다.

3) 가을은 고독의 계절이다.

4) 아빠의 서고에는 많은 책들이 있다.

5) 양계장에서 수많은 닭을 보았다.

6) 광업에 종사하는 사람을 광부라고 한다.

7) 며느리는 곡간열쇠를 시어머니로부터 물려받았다.

8) 병사들은 진지를 구축하였다.

9) 대답하기 곤란하다.

10) 이야기 하는 내용의 중요 골자를 우선 파악하라.

4. 다음 질문에 맞는 漢字(한자)를 보기에서 골라 번호를 쓰세요.
(반의어, 동의어, 동음이의어, 완성형, 부수, 장단음)

보기				
① 傾	② 更	③ 鏡	④ 驚	⑤ 季
⑥ 戒	⑦ 系	⑧ 繼	⑨ 階	⑩ 鷄
⑪ 孤	⑫ 庫	⑬ 穀	⑭ 困	⑮ 骨
⑯ 孔	⑰ 攻	⑱ 管	⑲ 鑛	⑳ 構

1) 改와 비슷한 의미의 한자는?
2) 獨과 비슷한 의미의 한자는?
3) 理와 비슷한 의미의 한자는?
4) 築과 비슷한 의미의 한자는?
5) 肉과 상대 또는 반대의 의미를 가진 한자는?
6) 防과 상대 또는 반대의 의미를 가진 한자는?
7) 曲과 音은 같으나 뜻이 다른 한자는?
8) 一罰百(　)(한 사람을 벌주어 백사람을 경계한다. 즉, 본보기로 엄한 처벌을 하는 것을 이름)에 들어갈 한자는?
9) (　)國之色(나라를 기울어지게 할 만큼 아름다운 미녀)에 들어갈 한자는?
10) 广를 부수로 가지는 한자는?

5. 다음 뜻에 맞는 한자를 보기에서 고르시오.

보기			
	① 變更	② 管樂器	③ 鑛夫
	④ 階級	⑤ 繼承	

1) 전통, 문화, 업적 등을 이어받음 (　　　　　　　　)

2) 관안의 공기를 불어 소리를 내는 악기 (　　　　　　　　)

3) 광물을 캐는 일을 하는 사람 (　　　　　　　　)

6. 다음 漢字(한자)의 略字(약자)를 쓰세요

1) 鑛 ⇨

2) 繼 ⇨

3) 經 ⇨

7. 다음 漢字語(한자어) 중에서 앞 글자가 長音(장음)으로 발음되는 것을 고르세요

1) ① 季節 ② 傾向 ③ 直系 ④ 位階

2) ① 階級 ② 繼續 ③ 傾向 ④ 經歷

3) ① 孤獨 ② 穀食 ③ 骨格 ④ 困境

만화로 읽는 사자성어

群鷄一鶴(군계일학)

닭의 무리 속에 있는 한 마리의 학이라는 뜻으로 '평범한 여러 사람 가운데의 뛰어난 한 사람'을 비유하여 이르는 말입니다.

❖ 群:무리 군, 鷄:닭 계, 一:한 일, 鶴:학 학

4급 과정

君
임금 군

群
무리 군

屈
굽힐 굴

窮
다할 / 궁할 궁

券
문서 권

勸
권할 권

卷
책 권

歸
돌아갈 귀

均
고를 균

劇
심할 극

勤
부지런할 근

筋
힘줄 근

奇
기특할 기

寄
부칠 기

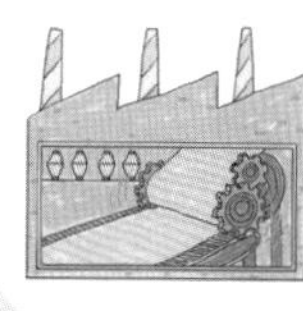
機
틀 기

紀
벼리 기

納
들일 납

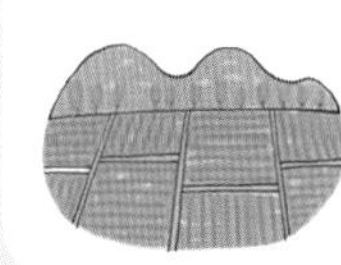
段
층계 단

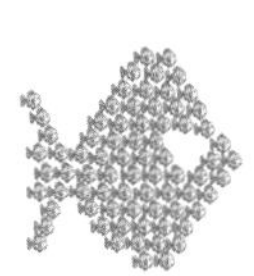
徒
무리 도

盜
도둑 도

임금 군 (口부)

한자의 유래 다스릴 윤(尹)과 입으로 명령하여 다스리는 사람이란 뜻을 결정한 입 구(口)가 합쳐진 한자입니다.

· 君臣(군신) : 임금과 신하.

(총 7획)

君	君	君	君	君	君	君	君
임금 군							
君							

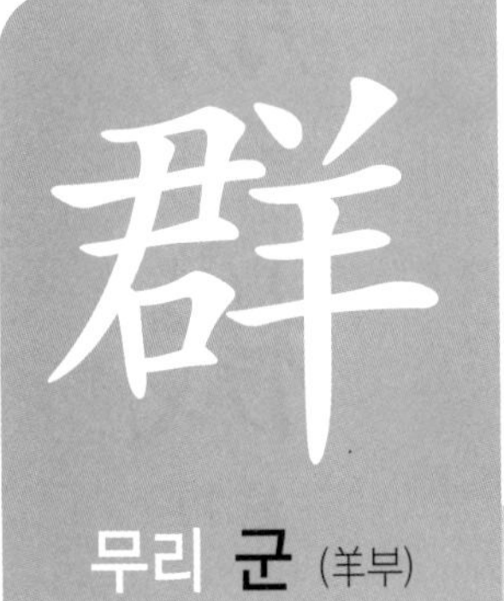

무리 군 (羊부)

한자의 유래 발음을 결정한 군(君)과 무리를 이루고 사는 양의 성질을 나타내는 양 양(羊)이 합쳐진 한자입니다.

· 群衆(군중) : 많은 사람의 무리.

(총 13획)

群	群	群	群	群	群	群	群
무리 군							
群							

한자의 유래 굽어 있는 꼬리를 뜻하는 꼬리 미(尾)의 생략된 글자와 발음을 결정한 출(出)이 합쳐진 한자입니다.

· 屈服(굴복) : 힘이 모자라서 주장이나 뜻을 굽히고 복종함.

굽힐 **굴** (尸부) 屈屈屈屈屈屈屈屈 (총 8획)

屈	屈	屈	屈	屈	屈	屈	屈
굽힐 굴							
屈							

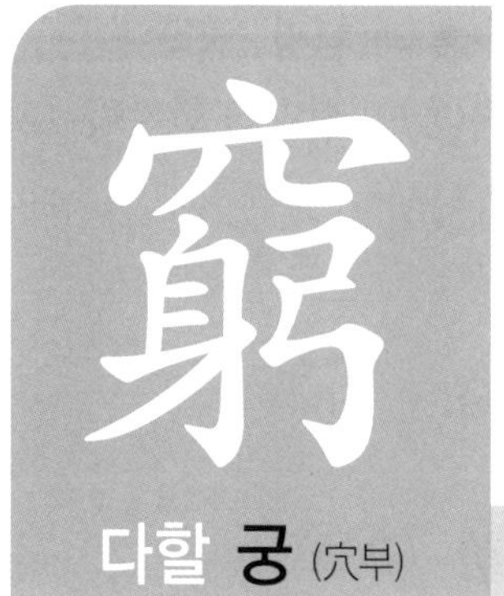

한자의 유래 끝까지 파고들어 궁구하다는 뜻을 결정한 혈(穴)과 발음을 결정한 궁(躬)이 합쳐진 한자입니다.

· 窮地(궁지) : 매우 어려운 일을 당한 처지.

다할 **궁** (穴부) 窮窮窮窮窮窮窮窮窮窮窮窮窮窮窮 (총 15획)

窮	窮	窮	窮	窮	窮	窮	窮
다할 궁							
窮							

한자의 유래 두 손의 모습을 본뜬 글자인 윗부분과 예전에는 죽간에 칼로 글자를 새겼다는 뜻을 결정한 칼 도(刀)가 합쳐진 한자입니다.

· 食券(식권) : 음식물과 맞바꾸게 되어 있는 표.

문서 권 (刀부)

(총 8획)

券	券	券	券	券	券	券	券
문서 권							
券							

勸

한자의 유래 발음을 결정한 관(雚)과 힘써 '권하다'는 뜻을 결정한 힘 력(力)이 합쳐진 한자입니다.

· 勸農(권농) : 농사를 장려함.

권할 권 : (力부)

(총 20획)

勸	勸	勸	勸	勸	勸	勸	勸
권할 권							
勸							약자 勧

한자의 유래 두 손으로 물건을 쥐고 있는 모습을 본뜬 글자와 몸을 구부리고 있는 모습을 본뜬 절(㔾)이 합쳐진 한자로 두 손으로 두루마리를 만다는 뜻을 가지고 있습니다.

· 席卷(석권) : 무서운 기세로 세력을 펼침.

책 권 (:) (㔾부) 卷卷卷卷类失券卷 (총 8획)

卷	卷	卷	卷	卷	卷	卷	卷
책 권							
卷							

한자의 유래 빗자루 모양을 본뜬 추(追)와 쌓여진 흙더미를 본뜬 앞 부분의 글자를 합친 한자로 시집 간 여자를 뜻하는 글자였으나 지금은 시집 간 여자가 친정으로 '돌아가다'는 뜻입니다.

· 歸家(귀가) : 집으로 돌아감.

돌아갈 귀 : (止부) 歸歸歸歸歸歸歸歸歸歸歸歸歸歸歸歸歸歸 (총18획)

歸	歸	歸	歸	歸	歸	歸	歸
돌아갈 귀							
歸							

한자의 유래 평평하고 고른 땅의 뜻을 결정한 토(土)와 발음을 결정한 균(匀)이 합쳐진 한자입니다.

· 平均(평균) : 중간의 값.

고를 **균** (土부) 均均均均均均均 (총 7획)

均	均	均	均	均	均	均	均
고를 균							
均							

한자의 유래 발음을 결정한 거(豦)와 칼 도(刂/刀)가 합쳐진 한자로 '심하다'는 뜻을 결정했습니다.

· 演劇(연극) : 배우가 무대 위에서 대본에 따라 동작과 대사를 통하여 표현하는 예술.

심할 **극** (刂/刀부) 劇劇劇劇劇劇劇劇劇劇劇劇劇劇劇 (총 15획)

劇	劇	劇	劇	劇	劇	劇	劇
심할 극							
劇							

월 일 확인:

부지런할 근(:) (力부)

한자의 유래 발음을 결정한 근(堇)과 뜻을 결정한 힘 력(力)이 합쳐진 한자입니다.

· 勤儉(근검) : 부지런하고 검소함.

勤 勤 勤 勤 勤 勤 勤 勤 勤 勤 勤 勤 勤 (총 13획)

勤	勤	勤	勤	勤	勤	勤	勤
부지런할 근							
勤							

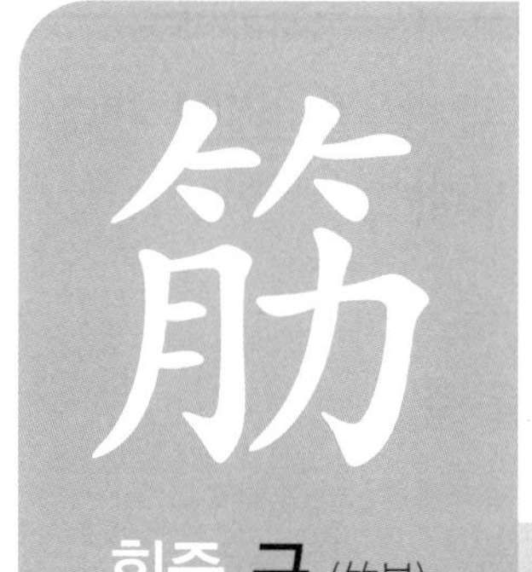

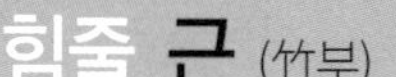

힘줄 근 (竹부)

한자의 유래 대나무의 섬유질과 같은 모양의 힘줄이란 뜻을 결정한 대나무 죽(竹)에 고기 육(月/肉)과 힘 력(力)이 붙어 글자의 뜻을 더욱 강조했습니다.

· 筋肉(근육) : 몸의 연한 부분을 이루고 있는 힘줄과 살.

筋 筋 筋 筋 筋 筋 筋 筋 筋 筋 筋 筋 (총 12획)

筋	筋	筋	筋	筋	筋	筋	筋
힘줄 근							
筋							

한자의 유래 원래 글자는 절름발이 기(踦)였는데, 지금은 발 족(足)이 생략이 되고 기(奇)만 남아 있는 글자로 한쪽 발로 서 있어 평범치 않다는 뜻에서 유래되었습니다.

· 奇別(기별) : 소식을 전함.

기특할 **기** (大부)

一 ナ 大 太 夲 奆 奇 奇 (총 8획)

奇	奇	奇	奇	奇	奇	奇	奇
기특할 기							
奇							

한자의 유래 사람이 몸을 붙이고 사는 곳이란 뜻을 결정한 집 면(宀)과 발음을 결정한 기(奇)가 합쳐진 한자입니다.

· 寄與(기여) : 남에게 이익을 줌.

부칠 **기** (宀부)

丶 宀 宀 宀 宀 宊 宊 宊 寄 寄 寄 (총 11획)

寄	寄	寄	寄	寄	寄	寄	寄
부칠 기							
寄							

월 일 확인:

한자의 유래 틀을 만드는 재료인 나무 목(木)과 발음을 결정한 기(幾)가 합쳐진 한자입니다.

· 飛行機(비행기) : 프로펠러를 돌리거나 가스를 내뿜어서 하늘을 나는 탈것.

틀 기 (木부) 木 朩 檠 檠 檠 檠 機 機 機 (총 16획)

機	機	機	機	機	機	機	機
틀 기							
機							

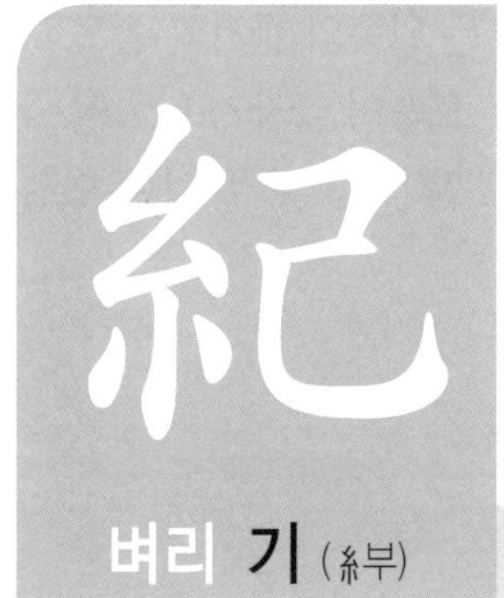

한자의 유래 그물의 윗쪽 코를 꿰어 놓은 줄을 나타내는 '벼리' 의 뜻을 결정한 실 사(糸)와 발음을 결정한 기(己)가 합쳐진 한자입니다.

· 紀念(기념) : 지난 일을 상기하여 기억을 새롭게 함.

벼리 기 (糸부) 纟 纟 幺 糸 糸 糸 紀 紀 紀 (총 9획)

紀	紀	紀	紀	紀	紀	紀	紀
벼리 기							
紀							

한자의 유래 처음에는 실과 관련된 글자였으나 지금은 '드린다' 는 뜻을 가진 글자루 사(糸)는 뜻을 결정하였고 내(內)는 발음을 결정했습니다.

· 納稅(납세) : 세금을 바침.

들일 납 (糸부) 納 (총 10획)

納	納	納	納	納	納	納	納
들일 납							
納							

段

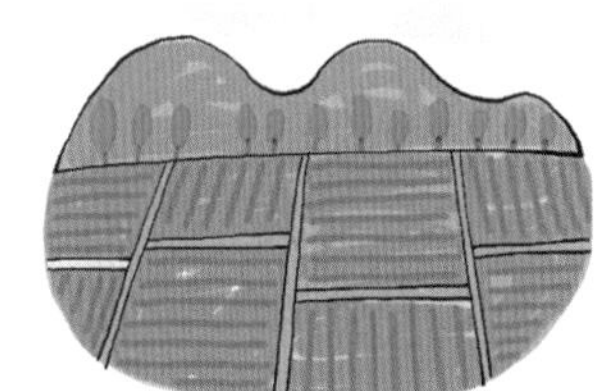

한자의 유래 언덕의 모양을 본뜬 왼쪽의 글자와 손으로 도구를 쥐고 있는 모습의 글자가 합쳐진 한자로 지금은 '조각', '구분' 등의 뜻으로 쓰입니다.

· 階段(계단) : 층계.

층계 단 (殳부) 段 (총 9획)

段	段	段	段	段	段	段	段
층계 단							
段							

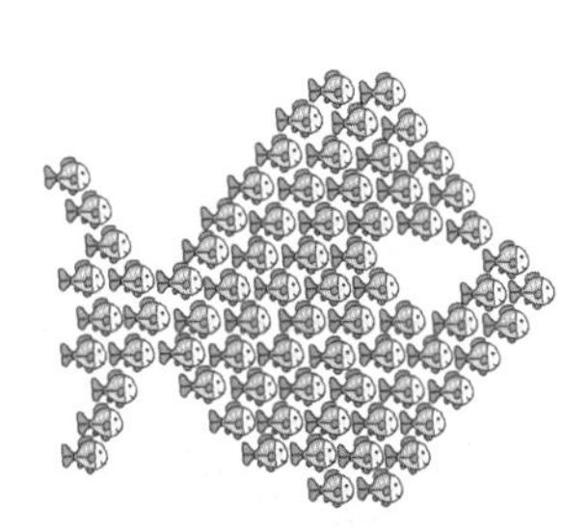

한자의 유래 사거리 모양을 본뜬 글자의 한쪽을 생략한 척(彳)과 발의 모습을 본뜬 달릴 주(走)가 합쳐진 한자로 '무리지어 걷다'는 뜻입니다.

· 徒步(도보) : 걸어서 감.

무리 도 (彳부) 徒 (총 10획)

徒	徒	徒	徒	徒	徒	徒	徒
무리 도							
徒							

한자의 유래 물 수(氵/水의 변형자)와 사람이 입을 크게 벌리고 있는 모습인 하품 흠(欠)과 보배로운 그릇의 모양을 본뜬 그릇 명(皿)이 합쳐진 한자입니다.

· 盜難(도난) : 물건을 도둑 맞는 재난.

도둑 도 (:) (皿부) 盜 (총 12획)

盜	盜	盜	盜	盜	盜	盜	盜
도둑 도							
盜							

예상 문제 君群屈窮券勸卷歸均劇

1. 다음 漢字語(한자어)의 讀音(독음)을 쓰세요.

1) 君子 (　　　　　　)
2) 困窮 (　　　　　　)
3) 勸善 (　　　　　　)
4) 奇別 (　　　　　　)
5) 席卷 (　　　　　　)
6) 學群 (　　　　　　)
7) 福券 (　　　　　　)
8) 屈曲 (　　　　　　)
9) 歸家 (　　　　　　)
10) 筋肉 (　　　　　　)
11) 均等 (　　　　　　)
12) 劇場 (　　　　　　)
13) 紀念 (　　　　　　)
14) 出納 (　　　　　　)
15) 階段 (　　　　　　)
16) 信徒 (　　　　　　)
17) 盜用 (　　　　　　)
18) 勤勞 (　　　　　　)
19) 寄生 (　　　　　　)
20) 器機 (　　　　　　)

2. 다음 漢字(한자)의 訓(훈)과 音(음)을 쓰세요.

1) 納 (　　　,　　　)
2) 盜 (　　　,　　　)
3) 奇 (　　　,　　　)
4) 寄 (　　　,　　　)
5) 勤 (　　　,　　　)
6) 筋 (　　　,　　　)
7) 劇 (　　　,　　　)
8) 卷 (　　　,　　　)
9) 均 (　　　,　　　)
10) 歸 (　　　,　　　)

11) 券 (,) 16) 徒 (,)
12) 勸 (,) 17) 君 (,)
13) 屈 (,) 18) 群 (,)
14) 窮 (,) 19) 段 (,)
15) 紀 (,) 20) 機 (,)

3. 다음 밑줄 친 단어를 漢字(한자)로 쓰세요.

1) 오늘 여권을 새로 발급 받았다.
2) 이 소설책의 상권을 이제 막 읽었다.
3) 쥐도 궁지에 몰리면 고양이를 문다.
4) 자동차 덕분에 기동력이 좋아졌다.
5) 공사장에는 철근 구조물이 많다.
6) 이 번 시험에서 우리 반 평균 점수가 많이 올랐다.
7) 사관 생도들의 행렬이 이어졌다.
8) 아버지는 자동차 부품을 큰 회사에 납품을 한다.
9) 맛있는 냄새에 굴복하여 다이어트를 포기하였다.
10) 개미와 벌은 군집생활을 한다.

예상 문제 君群屈窮券勸卷歸均劇

4. 다음 질문에 맞는 漢字(한자)를 보기에서 골라 번호를 쓰세요.

(반의어, 동의어, 동음이의어, 완성형, 부수, 장단음)

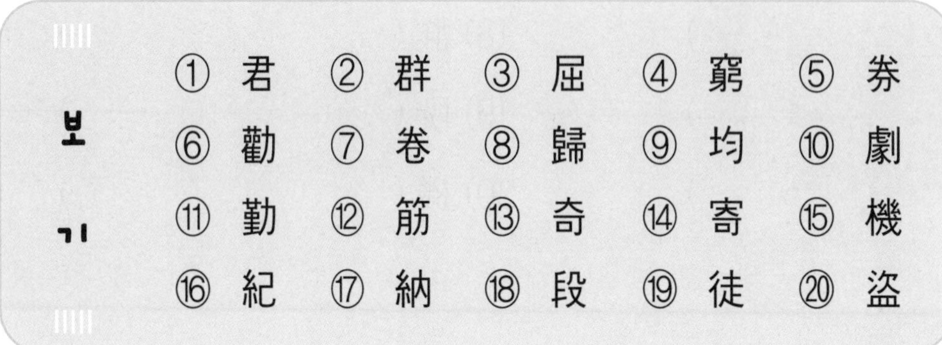

보기

① 君	② 群	③ 屈	④ 窮	⑤ 券
⑥ 勸	⑦ 卷	⑧ 歸	⑨ 均	⑩ 劇
⑪ 勤	⑫ 筋	⑬ 奇	⑭ 寄	⑮ 機
⑯ 紀	⑰ 納	⑱ 段	⑲ 徒	⑳ 盜

1) 平과 비슷한 의미의 한자는?

2) 階와 비슷한 의미의 한자는?

3) 入과 비슷한 의미의 한자는?

4) 富와 상대 또는 반대의 의미를 가진 한자는?

5) 回와 상대 또는 반대의 의미를 가진 한자는?

6) 直과 상대 또는 반대의 의미를 가진 한자는?

7) 極과 音은 같으나 뜻이 다른 한자는?

8) 聖人(　　)子(세상의 모범으로 우러름을 받는 덕망가)에 들어갈 한자는?

9) 德業相(　　)(좋은 일은 서로 권할 것. 향약의 네 덕목중 하나임)에 들어갈 한자는?

10) 羊을 부수로 가진 한자는?

5.다음 漢字語의 뜻을 쓰세요.

1) 群集 ( )

2) 復歸 ( )

3) 徒步 ( )

6. 다음 漢字(한자)의 略字(약자)를 쓰세요

1) 勸 ⇨

2) 燈 ⇨

3) 擔 ⇨

7. 다음 漢字語(한자어) 중에서 앞 글자가 長音(장음)으로 발음되는 것을 고르세요

1) ① 平均 ② 勸學 ③ 均一 ④ 群島

2) ① 歸嫁 ② 屈曲 ③ 窮理 ④ 奇異

3) ① 機會 ② 期間 ③ 導入 ④ 根源

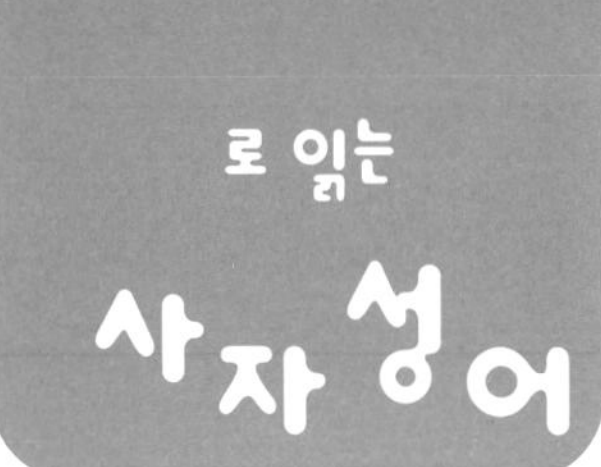

犬馬之勞(견마지로)

개나 말 정도의 하찮은 힘이란 뜻으로 윗사람을 위하여 바치는 자기의 노력을 겸손하게 이르는 말입니다.

❖ 犬:개 견, 馬:말 마, 之:갈 지, 勞:일할 로

4급 과정

逃
도망 도

亂
어지러울 란

卵
알 란(난)

覽
볼 람

略
간략할/약할 략

糧
양식 량

慮
생각할 려

烈
매울 렬

龍
용 룡

柳
버들 류

輪
바퀴 륜

離
떠날 리

妹
누이 매

勉
힘쓸 면

鳴
울 명

模
본뜰 모

墓
무덤 묘

妙
묘할 묘

舞
춤출 무

拍
칠 박

한자의 유래 진행의 뜻을 결정한 착(辶)과 발음을 결정한 조(兆)가 합쳐진 한자입니다.

· 逃亡(도망) : 몰래 피해 달아남.

도망 **도** (辶부) 逃逃逃逃逃逃逃逃逃逃 (총 10획)

逃	逃	逃	逃	逃	逃	逃	逃
도망 도							
逃							

한자의 유래 왼쪽에 있는 글자의 윗부분인 '爫'는 손의 모습이고 아래는 실뭉치의 모습을 본뜬 글자로 헝클어진 실을 정리하고 있는 모습을 본뜬 한자입니다.

· 亂立(난립) : 무질서하게 늘어섬.

어지러울 **란** : (乙부) 亂亂亂亂亂亂亂亂亂亂亂亂亂 (총 13획)

亂	亂	亂	亂	亂	亂	亂	亂
어지러울 란							
亂							약자 乱

한자의 유래 개구리의 알처럼 길게 이어져 속에 검은 핵이 있는 모습을 본뜬 한자입니다.

· 産卵(산란) : 알을 낳음.

알 란 : (卩부) (총 7획)

卵	卵	卵	卵	卵	卵	卵	卵
알 란							
卵							

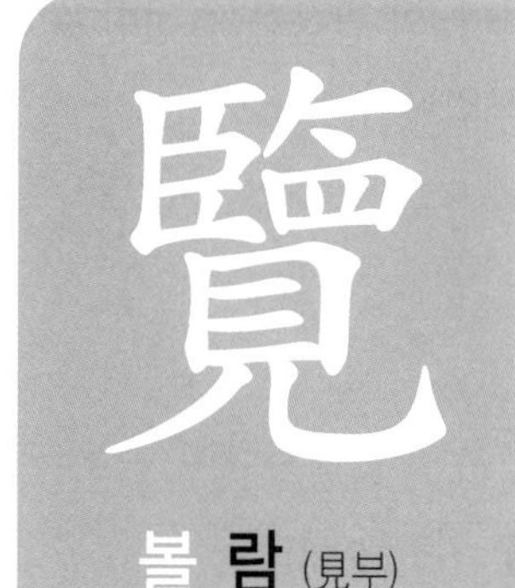

한자의 유래 발음을 결정한 감(監)의 생략형인 글자와 뜻을 결정한 볼 견(見)이 합쳐졌습니다.

· 觀覽(관람) : 연극, 영화, 운동 경기 등을 구경함.

볼 람 (見부) (총 21획)

覽	覽	覽	覽	覽	覽	覽	覽
볼 람							
覽							약자 覧

간략할/약할 략 (田부)

한자의 유래 밭을 갈고 다스리다는 뜻을 결정한 밭 전(田)과 발음을 결정한 각(各)이 합쳐진 한자입니다.

· 省略(생략) : 한 부분을 덜어서 줄임.

(총 11획)

略	略	略	略	略	略	略	略
간략할 / 약할 략							
略							

양식 량 (米부)

한자의 유래 뜻을 결정한 쌀 미(米)와 발음을 결정한 량(量)이 합쳐진 한자입니다.

· 糧食(양식) : 먹을 거리.

(총 18획)

糧	糧	糧	糧	糧	糧	糧	糧
양식 량							
糧							

한자의 유래 발음을 결정한 노(盧)의 생략된 형태의 글자와 사람의 감정 상태를 말하는 마음 심(心)이 합쳐진 한자입니다.

· 考慮(고려) : 생각하여 헤아림.

생각할 **려** : (心부) (총 15획)

慮	慮	慮	慮	慮	慮	慮	慮
생각할 려							
慮							

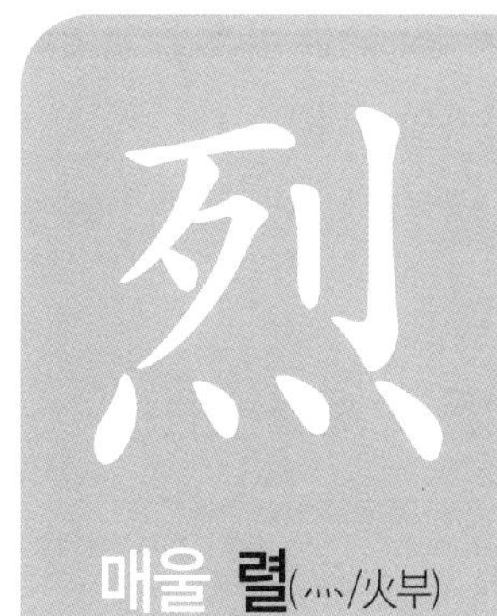

한자의 유래 발음을 결정한 렬(列)과 뜻을 결정한 불 화(灬/火의 변형자)가 합쳐졌습니다.

· 烈風(열풍) : 세차게 부는 바람.

매울 **렬**(灬/火부) (총 10획)

烈	烈	烈	烈	烈	烈	烈	烈
매울 렬							
烈							

한자의 유래 상상의 동물인 용을 달리 표현할 길이 없어 뱀과 비슷하게 표현하였습니다.

· 龍宮(용궁) : 바다 속 용왕의 궁전.

용 **룡** (龍부)

(총 16획)

龍	龍	龍	龍	龍	龍	龍	龍
용 룡							
龍							약자 竜

한자의 유래 나무라는 뜻을 가진 목(木)과 발음을 결정한 류(卯)가 합쳐진 한자입니다.

· 柳器(유기) : 버들가지로 만든 옷 등을 담는 그릇.

버들 **류** (:) (木부)

(총 9획)

柳	柳	柳	柳	柳	柳	柳	柳
버들 류							
柳							

한자의 유래 수레의 바퀴를 본뜬 거(車)와 발음을 결정한 륜(侖)이 합쳐진 한자입니다.

· 輪作(윤작) : 같은 땅에 여러 가지 농작물을 해마다 바꾸어 경작하는 것.

바퀴 륜 (車부) (총 15획)

輪	輪	輪	輪	輪	輪	輪	輪
바퀴 륜							
輪							

한자의 유래 발음을 결정한 리(离)와 날아 떠나는 새를 뜻하는 추(隹)가 합쳐진 한자입니다.

· 離別(이별) : 서로 헤어짐.

떠날 리 : (隹부) (총 19획)

離	離	離	離	離	離	離	離
떠날 리							
離							

월 일 확인:

한자의 유래 뜻을 결정한 계집 녀(女)와 발음을 결정한 미(未)가 합쳐진 한자입니다.

· 男妹(남매) : 오라비와 누이.

누이 **매** (女부) (총 8획)

妹	妹	妹	妹	妹	妹	妹	妹
누이 매							
妹							

한자의 유래 발음을 결정한 면(免)과 뜻을 결정한 힘 력(力)이 합쳐진 한자입니다.

· 勉學(면학) : 공부를 힘써 함.

힘쓸 **면** : (力부) (총 9획)

勉	勉	勉	勉	勉	勉	勉	勉
힘쓸 면							
勉							

월 일 확인:

한자의 유래 입[口]을 벌리고 우는 새[鳥]라는 뜻의 한자입니다.

· 共鳴(공명) : 남의 사상이나 의견 따위에 동감함.

울 명 (鳥부) 丨 ㅁ ㅁ ㅁ' 𠮛 ... 鳴 (총 14획)

鳴	鳴	鳴	鳴	鳴	鳴	鳴	鳴
울 명							
鳴							

한자의 유래 나무로 만든 틀로 모범을 삼는다는 뜻인 나무 목(木)과 발음을 결정한 모(莫)가 합쳐진 한자입니다.

· 規模(규모) : 사물의 구조나 구상의 크기.

본뜰 모 (木부) 一 十 才 木 木 ... 模 (총 15획)

模	模	模	模	模	模	模	模
본뜰 모							
模							

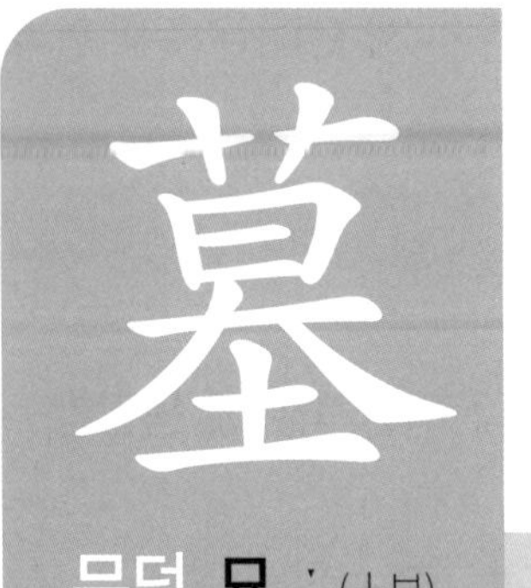

한자의 유래 발음을 결정한 막(莫)과 땅에 묻어 놓는다는 뜻인 토(土)가 합쳐진 한자입니다.

· 墓地(묘지) : 무덤이 있는 땅, 또는 그 구역.

무덤 **묘** : (土부) 墓 (총 14획)

墓	墓	墓	墓	墓	墓	墓	墓
무덤 묘							
墓							

한자의 유래 어린 여자아이를 뜻하는 글자인 녀(女)와 어리다는 뜻인 소(少)가 합쳐진 한자입니다.

· 妙技(묘기) : 절묘한 재주, 또는 절묘한 기술.

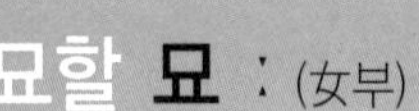

묘할 **묘** : (女부) 妙 (총 7획)

妙	妙	妙	妙	妙	妙	妙	妙
묘할 묘							
妙							

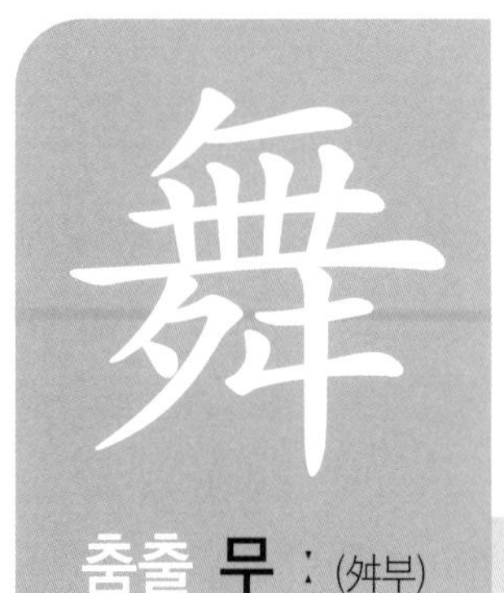

춤출 **무** : (舛부)

한자의 유래 소리를 결정한 무(無)와 뜻을 결정한 두 발의 모양을 본뜬 천(舛)이 합쳐졌습니다.

· 歌舞(가무) : 노래와 춤.

(총 14획)

舞 춤출 무	舞	舞	舞	舞	舞	舞	舞
舞							

칠 **박** (扌/手부)

한자의 유래 손의 모양을 본떠 뜻을 결정한 수(扌/手)와 발음을 결정한 백(白)이 합쳐졌습니다.

· 拍手(박수) : 환영 · 축하 · 격려 · 찬성 등의 뜻으로 손뼉을 여러 번 치는 일.

(총 8획)

拍 칠 박	拍	拍	拍	拍	拍	拍	拍
拍							

예상 문제 逃亂卯覽略糧慮烈龍柳

1. 다음 漢字語(한자어)의 讀音(독음)을 쓰세요.

1) 鷄卵 (　　　　)　　11) 逃走 (　　　　)
2) 展覽會 (　　　　)　　12) 亂立 (　　　　)
3) 念慮 (　　　　)　　13) 略字 (　　　　)
4) 激烈 (　　　　)　　14) 食糧 (　　　　)
5) 年輪 (　　　　)　　15) 飛龍 (　　　　)
6) 離別 (　　　　)　　16) 柳器 (　　　　)
7) 悲鳴 (　　　　)　　17) 男妹 (　　　　)
8) 模造 (　　　　)　　18) 勤勉 (　　　　)
9) 歌舞 (　　　　)　　19) 省墓 (　　　　)
10) 拍手 (　　　　)　　20) 奇妙 (　　　　)

2. 다음 漢字(한자)의 訓(훈)과 音(음)을 쓰세요.

1) 逃 (　　,　　)　　6) 覽 (　　,　　)
2) 卵 (　　,　　)　　7) 舞 (　　,　　)
3) 輪 (　　,　　)　　8) 妹 (　　,　　)
4) 墓 (　　,　　)　　9) 鳴 (　　,　　)
5) 妙 (　　,　　)　　10) 龍 (　　,　　)

11) 亂 (,) 16) 柳 (,)
12) 模 (,) 17) 糧 (,)
13) 烈 (,) 18) 略 (,)
14) 離 (,) 19) 拍 (,)
15) 勉 (,) 20) 慮 (,)

3. 다음 밑줄 친 단어를 漢字(한자)로 쓰세요.

1) 이런 상황에서 도망가는 것은 비겁한 행동이다.
2) 나는 영화 관람이 취미이다.
3) 이 연설문은 너무 길어서 중간에 생략했다.
4) 여기에 들어오니까 용궁에 온 것 같다.
5) 누나의 남편을 매형이라고 한다.
6) 면학분위기를 조성하기 위하여 노력하였다.
7) 서커스에서는 많은 묘기가 펼쳐진다.
8) 밤에 묘지 앞을 지나는 것은 너무 무섭다.
9) 실적을 높이기 위해 영업에 박차를 가하였다.
10) 법의 가치가 의심받자 폭력이 난무하였다.

4. 다음 질문에 맞는 漢字(한자)를 보기에서 골라 번호를 쓰세요.
(반의어, 동의어, 동음이의어, 완성형, 부수, 장단음)

보기

① 逃	② 亂	③ 卵	④ 覽	⑤ 略
⑥ 糧	⑦ 慮	⑧ 烈	⑨ 龍	⑩ 柳
⑪ 輪	⑫ 離	⑬ 妹	⑭ 勉	⑮ 鳴
⑯ 模	⑰ 墓	⑱ 妙	⑲ 舞	⑳ 拍

1) 視와 비슷한 의미의 한자는?
2) 務와 비슷한 의미의 한자는?
3) 穀과 비슷한 의미의 한자는?
4) 會와 상대 또는 반대의 의미를 가진 한자는?
5) 守와 상대 또는 반대의 의미를 가진 한자는?
6) 笑와 상대 또는 반대의 의미를 가진 한자는?
7) 麗와 音은 같으나 뜻이 다른 한자는?
8) 鷄(　　)有骨(계란에도 뼈가있다. 즉, 운이 나쁜 사람은 행운이 와도 잘 안 됨을 이름)에 들어갈 한자는?
9) 登(　　)門(입신 출세의 관문 또는 그 관문을 뚫고 크게 출세함을 이름)에 들어갈 한자는?
10) 辶을 부수로 가진 한자는?

5. 다음 漢字語의 뜻을 쓰세요.

1) 念慮 ( )

2) 先烈 ( )

3) 分離 ( )

6. 다음 漢字(한자)의 略字(약자)를 쓰세요

1) 亂 ⇨

2) 覽 ⇨

3) 龍 ⇨

7. 다음 漢字語(한자어) 중에서 앞 글자가 長音(장음)으로 발음되는 것을 고르세요

1) ① 流動 ② 亂動 ③ 陸地 ④ 手段

2) ① 妹兄 ② 龍宮 ③ 論爭 ④ 離陸

3) ① 拍手 ② 模寫 ③ 勉學 ④ 頭痛

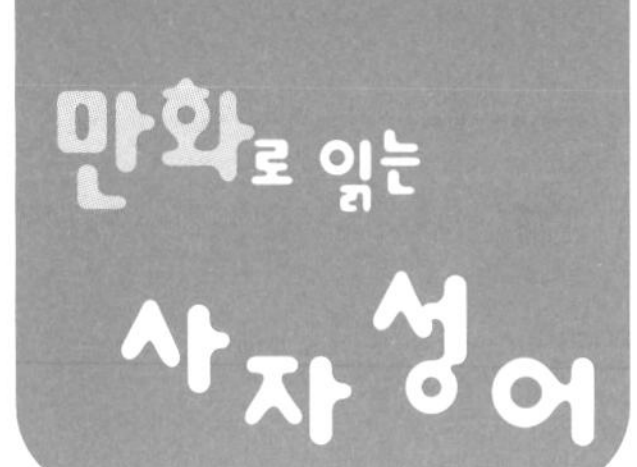

龍頭蛇尾(용두사미)

머리는 용이나 꼬리는 뱀이라는 뜻으로 '시작은 거창하나 뒤로 갈수록 흐지부지해짐'을 비유하여 이르는 말입니다.

❖ 龍:용 용, 頭:머리 두, 蛇:뱀 사, 尾:꼬리 미

4급 과정

髮 터럭 발

妨 방해할 방

犯 범할 범

範 법 범

辯 말씀 변

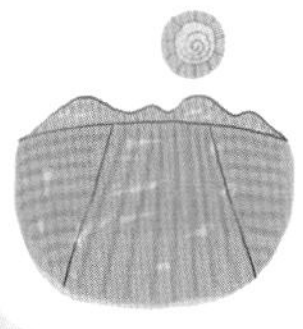
普 넓을 보

伏 엎드릴 복

複 겹칠 복

否 아닐 부

負 질 부

憤 분할 분

粉 가루 분

批 비평할 비

碑 비석 비

秘 숨길 비

射 쏠 사

私 사사 사

絲 실 사

辭 말씀 사

散 흩을 산

한자의 유래 긴 머리카락을 가진 사람을 본뜬 장(長)과 터럭 삼(彡)과 발음을 결정한 발(犮)이 합쳐진 한자입니다.

· 毛髮(모발) : 사람의 몸에 난 터럭을 통틀어 이르는 말.

터럭 발 (髟부) 髮 (총 15획)

髮	髮	髮	髮	髮	髮	髮	髮
터럭 발							
髮							

한자의 유래 여(女)가 들어가는 한자들은 대부분 부정적인 의미로 쓰이는데 이 한자도 여(女)가 첨가되어 방해하다는 의미로 쓰였고 방(方)은 발음을 결정했습니다.

· 妨害(방해) : 남의 일에 헤살을 놓아 못하게 함.

방해할 방 (女부) 妨 (총 7획)

妨	妨	妨	妨	妨	妨	妨	妨
방해할 방							
妨							

한자의 유래 개(犭/犬)가 무릎을 꿇고 앉아 있는 사람에게 덤벼 범하다는 뜻을 가진 한자입니다.

· 犯人(범인) : 죄를 저지른 사람. 범죄인.

범할 범 : (犭/犬부) 犯 犯 犯 犯 犯 (총 5획)

犯	犯	犯	犯	犯	犯	犯	犯
범할 범							
犯							

한자의 유래 발음을 결정한 범(笵)과 수레를 만드는 기본적인 틀을 뜻하는 거(車)가 합쳐진 한자입니다.

· 規範(규범) : 판단 · 평가 · 행위 등의 기준이 되는 것을 이름.

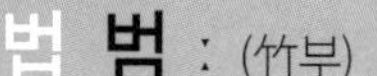 : (竹부) 範 範 範 範 範 範 範 範 範 範 範 範 範 範 範 (총 15획)

範	範	範	範	範	範	範	範
법 범							
範							

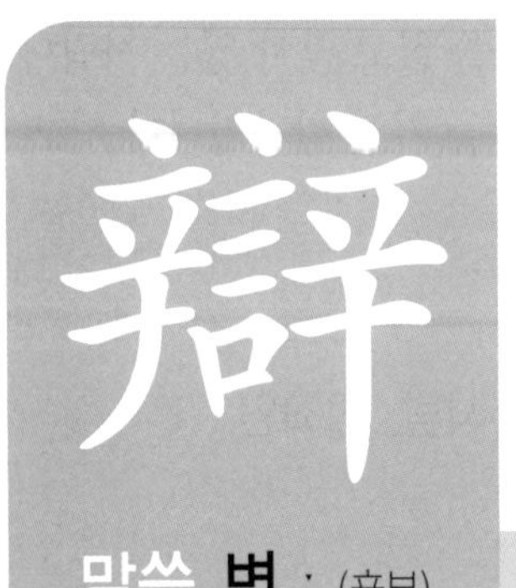

한자의 유래 뜻을 결정한 말씀 언(言)과 발음을 결정한 변(辛+辛)이 합쳐진 한자입니다.

· 雄辯(웅변) : 조리 있고 힘차게 거침없이 말함.

말씀 변 : (辛부) 辯 (총 21획)

辯	辯	辯	辯	辯	辯	辯	辯
말씀 변							
辯							

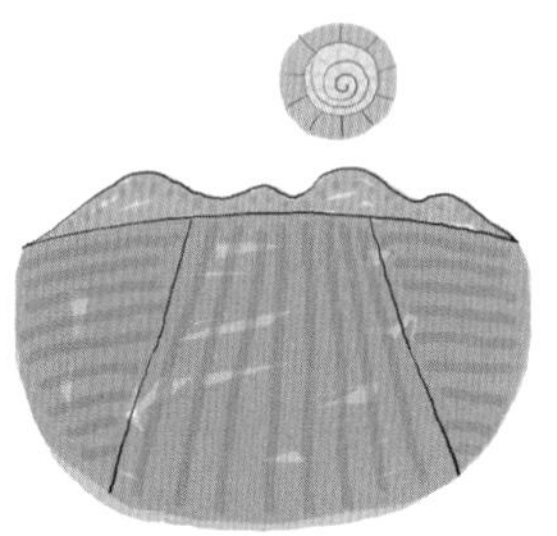

한자의 유래 사람이 나란히 서 있는 모습을 본뜬 나란할 병(竝)과 일(日)이 합쳐진 한자로 널리 비치는 햇빛 아래 사람이 서 있는 모습에서 넓다는 뜻이 유래되었습니다.

· 普通(보통) : 널리 통하여 예사로움.

넓을 보 : (日부) 普 (총 12획)

普	普	普	普	普	普	普	普
넓을 보							
普							

한자의 유래 개[犬]가 사람 앞에 엎드려 꼬리를 흔들고 있는 모습을 표현한 글자로 복종하다, 엎드리다 등의 뜻으로 쓰이는 한자입니다.

· 伏兵(복병) : 적이 쳐들어오기를 숨어 기다렸다가 갑자기 습격하는 군사.

엎드릴 **복** (亻/人부) 伏 伏 伏 伏 伏 伏 (총 6획)

伏	伏	伏	伏	伏	伏	伏	伏
엎드릴 복							
伏							

한자의 유래 옷의 모양을 본뜬 의(衤/衣)와 발음을 결정한 복(服)이 합쳐진 한자로 겹치다는 뜻이 결정되었습니다.

· 複數(복수) : 하나가 아닌 둘 이상의 수.

겹칠 **복** (衤/衣부) 複 複 複 複 複 複 複 複 複 複 複 複 複 複 (총 14획)

複	複	複	複	複	複	複	複
겹칠 복							
複							

아닐 부 : (口부)

한자의 유래 언어 활동에 관한 부정을 나타내는 뜻을 결정한 입 구(口)와 아니 부(不)가 합쳐진 한자입니다.

· 否定(부정) : 그렇지 않다고 함.

(총 7획)

否	否	否	否	否	否	否	否
아닐 부							
否							

질 부 : (貝부)

한자의 유래 사람 인(人)의 변한 형태인 윗부분과 조개 패(貝)가 합쳐져 사람이 등에 의지가 될 만한 재산을 가지고 있으면서 믿고 의지한다는 뜻을 가진 한자입니다.

· 負擔(부담) : 짐을 짐, 또는 그 짐.

(총 9획)

負	負	負	負	負	負	負	負
질 부							
負							

한자의 유래 사람의 감정을 나타내는 마음 심(忄/心)과 발음을 결정한 분(賁)이 합쳐졌습니다.

· 憤怒(분노) : 분하여 몹시 성을 냄.

분할 분 : (忄/心부) 憤 (총 15획)

憤 분할 분	憤	憤	憤	憤	憤	憤	憤
憤							

한자의 유래 쌀가루라는 뜻의 쌀 미(米)와 발음과 뜻을 동시에 가지고 있는 나눌 분(分)이 합쳐진 한자입니다.

· 粉末(분말) : 가루.

가루 분 (:) (米부) 粉 (총 10획)

粉 가루 분	粉	粉	粉	粉	粉	粉	粉
粉							

월 일 확인:

한자의 유래 손으로 친다는 뜻을 결정한 수(扌/手)와 발음을 결정한 비(比)가 합쳐졌습니다.

· 批判(비판) : 비평하여 판단함.

비평할 **비** : (扌/手부) 批 (총 7획)

批	批	批	批	批	批	批	批
비평할 비							
批							

한자의 유래 비석을 만드는 돌이란 뜻을 가진 돌 석(石)과 발음을 결정한 비(卑)가 합쳐진 한자입니다.

· 碑石(비석) : 비. 빗돌

비석 **비** (石부) 碑 (총 13획)

碑	碑	碑	碑	碑	碑	碑	碑
비석 비							
碑							

월 일 확인:

한자의 유래 신은 공개되지 않고 항상 엄밀하며 비밀스럽다는 뜻을 가진 글자로 신탁의 모양을 본뜬 시(示)와 발음을 결정한 필(必)이 합쳐진 한자입니다.

· 秘密(비밀) : 남에게 보이거나 알려서는 안 되는 일의 내용.

숨길 비 : (禾부) 秘 (총 10획)

秘	秘	秘	秘	秘	秘	秘	秘
숨길 비							
秘							

한자의 유래 사람의 옆모습을 본뜬 신(身)처럼 보이지만 처음에는 활 궁(弓)이었으며, 활을 쥐고 있는 손이란 뜻의 촌(寸)이 붙어 활을 쏘다는 뜻을 결정했습니다.

· 射手(사수) : 활, 총을 쏘는 사람.

쏠 사 (:) (寸부) 射 (총 10획)

射	射	射	射	射	射	射	射
쏠 사							
射							

한자의 유래 지금은 화(禾)와 사(厶)가 합쳐진 글자이지만 처음에는 사(厶)만 쓰였던 글자로 벼를 남과 나누지 않고 자신만 가지고 있는 사사로운 짓을 말합니다.

· 私見(사견) : 개인의 사사로운 의견.

사사 **사** (禾부) 私 千 千 千 禾 私 私 (총 7획)

私	私	私	私	私	私	私	私
사사 사							
私							

絲

한자의 유래 여러 개의 실타래 모양을 본떠 만든 한자입니다.

· 鐵絲(철사) : 가늘게 만든 금속 줄.

실 **사** (糸부) 絲 絲 絲 絲 絲 絲 絲 絲 絲 絲 絲 絲 (총 12획)

絲	絲	絲	絲	絲	絲	絲	絲
실 사							
絲							

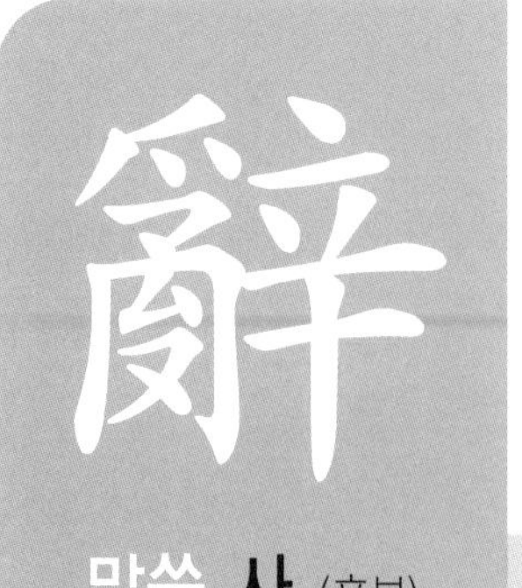

말씀 사 (辛부)

한자의 유래 손[爪]에 실을 쥐고 있는 모습을 본뜬 왼쪽의 글자와 벌을 주는 형구(形具)의 모양을 본떠 다스리다는 뜻을 가진 신(辛)이 합쳐져 '말' 이란 뜻으로 쓰입니다.

· 辭典(사전) : 낱말을 모아 일정한 순서로 배열하여, 발음 · 뜻 · 용법 · 어원 등을 해설한 책.

(총 19획)

辭	辭	辭	辭	辭	辭	辭	辭
말씀 사							
辭							약자 辞

흩을 산 : (攵/攴부)

한자의 유래 삼의 모습인 두 개의 朩 + 朩(오른쪽 위에 점이 빠진 모습)과 손에 막대기를 쥐고 삼을 흩어 놓는다는 뜻을 가진 복(攴/攵)의 모습에 세월이 흘러 '月' 이 합쳐졌습니다.

· 散在(산재) : 여기저기 흩어져 있음.

(총 12획)

散	散	散	散	散	散	散	散
흩을 산							
散							

예상 문제 髮妨犯範辯普伏複否負

1. 다음 漢字語(한자어)의 讀音(독음)을 쓰세요.

1) 毛髮 (　　　　)　　11) 複寫 (　　　　)

2) 答辯 (　　　　)　　12) 憤怒 (　　　　)

3) 拒否 (　　　　)　　13) 粉食 (　　　　)

4) 負擔 (　　　　)　　14) 秘密 (　　　　)

5) 碑文 (　　　　)　　15) 射擊 (　　　　)

6) 私設 (　　　　)　　16) 辭典 (　　　　)

7) 鐵絲 (　　　　)　　17) 散步 (　　　　)

8) 侵犯 (　　　　)　　18) 妨害 (　　　　)

9) 規範 (　　　　)　　19) 普通 (　　　　)

10) 伏兵 (　　　　)　　20) 批判 (　　　　)

2. 다음 漢字(한자)의 訓(훈)과 音(음)을 쓰세요.

1) 否 (　　,　　)　　6) 普 (　　,　　)

2) 散 (　　,　　)　　7) 射 (　　,　　)

3) 犯 (　　,　　)　　8) 憤 (　　,　　)

4) 私 (　　,　　)　　9) 秘 (　　,　　)

5) 複 (　　,　　)　　10) 批 (　　,　　)

11) 粉 (　　　　,　　　　)
12) 妨 (　　　　,　　　　)
13) 髮 (　　　　,　　　　)
14) 碑 (　　　　,　　　　)
15) 伏 (　　　　,　　　　)
16) 辯 (　　　　,　　　　)
17) 範 (　　　　,　　　　)
18) 絲 (　　　　,　　　　)
19) 辭 (　　　　,　　　　)
20) 負 (　　　　,　　　　)

3. 다음 밑줄 친 단어를 漢字(한자)로 쓰세요.

1) 할머니의 머리는 백발이다.
2) 오늘 재판에서의 변론은 정말 훌륭했다.
3) 이 축구 경기는 승부를 가리기가 힘들다.
4) 담벼락에 분필로 낙서를 하였다.
5) 그들은 끝내 항복하지 않았다.
6) 그녀는 신비스러운 소녀이다.
7) 비석에 새겨진 글자에서 많은 역사적 사실을 발견할 수 있다.
8) 사람은 공사를 구분할 줄 알아야 한다.
9) 그가 발사하면 백발백중이다.
10) 사람들은 그의 잘못된 행동보다 거짓으로 변명하는 그의 태도에 더욱 격분하였다.

4. 다음 질문에 맞는 漢字(한자)를 보기에서 골라 번호를 쓰세요.
(반의어, 동의어, 동음이의어, 완성형, 부수, 장단음)

보기

① 髮	② 妨	③ 犯	④ 範	⑤ 辯
⑥ 普	⑦ 伏	⑧ 複	⑨ 否	⑩ 負
⑪ 憤	⑫ 粉	⑬ 批	⑭ 碑	⑮ 秘
⑯ 射	⑰ 私	⑱ 絲	⑲ 辭	⑳ 散

1) 博과 비슷한 의미의 한자는?
2) 律과 비슷한 의미의 한자는?
3) 發과 비슷한 의미의 한자는?
4) 起와 상대 또는 반대의 의미를 가진 한자는?
5) 單과 상대 또는 반대의 의미를 가진 한자는?
6) 集과 상대 또는 반대의 의미를 가진 한자는?
7) 訪과 音은 같으나 뜻이 다른 한자는?
8) 邊과 音은 같으나 뜻이 다른 한자는?
9) 危機一( )(머리털 한올 같은 위험. 즉, 몹시 절박함을 이름)에 들어갈 한자는?
10) 犭을 부수로 가진 한자는?

5. 다음 뜻에 맞는 한자를 보기에서 고르시오.

보기			
	① 言辯	② 普通	③ 秘書
	④ 重複	⑤ 憤怒	

1) 발을 살하는 재주 (   )

2) 같은 것이 두 번이상 겹침 (   )

3) 중요한 직위의 사람에 직속된 기밀사무, 또는 그 사무를 맡은 사람

(   )

6. 다음 漢字(한자)의 略字(약자)를 쓰세요

1) 辭 ⇨

2) 寶 ⇨

3) 師 ⇨

7. 다음 漢字語(한자어) 중에서 앞 글자가 長音(장음)으로 발음되는 것을 고르세요

1) ① 規範 ② 級數 ③ 氣力 ④ 犯行

2) ① 妨害 ② 普通 ③ 防風 ④ 牧童

3) ① 否定 ② 部類 ③ 本錢 ④ 碑文

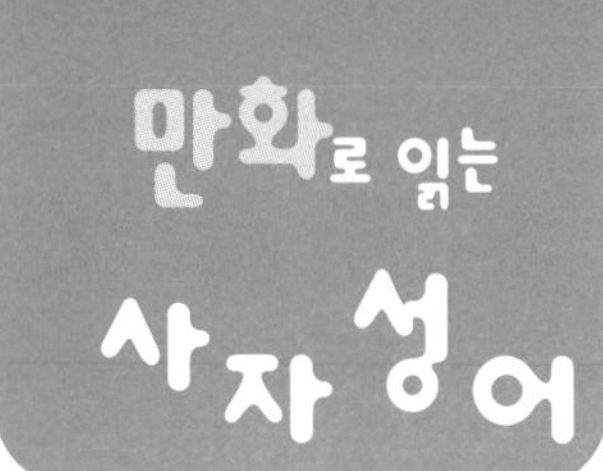

是是非非(시시비비)

옳은 것은 옳고 그른 것은 그르다고 하는 일을 말합니다.

❖ 是:옳을 시, 是:옳을 시, 非:아닐 비, 非:아닐 비

4급 과정

傷

다칠 상

象

코끼리 상

宣

베풀 선

舌

혀 설

屬

붙일 속

損

덜 손

松

소나무 송

頌

칭송할/기릴 송

秀

빼어날 수

叔

아재비 숙

肅

엄숙할 숙

崇

높을 숭

氏

성씨 씨

額

이마 액

樣

모양 양

嚴

엄할 엄

與

더불/줄 여

域

지경 역

易

바꿀 역/쉬울 이

延

늘일 연

한자의 유래 다친 사람의 뜻하는 사람 인(亻/人)과 발음을 결정한 나머지 글자로 이루어진 한자입니다.

· 傷心(상심) : 마음을 상함.

다칠 상 (亻/人부) 傷 傷 傷 傷 傷 傷 傷 傷 傷 傷 傷 傷 傷 (총 13획)

傷	傷	傷	傷	傷	傷	傷	傷
다칠 상							
傷							

한자의 유래 코끼리가 서 있는 모습을 본뜬 한자입니다.

象

· 對象(대상) : 목적, 상대가 되는 사물이나 사람.

코끼리 상 (豕부) 象 象 象 象 象 象 象 象 象 象 象 象 (총 12획)

象	象	象	象	象	象	象	象
코끼리 상							
象							

한자의 유래 면(宀)은 대궐의 모양이고 안에 '亘'은 구름처럼 생긴 무늬를 표현한 것으로 임금의 덕화가 널리 퍼져나간다는 뜻을 결정했습니다.

· 宣言(선언) : 자신의 뜻을 널리 펴서 나타냄.

베풀 선 (宀부) 宣 (총 9획)

宣	宣	宣	宣	宣	宣	宣	宣
베풀 선							
宣							

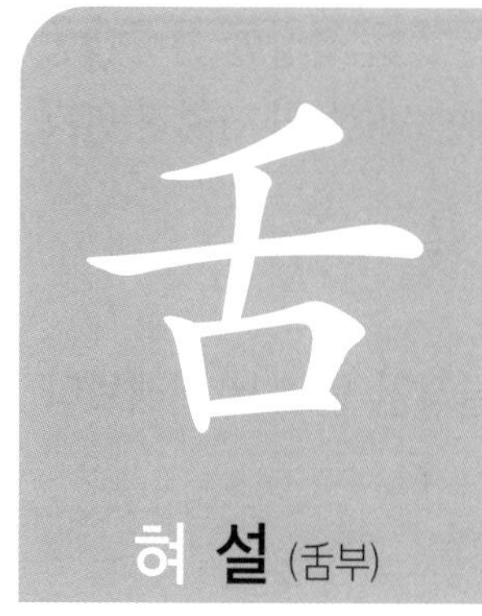

한자의 유래 입 속의 혀가 날름거리는 모습을 본뜬 입 구(口)와 혀의 모습인 '千'이 합쳐진 한자입니다.

· 舌戰(설전) : 말다툼.

혀 설 (舌부) 舌 (총 6획)

舌	舌	舌	舌	舌	舌	舌	舌
혀 설							
舌							

한자의 유래 뜻을 결정한 꼬리 미(尾)와 발음을 결정한 촉(蜀)이 합쳐진 글자로 꼬리를 서로 붙이고 교미를 한다는 뜻에서 지금의 뜻이 온 한자입니다.

· 屬性(속성) : 어떤 사물의 본래의 성질.

붙일 속 (尸부) (총 21획)

屬	屬	屬	屬	屬	屬	屬	屬
붙일 속							
屬							

한자의 유래 손으로 들어내다는 뜻을 결정한 손 수(扌/手)와 발음을 결정한 원(員)이 합쳐진 한자입니다.

· 損害(손해) : 금전이나 물질적인 면에서 본래보다 밑지거나 해가 됨.

덜 손 : (扌/手부) 損 (총 13획)

損	損	損	損	損	損	損	損
덜 손							
損							

한자의 유래 나무를 뜻하는 목(木)과 발음을 뜻하는 공(公)이 합쳐진 한자입니다.

· 靑松(청송) : 푸른 소나무.

소나무 송 (木부) 松 (총 8획)

松	松	松	松	松	松	松	松
소나무 송							
松							

한자의 유래 발음을 결정한 공(公)과 머릿속에 오랫동안 남겨 기린다는 뜻을 결정한 머리 혈(頁)이 합쳐진 한자입니다.

· 頌祝(송축) : 경사를 축하함.

칭송할/기릴 송: (頁부) 頌 (총 13획)

頌	頌	頌	頌	頌	頌	頌	頌
칭송할/기릴 송							
頌							

한자의 유래 벼의 모양을 본뜬 글자인 벼 화(禾)와 벼이삭의 모양인 乃가 합쳐져 싹이 빼어나다는 뜻을 가지고 있는 한자입니다.

· 秀才(수재) : 학문, 재능이 뛰어난 사람.

빼어날 수(禾부) (총 7획)

秀	秀	秀	秀	秀	秀	秀	秀
빼어날 수							
秀							

한자의 유래 콩의 줄기와 뿌리의 모양을 본뜬 삼(尗)과 손의 모습을 본뜬 우(又)가 합쳐진 한자로 지금은 '아재비' 라는 뜻으로 더 많이 쓰입니다.

· 叔父(숙부) : 아버지의 남동생

아재비 숙 (又부) (총 8획)

叔	叔	叔	叔	叔	叔	叔	叔
아재비 숙							
叔							

한자의 유래 붓의 모양을 본뜬 율(聿)과 물이 고여 있는 깊은 물이란 뜻을 가진 한자인 연(淵)의 오른쪽에 있는 글자가 합쳐져 아주 조심하고 엄숙해야 한다는 뜻이 되었습니다.

· 肅然(숙연) : 고요하고 엄숙함.

엄숙할 **숙** (聿부) (총 13획)

肅	肅	肅	肅	肅	肅	肅	肅
엄숙할 숙							
肅							약자
							粛

한자의 유래 높다는 뜻을 결정한 산(山)과 발음을 결정한 종(宗)이 합쳐진 한자입니다.

· 崇高(숭고) : 존엄하고 거룩함.

높을 **숭** (山부) (총 11획)

崇	崇	崇	崇	崇	崇	崇	崇
높을 숭							
崇							

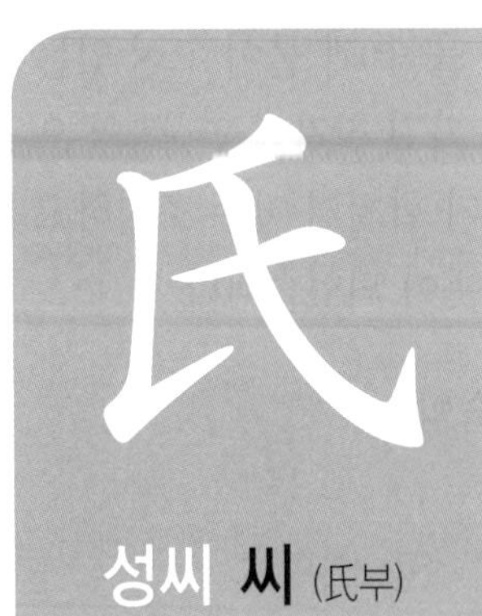

한자의 유래 나무 뿌리의 모습을 본뜬 한자로 후대에 전해지고 바탕이 되는 것이 '성(姓)' 이란 뜻에서 나온 한자입니다.

· 氏族(씨족) : 같은 조상을 가진 사회집단.

성씨 **씨** (氏부) 氏 氏 氏 氏 (총 4획)

氏	氏	氏	氏	氏	氏	氏	氏
성씨 씨							
氏							

한자의 유래 발음을 결정한 객(客)과 뜻을 결정한 머리 혈(頁)이 합쳐진 한자입니다.

· 額數(액수) : 돈의 머릿수, 금액

이마 **액** (頁부) 額 額 額 額 額 額 額 額 額 額 額 額 (총 18획)

額	額	額	額	額	額	額	額
이마 액							
額							

월 일 확인:

한자의 유래 원래 도토리라는 뜻을 가진 한자로 뜻을 결정한 목(木)과 발음을 결정한 양(羕)이 합쳐졌습니다.

· 樣相(양상) : 모습, 모양, 상태.

모양 양 (木부) (총 15획)

樣 모양 양	樣	樣	樣	樣	樣	樣	樣
樣							약자 樣

한자의 유래 두 개의 구(口)는 탄광의 입구 모습을 본뜬 글자이고 아래의 엄(厂)과 감(敢)은 언덕의 아래에서 손으로 탄을 꺼내고 있는 모습을 본뜬 한자입니다.

· 嚴冬(엄동) : 몹시 추운 겨울.

엄할 엄 (口부) (총 20획)

嚴 엄할 엄	嚴	嚴	嚴	嚴	嚴	嚴	嚴
嚴							약자 厳

한자의 유래 '𦥑'는 꼬고 있는 짚의 모양이고 나머지는 두 사람이 양손 모습을 본떠 함께 새끼를 꼰다는 뜻을 가진 한자입니다.

· 授與(수여) : 공식 절차에 의해 증서, 상장, 훈장 따위를 줌.

더불/줄 여 : (臼부) (총 14획)

與	與	與	與	與	與	與	與
더불/줄 여							
與							약자 与

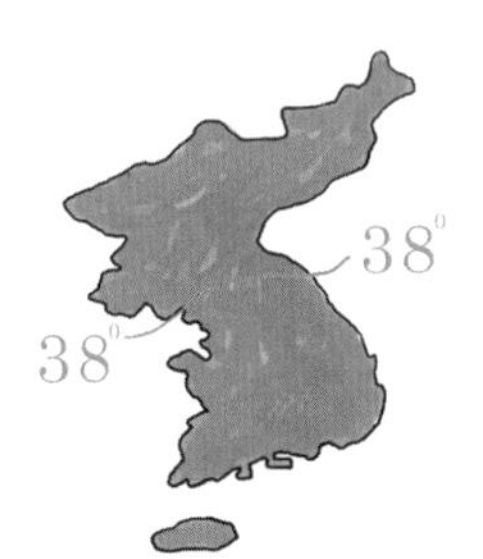

한자의 유래 땅의 경계라는 뜻을 결정한 흙 토(土)와 창을 들고 어떠한 지역을 지킨다는 뜻을 결정한 혹(或)이 합쳐진 한자입니다.

· 地域(지역) : 일정한 땅의 구역이나 땅의 경계.

지경 역 (土부) (총 11획)

域	域	域	域	域	域	域	域
지경 역							
域							

한자의 유래 색깔을 바꾸는 도마뱀의 모습을 본떠 바꾼다는 뜻이 되었습니다.

· 交易(교역) : 물품을 서로 교환하여 장사함.

바꿀 역/쉬울 이 : (日부) 易 (총 8획)

易	易	易	易	易	易	易	易
바꿀 역/쉬울 이							
易							

한자의 유래 원래 척(廴)과 지(止)가 합쳐진 한자로 두 글자 모두 진행의 뜻을 가지고 있어 시간을 지체하면서 '걷다' 는 뜻을 결정했습니다.

· 延期(연기) : 정해놓은 기간을 물림.

늘일 연 (廴부) 延 (총 7획)

延	延	延	延	延	延	延	延
늘일 연							
延							

예상 문제 傷象宣舌屬損松頌秀叔

1. 다음 漢字語(한자어)의 讀音(독음)을 쓰세요.

1) 負傷 (　　　　　　)
2) 對象 (　　　　　　)
3) 所屬 (　　　　　　)
4) 損益 (　　　　　　)
5) 秀作 (　　　　　　)
6) 叔父 (　　　　　　)
7) 氏族 (　　　　　　)
8) 總額 (　　　　　　)
9) 與黨 (　　　　　　)
10) 領域 (　　　　　　)
11) 宣布 (　　　　　　)
12) 毒舌 (　　　　　　)
13) 松板 (　　　　　　)
14) 頌祝 (　　　　　　)
15) 肅清 (　　　　　　)
16) 崇文 (　　　　　　)
17) 模樣 (　　　　　　)
18) 嚴肅 (　　　　　　)
19) 交易 (　　　　　　)
20) 延期 (　　　　　　)

2. 다음 漢字(한자)의 訓(훈)과 音(음)을 쓰세요.

1) 肅 (　　　　　　)
2) 象 (　　　　　　)
3) 損 (　　　　　　)
4) 樣 (　　　　　　)
5) 秀 (　　　　　　)
6) 屬 (　　　　　　)
7) 傷 (　　　　　　)
8) 松 (　　　　　　)
9) 宣 (　　　　　　)
10) 叔 (　　　　　　)

11) 頌 (　　　　　　　　)

12) 延 (　　　　　　　　)

13) 與 (　　　　　　　　)

14) 額 (　　　　　　　　)

15) 舌 (　　　　　　　　)

16) 易 (　　　　　　　　)

17) 崇 (　　　　　　　　)

18) 域 (　　　　　　　　)

19) 嚴 (　　　　　　　　)

20) 氏 (　　　　　　　　)

3. 다음 밑줄 친 단어를 漢字(한자)로 쓰세요.

1) 그는 TV토론에서 상대후보와 설전을 벌였다.

2) 그 분의 숭고한 뜻은 후손들에게 전하여졌다.

3) 우리 형은 공부를 잘하여 사람들로 부터 수재라는 소리를 자주 들었다.

4) 그는 손해 보는 일은 절대로 하지 않는다.

5) 물건을 선전만 믿고 사기에는 불안하다.

6) 앞으로 얼마동안 자숙의 시간을 가지는 것이 좋겠다.

7) 거액을 들여 이 사업에 투자하였다.

8) 서류를 네 맘대로 만들지 말고 회사 양식에 맞게 꾸며라.

9) 이 노래는 세계 전역에서 히트를 하였다.

10) 지하철역도 근처에 있어 접근이 용이하다

4. 다음 질문에 맞는 漢字(한자)를 보기에서 골라 번호를 쓰세요.
(반의어, 동의어, 동음이의어, 완성형, 부수, 장단음)

보기

① 傷	② 象	③ 宣	④ 舌	⑤ 屬
⑥ 損	⑦ 松	⑧ 頌	⑨ 秀	⑩ 叔
⑪ 肅	⑫ 崇	⑬ 氏	⑭ 額	⑮ 樣
⑯ 嚴	⑰ 與	⑱ 域	⑲ 易	⑳ 延

1) 界와 비슷한 의미의 한자는?
2) 姓과 비슷한 의미의 한자는?
3) 着과 비슷한 의미의 한자는?
4) 益과 상대 또는 반대의 의미를 가진 한자는?
5) 受와 상대 또는 반대의 의미를 가진 한자는?
6) 難과 상대 또는 반대의 의미를 가진 한자는?
7) 鮮과 音은 같으나 뜻이 다른 한자는?
8) (　　)禮門(조선시대 한양의 남쪽 정문으로 국보1호, 흔히 남대문으로 불림)에 들어갈 한자는?
9) 各(　　)各色(각가지 모양과 각가지 색깔. 즉 각기 다름, 여러 가지)에 들어갈 한자는?
10) 聿을 부수로 가진 한자는?

5. 다음 漢字語의 뜻을 쓰세요.

1) 傷心 ( )

2) 金屬 ( )

3) 嚴罰 ( )

6. 다음 漢字(한자)의 略字(약자)를 쓰세요

1) 肅 ⇨

2) 樣 ⇨

3) 與 ⇨

7. 다음 漢字語(한자어) 중에서 앞 글자가 長音(장음)으로 발음되는 것을 고르세요

1) ① 社會 ② 與件 ③ 山林 ④ 寺院

2) ① 損害 ② 舌戰 ③ 宣言 ④ 鮮明

3) ① 收集 ② 修交 ③ 頌祝 ④ 秀才

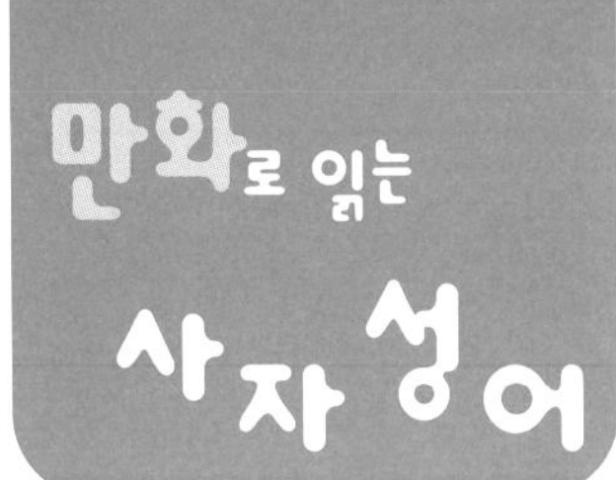

眼下無人(안하무인)

눈 아래에 사람이 없다는 뜻으로 사람됨이 교만하여 남을 업신여김을 이르는 말입니다.

✤ 眼:눈 안, 下:아래 하, 無:없을 무, 人:사람 인

4급 과정

燃
탈 연

緣
인연 연

鉛
납 연

映
비칠 영

營
경영할 영

迎
맞을 영

豫
미리 예

優
넉넉할 우

遇
만날 우

郵
우편 우

怨
원망할 원

援
도울 원

源
근원 원

危
위태할 위

圍
에워쌀 위

委
맡길 위

威
위엄 위

慰
위로할 위

乳
젖 유

儒
선비 유

탈 연 (火부)

한자의 유래 뜻을 결정한 불 화(火)와 발음을 결정한 연(然)이 합쳐진 한자입니다.

· 燃料(연료) : 열이나 빛을 이용하기 위해 태우는 재료.

(총 16획)

燃	燃	燃	燃	燃	燃	燃	燃
탈 연							
燃							

인연 연 (糸부)

한자의 유래 옷을 만드는 재료를 뜻하는 실 사(糸)와 발음을 결정한 단(彖)이 합쳐진 한자입니다.

· 緣分(연분) : 서로 걸리게 되는 인연, 부부가 되는 인연.

(총 15획)

緣	緣	緣	緣	緣	緣	緣	緣
인연 연							
緣							

한자의 유래 금속을 뜻하는 쇠 금(金)과 연(㕣)이 합쳐진 한자입니다.

· 鉛筆(연필) : 굳힌 심을 나뭇대에 박은 필기도구.

납 연 (金부)　(총 13획)

鉛	鉛	鉛	鉛	鉛	鉛	鉛	鉛
납 연							
鉛							

한자의 유래 햇빛이 비친다는 뜻을 결정한 날 일(日)과 발음을 결정한 앙(央)이 합쳐졌습니다.

· 映畵(영화) : 연속 촬영한 필름을 연속으로 영사막에 비추어 물건의 모습이나 움직임을 실제와 같이 재현해 보이는 것.

비칠 영(:) (日부)　(총 9획)

映	映	映	映	映	映	映	映
비칠 영							
映							

한자의 유래 발음을 결정한 형(熒)과 집을 경영하다는 뜻을 결정하여 회랑의 모습을 본뜬 여(呂)가 합쳐진 한자입니다.

· 營業(영업) : 영리를 목적으로 경영하는 사업.

경영할 **영** (火부)

(총 17획)

營	營	營	營	營	營	營	營
경영할 영							
營							

한자의 유래 나아가 '맞이하다' 는 진행의 뜻을 결정한 착(辶)과 발음을 결정한 앙(卬)이 합쳐진 한자입니다.

· 迎新(영신) : 새로운 것을 맞아들임. 새해를 맞음.

맞을 **영** (辶부)

(총 8획)

迎	迎	迎	迎	迎	迎	迎	迎
맞을 영							
迎							

한자의 유래 발음을 결정한 여(予)와 코끼리의 모양을 본뜬 상(象)이 합쳐진 한자입니다.

· 豫買(예매) : 시기가 되기 전에 미리 삼.

미리 예 : (豕부) 豫 (총 16획)

豫	豫	豫	豫	豫	豫	豫	豫
미리 예							
豫							약자 予

한자의 유래 넉넉한 사람과 관계된 글자로 사람 인(人)과 발음을 결정한 우(憂)가 합쳐진 글자이다.

· 優勝(우승) : 가장 뛰어남. 경기, 경주 등에서 최고의 성적으로 이김.

넉넉할 우 (亻/人부) 優 (총 17획)

優	優	優	優	優	優	優	優
넉넉할 우							
優							

한자의 유래 진행하면서 만나다는 뜻을 가진 착(辶)과 발음을 결정한 우(禺)가 합쳐진 한자입니다.

· 待遇(대우) : 예의를 갖추어 대함.

만날 **우** : (辶부) 遇 (총 13획)

遇	遇	遇	遇	遇	遇	遇	遇
만날 우							
遇							

한자의 유래 발음을 결정한 수(垂)와 고을과 고을 사이에 있는 역참을 뜻하는 고을 읍(阝/邑)이 합쳐진 한자입니다.

· 郵便(우편) : 공중의 의뢰로 편지나 기타의 물품을 전국 또는 세계에 보내주는 제도.

우편 **우** (阝/邑부) 郵 (총 11획)

郵	郵	郵	郵	郵	郵	郵	郵
우편 우							
郵							

한자의 유래 발음을 결정한 원(夗)과 사람의 감정 상태를 말하는 마음 심(心)이 합쳐진 한자입니다.

· 怨望(원망) : 남이 내게 한 일에 대하여 억울하게 여겨 탓하거나 분하게 여겨 미워함.

원망할 원 (:) (心부) ノ ク 夕 夘 夗 夗 怨 怨 怨 (총 9획)

怨	怨	怨	怨	怨	怨	怨	怨
원망할 원							
怨							

한자의 유래 뜻을 결정한 손 수(扌/手)와 발음을 결정한 원(爰)이 합쳐진 한자입니다.

· 救援(구원) : 곤란을 면하도록 도와 줌.

도울 원 : (扌/手부) 一 扌 扌 扌 扌 扌 扌 扌 扌 扌 援 援 (총 12획)

援	援	援	援	援	援	援	援
도울 원							
援							

한자의 유래 물의 근원을 뜻하는 물 수(氵/水)와 발음과 뜻을 동시에 가지고 있는 글자로 언덕 아래 샘에서 물이 흘러 나오는 모습을 본뜬 원(原)이 합쳐진 한자입니다.

· 根源(근원) : 물줄기가 흘러나오기 시작하는 곳. 어떤 일이 생겨나는 본바탕.

근원 원 (氵/水부) (총 13획)

源	源	源	源	源	源	源	源
근원 원							
源							

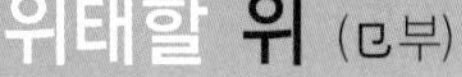

한자의 유래 언덕 위에 올라서 있는 사람을 뒤에 웅크리고 숨어 있는 사람이 마치 벼랑 아래로 밀어 떨어뜨릴 듯한 형상을 표현한 한자입니다.

· 危急(위급) : 위태롭고 급함.

위태할 위 (卩부) (총 6획)

危	危	危	危	危	危	危	危
위태할 위							
危							

한자의 유래 담장을 본떠 둘레라는 뜻을 가진 口와 발음을 결정한 위(韋)가 합쳐진 한자입니다.

· 包圍(포위) : 둘러쌈.

에워쌀 위 (口부) 丨 冂 冂 冂 冋 冋 冋 冑 冑 圍 圍 圍 (총 12획)

圍	圍	圍	圍	圍	圍	圍	圍
에워쌀 위							
圍							약자 囲

한자의 유래 벼 포기를 등에 지고 있는 여자의 모습을 본뜬 글자로 '순종하다, 따르다, 맡기다' 등의 뜻이 되었습니다.

· 委任(위임) : 일이나 처리를 남에게 맡김.

맡길 위 (女부) 丿 二 千 禾 禾 秂 委 委 (총 8획)

委	委	委	委	委	委	委	委
맡길 위							
委							

한자의 유래 도끼의 모양을 본뜬 도끼 월(戉)과 여자의 모습을 본뜬 여(女)가 합쳐져 도끼로 여자를 위협한다는 뜻에서 위엄이란 뜻이 결정되었습니다.

· 威嚴(위엄) : 의젓하고 엄숙함.

위엄 위 (女부) (총 9획)

威	威	威	威	威	威	威	威
위엄 위							
威							

한자의 유래 발음을 결정한 위(尉)와 사람의 감정 상태를 위로하다는 뜻을 결정한 마음 심(心)이 합쳐진 한자입니다.

· 慰勞(위로) : 괴로움을 어루만져 잊게 함.

위로할 위 (心부) (총 15획)

慰	慰	慰	慰	慰	慰	慰	慰
위로할 위							
慰							

월 일 확인:

한자의 유래 손의 모습인 조(爪)와 아이의 모습인 아들 자(子), 엄마의 가슴 모습인 乙이 합쳐진 한자로 엄마가 손으로 가슴을 쥐고 아이에게 젖을 먹이고 있는 모습을 본떴습니다.

· 牛乳(우유) : 암소의 젖.

젖 유 (乙부) 乳 (총 8획)

乳	乳	乳	乳	乳	乳	乳	乳
젖 유							
乳							

한자의 유래 선비라는 사람을 뜻하는 사람 인(亻/人)과 발음을 결정한 수(需)가 합쳐진 한자입니다.

· 儒林(유림) : 유교의 도를 닦는 학자들.

선비 유 (亻/人부) 儒 (총 16획)

儒	儒	儒	儒	儒	儒	儒	儒
선비 유							
儒							

예상 문제 燃緣鉛映營迎豫優遇郵

1. 다음 漢字語(한자어)의 讀音(독음)을 쓰세요.

1) 燃料 (　　　　　　　)	11) 鉛筆 (　　　　　　　)
2) 經營 (　　　　　　　)	12) 豫防 (　　　　　　　)
3) 境遇 (　　　　　　　)	13) 怨望 (　　　　　　　)
4) 根源 (　　　　　　　)	14) 範圍 (　　　　　　　)
5) 威信 (　　　　　　　)	15) 牛乳 (　　　　　　　)
6) 因緣 (　　　　　　　)	16) 映畫 (　　　　　　　)
7) 迎入 (　　　　　　　)	17) 優秀 (　　　　　　　)
8) 郵便 (　　　　　　　)	18) 援助 (　　　　　　　)
9) 危急 (　　　　　　　)	19) 委任 (　　　　　　　)
10) 慰勞 (　　　　　　　)	20) 儒學 (　　　　　　　)

2. 다음 漢字(한자)의 訓(훈)과 音(음)을 쓰세요.

1) 乳 (　　　,　　　)	6) 迎 (　　　,　　　)
2) 燃 (　　　,　　　)	7) 優 (　　　,　　　)
3) 源 (　　　,　　　)	8) 危 (　　　,　　　)
4) 威 (　　　,　　　)	9) 緣 (　　　,　　　)
5) 儒 (　　　,　　　)	10) 郵 (　　　,　　　)

11) 援 (,)
12) 慰 (,)
13) 鉛 (,)
14) 豫 (,)
15) 圍 (,)
16) 映 (,)
17) 遇 (,)
18) 怨 (,)
19) 委 (,)
20) 營 (,)

3. 다음 밑줄 친 단어를 漢字(한자)로 쓰세요.

1) 이 마을 주민들은 모두 혈연으로 맺어진 관계입니다.
2) 드디어 내가 좋아하는 프로그램이 방영될 시간이다.
3) 원자재 가격이 상승하자 기업을 운영하기 어려워졌다.
4) 아무런 예고도 없이 행운이 밀려들어왔다.
5) 우리 사회는 독립 유공자에 대한 예우를 갖추어야 한다.
6) 폐기물을 몰래 버리다 주민들의 원성을 샀다.
7) 그 지역의 관광 활성화를 위해 지원을 아끼지 않았다.
8) 위기를 기회로 바꾸는 지혜가 필요하다.
9) 그는 이 분야에서 권위가 있는 학자이다.
10) 무엇보다 아이들의 건강이 우선이다.

4. 다음 질문에 맞는 漢字(한자)를 보기에서 골라 번호를 쓰세요.
(반의어, 동의어, 동음이의어, 완성형, 부수, 장단음)

보기

① 燃	② 緣	③ 鉛	④ 映	⑤ 營
⑥ 迎	⑦ 豫	⑧ 優	⑨ 遇	⑩ 郵
⑪ 怨	⑫ 援	⑬ 源	⑭ 危	⑮ 圍
⑯ 委	⑰ 威	⑱ 慰	⑲ 乳	⑳ 儒

1) 士와 비슷한 의미의 한자는?
2) 任와 비슷한 의미의 한자는?
3) 護와 비슷한 의미의 한자는?
4) 根과 비슷한 의미의 한자는?
5) 送과 상대 또는 반대의 의미를 가진 한자는?
6) 安과 상대 또는 반대의 의미를 가진 한자는?
7) 藝와 音은 같으나 뜻이 다른 한자는?
8) ( )木求魚(나무에 인연하여 물고기를 구한다. 즉, 목적에 맞지 않는 수단, 허술한 계획을 이름)에 들어갈 한자는?
9) ( )風堂堂(풍체가 위엄있어 당당함)에 들어갈 한자는?
10) 乙을 부수로 가진 한자는?

5. 다음 뜻에 맞는 한자를 보기에서 고르시오.

보기			
	① 經營	② 迎接	③ 包圍
	④ 援助	⑤ 豫告	

1) 손님을 맞이하여 대접함 (　　　　　　　　)
2) 주위를 둘러쌈 (　　　　　　　　)
3) 미리알림 (　　　　　　　　)

6. 다음 漢字(한자)의 略字(약자)를 쓰세요

1) 豫 ⇨
2) 圍 ⇨
3) 藝 ⇨

7. 다음 漢字語(한자어) 중에서 앞 글자가 長音(장음)으로 발음되는 것을 고르세요

1) ① 宿食 ② 手段 ③ 豫告 ④ 客觀
2) ① 援助 ② 郵便 ③ 優待 ④ 營利
3) ① 燃燈 ② 鉛筆 ③ 有能 ④ 威力

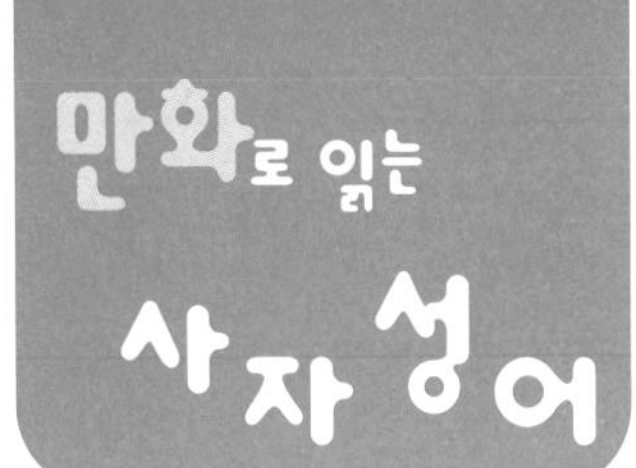

優柔不斷(우유부단)

줏대 없이 어물거리기만 하고 딱 잘라 결단을 내리지 못함을 이르는 말입니다.

❖ 優:넉넉할 우, 柔:부드러울 유, 不:아닐 부, 斷:끊을 단

4급 과정

遊
놀 유

遺
남길 유

隱
숨을 은

依
의지할 의

儀
거동 의

疑
의심할 의

異
다를 이

仁
어질 인

姉
손위 누이 자

姿
모양 자

資
재물 자

殘
남을 잔

雜
섞일 잡

壯
장할 장

帳
장막 장

張
베풀 장

腸
창자 장

裝
꾸밀 장

奬
장려할 장

底
밑 저

한자의 유래 놀러 가다는 진행의 뜻을 가진 착(⻌)과 깃발의 모습인 㫃과 깃발을 들고 가는 사람의 모습인 자(子)가 합쳐진 한자입니다.

· 遊覽(유람) : 두루 구경하며 돌아다님.

놀 **유** (⻌부) 遊 (총 13획)

遊	遊	遊	遊	遊	遊	遊	遊
놀 유							
遊							

한자의 유래 두 손으로 귀하게 여기는 흙을 쥐고 있는 모습을 본뜬 귀(貴)와 진행의 뜻을 결정한 착(⻌)이 합쳐져 귀한 물건을 들고 다니다 잃어버린다는 뜻이 되었습니다.

· 遺産(유산) : 죽은 이가 남겨놓은 재산.

남길 **유** (⻌부) 遺 (총 16획)

遺	遺	遺	遺	遺	遺	遺	遺
남길 유							
遺							

한자의 유래 언덕에 숨어 있다는 뜻을 결정한 언덕 부(阝/阜)와 발음을 결정한 은(㥯)이 합쳐진 한자입니다.

· 隱退(은퇴) : 직임에서 물러남. 또는 물러나서 한가로이 삶.

숨을 은 (阝/阜부) 隱隱隱隱隱隱隱隱隱隱隱隱 (총 16획)

隱	隱	隱	隱	隱	隱	隱	隱
숨을 은							
隱							

한자의 유래 의지하는 사람이란 뜻을 결정한 사람 인(亻/人)과 발음을 결정한 의(衣)가 합쳐진 한자입니다.

· 依支(의지) : 마음을 붙여 도움을 받음.

의지할 의 (亻/人부) 依依依依依依依依 (총 8획)

依	依	依	依	依	依	依	依
의지할 의							
依							

한자의 유래 사람의 거동을 뜻하는 사람 인(亻/人)과 발음을 결정한 의(義)가 합쳐진 한자입니다.

· 儀禮(의례) : 형식을 갖춘 예의.

거동 **의** (亻/人부) (총 15획)

儀	儀	儀	儀	儀	儀	儀	儀
거동 의							
儀							

한자의 유래 지금은 그 모습이 많이 변하여 처음 만들어질 때의 모습을 찾아보기 힘들지만 노인이 갈림길에 서서 어디로 가야할지 의심한다는 뜻에서 유래된 한자입니다.

· 疑問(의문) : 의심스러운 생각을 함.

의심할 **의** (疋부) (총 14획)

疑	疑	疑	疑	疑	疑	疑	疑
의심할 의							
疑							

월 일 확인:

한자의 유래 사람이 머리에 가면을 쓰고 평상시와는 다른 모습을 하고 있다는 데서 '다르다' 는 뜻이 유래되었습니다.

· 異見(이견) : 남과 다른 의견.

다를 이 : (田부) 異 (총 11획)

異	異	異	異	異	異	異	異
다를 이							
異							

한자의 유래 사람의 모습은 본뜬 인(亻/人)과 앞의 글자와 같다는 뜻을 표시하는 부호인 이(二)가 합쳐진 한자로 사람과 사람 사이에 어진 마음이 중요함을 나타냅니다.

· 仁義(인의) : 어진 것과 의로운 것.

어질 인 (亻/人부) 仁 (총 4획)

仁	仁	仁	仁	仁	仁	仁	仁
어질 인							
仁							

한자의 유래 누이라는 뜻을 결정한 계집 녀(女)와 발음을 결정한 나머지 글자로 이루어진 한자입니다.

· 姊妹(자매) : 여자끼리의 동기, 언니와 여동생.

손위 누이 **자** (女부) (총 8획)

姊	姊	姊	姊	姊	姊	姊	姊
손위 누이 자							
姊							

한자의 유래 발음을 결정한 차(次)와 맵시를 부리는 여자를 뜻하는 계집 여(女)가 합쳐진 한자입니다.

· 姿態(자태) : 몸가짐과 맵시.

모양 **자** : (女부) (총 9획)

姿	姿	姿	姿	姿	姿	姿	姿
모양 자							
姿							

재물 자 (貝부)

한자의 유래 발음을 결정한 차(次)와 재물이라는 뜻을 결정한 조개 패(貝)가 합쳐진 한자입니다.

· 資産(자산) : 토지 · 건물 · 금전 따위의 재산.

資 資 資 資 資 資 資 資 資 資 資 資 資 (총 13획)

資	資	資	資	資	資	資	資
재물 자							
資							

남을 잔 (歹부)

한자의 유래 뼈의 모습을 본떠 뜻을 결정한 알(歹)과 발음을 결정한 전(戔)이 합쳐진 한자입니다.

· 殘存(잔존) : 남아 있음.

殘 殘 殘 殘 殘 殘 殘 殘 殘 殘 殘 殘 (총 12획)

殘	殘	殘	殘	殘	殘	殘	殘
남을 잔							
殘							

월 일 확인:

한자의 유래 옷 의(衣)와 집(集)이 합쳐진 글자로 온갖 옷 빛깔이 다양하게 뒤섞여 있다는 뜻에서 나온 한자입니다.

· 雜多(잡다) : 여러 가지가 뒤섞여 너저분함.

섞일 **잡** (隹부) (총 18획)

雜	雜	雜	雜	雜	雜	雜	雜
섞일 잡							
雜							약자 雑

한자의 유래 발음을 결정한 장(爿)과 씩씩함을 상징하는 도끼의 모습을 본뜬 사(士)가 합쳐진 한자입니다.

· 壯士(장사) : 기개와 체질이 굳센 사람.

장할 **장** : (士부) (총 7획)

壯	壯	壯	壯	壯	壯	壯	壯
장할 장							
壯							약자 壮

월 일 확인:

한자의 유래 수건을 걸어 놓은 모습을 본뜬 수건 건(巾)과 발음을 결정한 장(長)이 합쳐진 한자입니다.

· 通帳(통장) : 예금한 사람의 출납상태를 기록한 장부.

장막 **장** (巾부) 巾 巾 巾 巾 巾 帳 帳 帳 帳 (총 11획)

帳	帳	帳	帳	帳	帳	帳	帳
장막 장							
帳							

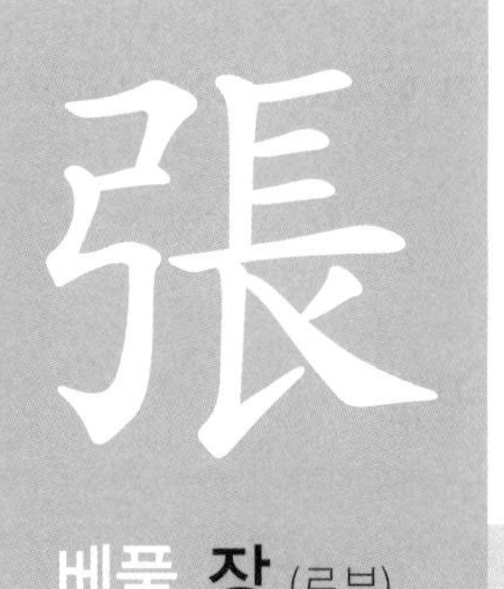

한자의 유래 활을 가득 당겨 '베풀다'는 뜻을 결정한 활 궁(弓)과 발음을 결정한 장(長)이 합쳐진 한자입니다.

· 主張(주장) : 자기의견을 내세움.

베풀 **장** (弓부) 弓 弓 弓 弓 弓 弓 弓 弓 張 張 張 (총 11획)

張	張	張	張	張	張	張	張
베풀 장							
張							

한자의 유래 살이라는 뜻을 결정한 고기 육(月/肉)과 발음을 결정한 양(昜)이 합쳐진 한자입니다.

· 小腸(소장) : 위와 대장 사이의 소화기관.

창자 **장** (肉부) 丿 刀 月 月 月' 月ㄇ 月ㄇ 月ㄇ 月甲 月旦 腸 腸 腸 (총 13획)

腸	腸	腸	腸	腸	腸	腸	腸
창자 장							
腸							

한자의 유래 발음을 결정한 장(壯)과 옷을 꾸미다는 뜻에서 온 옷 의(衣)가 합쳐진 한자입니다.

· 包裝(포장) : 물건을 싸서 꾸림.

꾸밀 **장** (衣부) 丨 ㄐ 丬 丬 丬一 壮 壮 裝 裝 裝 裝 裝 裝 (총 13획)

裝	裝	裝	裝	裝	裝	裝	裝
꾸밀 장							
裝							약자 装

한자의 유래 발음을 결정한 장(將)과 개를 부추기다, 권면하다는 뜻을 결정한 개 견(犬)이 합쳐진 한자입니다.

· 奬學(장학) : 학문을 장려함.

장려할 장 (:) (大부) (총 14획)

奬	奬	奬	奬	奬	奬	奬	奬
장려할 장							
奬							약자 奨

한자의 유래 한쪽에만 지붕이 있는 집의 모습인 엄(广)과 발음과 낮다는 뜻을 결정한 저(氐)가 합쳐진 한자로 집의 기단부를 뜻합니다.

· 海底(해저) : 바다의 밑바닥.

밑 저 : (广부) (총 8획)

底	底	底	底	底	底	底	底
밑 저							
底							

예상 문제 遊遺隱依儀疑異仁姊姿

1. 다음 漢字語(한자어)의 讀音(독음)을 쓰세요.

1) 遊牧 (　　　　　　)
2) 遺産 (　　　　　　)
3) 儀式 (　　　　　　)
4) 疑心 (　　　　　　)
5) 姊妹 (　　　　　　)
6) 姿勢 (　　　　　　)
7) 複雜 (　　　　　　)
8) 壯觀 (　　　　　　)
9) 大腸 (　　　　　　)
10) 正裝 (　　　　　　)
11) 隱退 (　　　　　　)
12) 依支 (　　　　　　)
13) 異色 (　　　　　　)
14) 仁術 (　　　　　　)
15) 資源 (　　　　　　)
16) 殘額 (　　　　　　)
17) 通帳 (　　　　　　)
18) 主張 (　　　　　　)
19) 奬學 (　　　　　　)
20) 海底 (　　　　　　)

2. 다음 漢字(한자)의 訓(훈)과 音(음)을 쓰세요.

1) 仁 (　　　,　　　)
2) 儀 (　　　,　　　)
3) 遺 (　　　,　　　)
4) 依 (　　　,　　　)
5) 裝 (　　　,　　　)
6) 隱 (　　　,　　　)
7) 異 (　　　,　　　)
8) 姿 (　　　,　　　)
9) 雜 (　　　,　　　)
10) 腸 (　　　,　　　)

11) 資 (,)	16) 姉 (,)
12) 疑 (,)	17) 遊 (,)
13) 張 (,)	18) 殘 (,)
14) 壯 (,)	19) 奬 (,)
15) 底 (,)	20) 帳 (,)

3. 다음 밑줄 친 단어를 漢字(한자)로 쓰세요.

1) 이번 일요일에는 가까운 유원지에 놀러가자.

2) 아무도 모르게 은밀하게 해야 된다.

3) 그것은 예의 바른 행동이 아니다.

4) 그의 말을 듣다 보니 한 가지 의문이 들었다.

5) 안개가 걷히자 한라산의 웅장한 자태가 드러났다.

6) 다른 팀에서 거액을 약속했지만 그는 팀에 잔류하기로 결정하였다.

7) 정말 확실한 것 아니면 함부로 장담하지 마라

8) 아버지는 정기적으로 해외출장을 가신다.

9) 요즘 과대 포장이 문제가 되고 있다.

10) 그 선수는 비록 전성기가 지났지만 저력을 보이며 선전하였다.

4. 다음 질문에 맞는 漢字(한자)를 보기에서 골라 번호를 쓰세요.
(반의어, 동의어, 동음이의어, 완성형, 부수, 장단음)

보기

① 遊	② 遺	③ 隱	④ 依	⑤ 儀
⑥ 疑	⑦ 異	⑧ 仁	⑨ 姉	⑩ 姿
⑪ 資	⑫ 殘	⑬ 雜	⑭ 壯	⑮ 帳
⑯ 張	⑰ 腸	⑱ 裝	⑲ 奬	⑳ 底

1) 設와 비슷한 의미의 한자는?
2) 態와 비슷한 의미의 한자는?
3) ②와 비슷한 의미의 다른 한자는?
4) 現과 상대 또는 반대의 의미를 가진 한자는?
5) 同과 상대 또는 반대의 의미를 가진 한자는?
6) 妹와 상대 또는 반대의 의미를 가진 한자는?
7) 貯와 音은 같으나 뜻이 다른 한자는?
8) ( )者無敵(어진 사람에게는 적이 없다)에 들어갈 한자는?
9) 複( )多端(일이 얽히고설키어 갈피를 잡기 어려움)에 들어갈 한자는?
10) 衣를 부수로 가진 한자는?

5. 다음 뜻에 맞는 한자를 보기에서 고르시오.

보기
① 仁德 ② 隱退 ③ 資格
④ 遺傳 ⑤ 壯觀

1) 조상으로부터 몸의 형태나 성질 등을 물려받아 내려옴 ( )
2) 어진 덕 ( )
3) 일정한 신분이나 지위를 가지는데 필요한 조건이나 능력 ( )

6. 다음 漢字(한자)의 略字(약자)를 쓰세요

1) 雜 ⇨
2) 壯 ⇨
3) 裝 ⇨

7. 다음 漢字語(한자어) 중에서 앞 글자가 長音(장음)으로 발음되는 것을 고르세요

1) ① 壯觀 ② 時間 ③ 榮光 ④ 秀才
2) ① 姉妹 ② 異見 ③ 雜多 ④ 疑問
3) ① 儀式 ② 遊說 ③ 隱身 ④ 姿勢

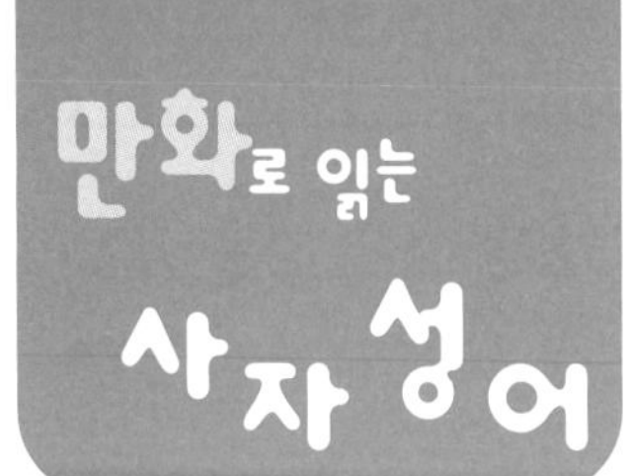

賊反荷杖(적반하장)

도둑이 되레 매를 든다는 뜻으로 잘못한 사람이 잘한 사람을 도리어 나무라는 경우를 말합니다.

❖ 賊:도둑 적, 反:돌이킬 반, 荷:멜 하, 杖:막대 장

4급 과정

積
쌓을 적

籍
문서 적

績
길쌈 적

賊
도둑 적

適
맞을 적

專
오로지 전

轉
구를 전

錢
돈 전

折
꺾을 절

占
점령할/점칠 점

點
점 점

丁
고무래/장정 정

整
가지런할 정

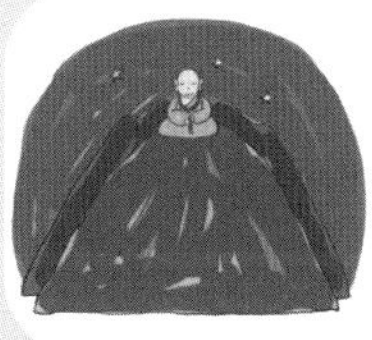

靜
고요할 정

帝
임금 제

條
가지 조

潮
조수, 밀물 조

組
짤 조

存
있을 존

從
좇을 종

한자의 유래 벼의 모양을 본뜬 벼 화(禾)와 발음을 결정한 책(責)이 합쳐진 한자로 수확한 벼를 쌓아 둔다는 뜻을 가졌습니다.

· 積金(적금) : 돈을 모아 둠.

쌓을 적 (禾부) 積積積積積積積積積積積積 (총 16획)

積	積	積	積	積	積	積	積
쌓을 적							
積							

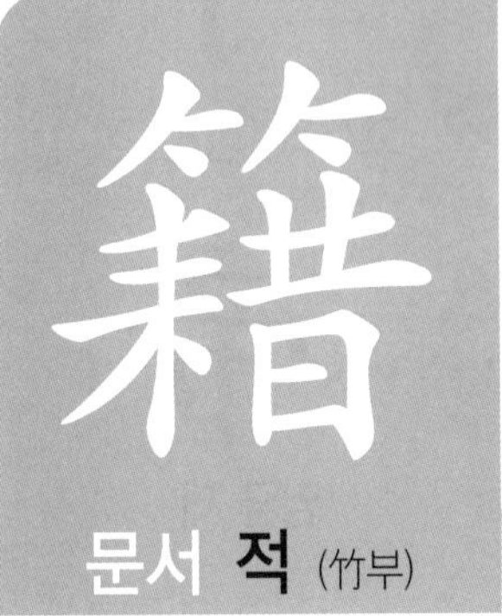

한자의 유래 대나무로 만든 책이란 뜻을 결정한 대나무 죽(竹)과 적(耒+昔)이 합쳐진 것으로 책을 뜻하는 한자입니다.

· 書籍(서적) : 책.

문서 적 (竹부) 籍籍籍籍籍籍籍籍籍籍籍籍籍籍籍籍 (총 20획)

籍	籍	籍	籍	籍	籍	籍	籍
문서 적							
籍							

한자의 유래 실을 서로 잇는다는 뜻을 결정한 실 사(糸)와 발음을 결정한 책(責)이 합쳐진 한자입니다.

· 成績(성적) : 일의 성과나 학업의 실적.

길쌈 적 (糸부) (총 17획)

績	績	績	績	績	績	績	績
길쌈 적							
績							

한자의 유래 재물을 뜻하는 패(貝)와 창의 모양을 본뜬 '戎'이 합쳐진 글자로 창을 들고 돈을 빼앗아 가는 도둑을 뜻하는 한자입니다.

· 盜賊(도적) : 남의 물건을 빼앗거나 훔치는 짓.

도둑 적 (貝부) (총 13획)

賊	賊	賊	賊	賊	賊	賊	賊
도둑 적							
賊							

한자의 유래 진행을 뜻하는 착(辶)과 발음을 결정한 적(啇)이 합쳐진 한자입니다.

· 適當(적당) : 정도나 이치에 꼭 알맞음.

맞을 적 (辶부) (총 15획)

適	適	適	適	適	適	適	適
맞을 적							
適							

한자의 유래 물레와 물레를 돌리고 있는 손의 모습이 합쳐진 글자로 처음의 뜻과는 달리 '오로지'라는 뜻으로 쓰이고 있는 한자입니다.

· 專門(전문) : 어떤 한 가지 일을 오로지 연구함.

오로지 전 (寸부) (총 11획)

專	專	專	專	專	專	專	專
오로지 전							
專							

월 일 확인:

한자의 유래 수레가 '구르다'는 뜻을 결정한 수레 거(車)와 발음과 물레를 돌린다는 뜻을 함께 가지고 있는 전(專)이 합쳐진 한자입니다.

· 轉入(전입) : 다른 곳으로 옮기어 들어감.

구를 전 : (車부) 轉 (총 18획)

轉	轉	轉	轉	轉	轉	轉	轉
구를 전							
轉							약자 轊

한자의 유래 금속을 뜻하는 쇠 금(金)과 발음을 결정한 전(戔)이 합쳐진 한자입니다.

· 本錢(본전) : 이자 등이 붙지 않은 원래 금액.

돈 전 : (金부) 錢 (총 16획)

錢	錢	錢	錢	錢	錢	錢	錢
돈 전							
錢							약자 銭

한자의 유래 지금은 손 수(扌)로 변했지만 처음에는 나무 목(木)이었고, 근(斤)은 도끼 모양을 본뜬 것으로 도끼로 나무를 '자르다'는 뜻을 가진 한자입니다.

· 折半(절반) : 하나를 반으로 가름.

꺾을 **절** (扌/手부) 一 十 扌 扌 扩 扩 折 (총 7획)

折	折	折	折	折	折	折	折
꺾을 절							
折							

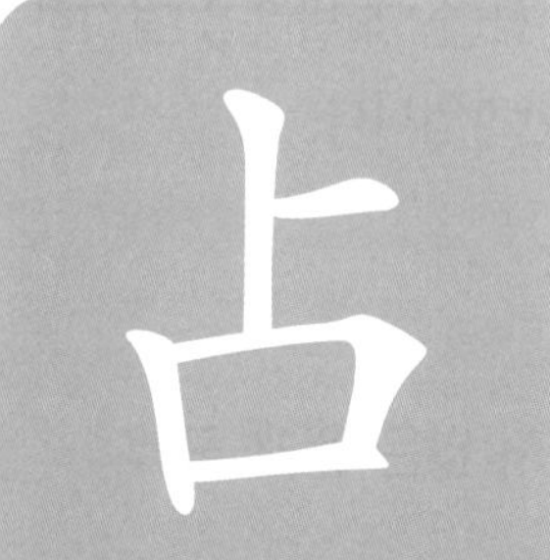

한자의 유래 '점치다'는 뜻을 가진 점칠 복(卜)과 점을 쳐 길흉을 묻는다는 뜻을 결정한 입 구(口)가 합쳐진 한자입니다.

· 占有(점유) : 자기 소유로 함.

점령할:/점칠 **점** (卜부) 丨 卜 𠂉 占 占 (총 5획)

占	占	占	占	占	占	占	占
점령할/점칠 점							
占							

한자의 유래 검은색이라는 뜻을 결정한 흑(黑)과 발음을 결정한 점(占)이 합쳐진 한자입니다.

· 點字(점자) : 점으로 이루어진 맹인용의 글자.

점 점(:) (黑부) (총 17획)

點	點	點	點	點	點	點	點
점 점							
點							약자 点

한자의 유래 못의 모양을 본뜬 것으로 지금은 천간(天干)의 뜻을 가진 한자로 쓰입니다.

· 白丁(백정) : 조선시대 가축을 잡는 일 등을 하는 사람.

고무래 / 장정 정 (一부) 丁 丁 (총 2획)

丁	丁	丁	丁	丁	丁	丁	丁
고무래 / 장정 정							
丁							

한자의 유래 물건을 묶어 놓은 묶을 속(束)과 손의 모습을 본뜬 복(攵)이 합쳐져 손으로 가지런히 '묶다' 는 뜻을 결정했고, 정(正)은 발음을 결정했습니다.

· 整理(정리) : 가지런하게 바로잡음.

가지런할 정 : (攵부) (총 16획)

整	整	整	整	整	整	整	整
가지런할 정							
整							

한자의 유래 우물에서 자라는 푸른 풀의 모양을 본뜬 청(靑)과 발음을 결정한 쟁(爭)이 합쳐진 한자입니다.

· 靜物(정물) : 움직이지 않는 물건.

고요할 정 (靑부) (총 16획)

靜	靜	靜	靜	靜	靜	靜	靜
고요할 정							
靜							

한자의 유래 꽃과 씨방의 모습을 본뜬 글자로 활짝 피어 열매 맺는 꽃을 숭배한 증거를 가진 한자입니다.

· 帝國(제국) : 황제가 다스리는 나라.

임금 **제** : (巾부) (총 9획)

帝	帝	帝	帝	帝	帝	帝	帝
임금 제							
帝							

한자의 유래 발음을 결정한 유(攸 : '조'의 변화된 발음)와 뜻을 결정한 나무 목(木)이 합쳐진 한자입니다.

· 條件(조건) : 어떤 사물이 성립되거나 발생하는 데 갖추어야 하는 요소.

가지 **조** (木부) (총 11획)

條	條	條	條	條	條	條	條
가지 조							
條							

조수 조 (氵/水부)

한자의 유래 뜻을 결정한 물 수(氵/水)와 발음을 결정한 조(朝)가 합쳐진 한자입니다.

· 潮水(조수) : 밀려 들어왔다 나가는 바닷물.

潮 (총 15획)

潮	潮	潮	潮	潮	潮	潮	潮
조수 조							
潮							

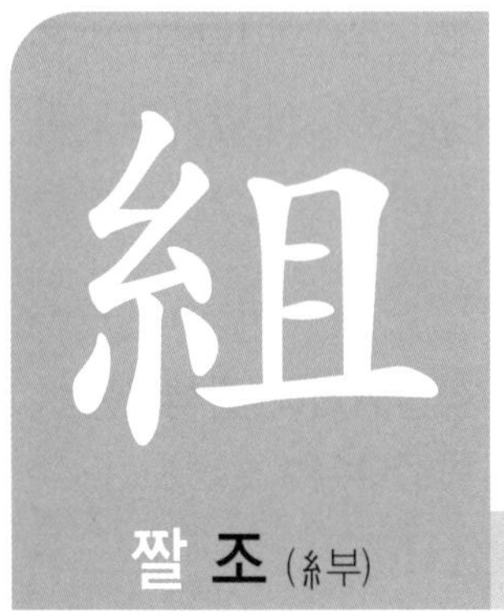

짤 조 (糸부)

한자의 유래 뜻을 결정한 실 사(糸)와 발음을 결정한 차('조'의 변화된 발음/且)가 합쳐진 한자입니다.

· 組立(조립) : 여러 부품을 하나로 짜 맞춤.

組 (총 11획)

組	組	組	組	組	組	組	組
짤 조							
組							

한자의 유래 손의 모양을 본뜬 손 수(扌/手)와 어린 아이의 모습을 본뜬 아들 자(子)가 합쳐진 한자로 손으로 아이를 안고 있다는 뜻을 결정했습니다.

· 存在(존재) : 실제로 있음.

있을 **존** (子부) 存存存存存存 (총 6획)

存	存	存	存	存	存	存	存
있을 존							
存							

한자의 유래 거리의 모양을 본뜬 彳과 두 사람의 모양인 人人, 발의 모습인 발 족(足)이 합쳐진 글자로 두 사람이 나란히 서로를 쫓고 있는 모습을 본뜬 한자입니다.

· 從前(종전) : 이전.

좇을 **종** (:) (彳부) 從從從從從從從從從從從 (총 11획)

從	從	從	從	從	從	從	從
좇을 종							
從							

예상 문제 積籍績賊適專轉錢折占

1. 다음 漢字語(한자어)의 讀音(독음)을 쓰세요.

1) 蓄積 ( )
2) 適切 ( )
3) 折半 ( )
4) 整理 ( )
5) 潮流 ( )
6) 書籍 ( )
7) 專門 ( )
8) 占領 ( )
9) 冷靜 ( )
10) 組合 ( )
11) 成績 ( )
12) 運轉 ( )
13) 點心 ( )
14) 帝王 ( )
15) 存在 ( )
16) 盜賊 ( )
17) 葉錢 ( )
18) 壯丁 ( )
19) 條件 ( )
20) 服從 ( )

2. 다음 漢字(한자)의 訓(훈)과 音(음)을 쓰세요.

1) 存 (,)
2) 籍 (,)
3) 整 (,)
4) 從 (,)
5) 組 (,)
6) 折 (,)
7) 帝 (,)
8) 潮 (,)
9) 賊 (,)
10) 條 (,)

11) 丁 (,   )
12) 專 (,   )
13) 錢 (,   )
14) 靜 (,   )
15) 積 (,   )
16) 點 (,   )
17) 轉 (,   )
18) 績 (,   )
19) 適 (,   )
20) 占 (,   )

3. 다음 밑줄 친 단어를 漢字(한자)로 쓰세요.

1) 그는 모든 일에 적극적인 자세를 가지고 있어 사람들로부터 호감을 받는다.
2) 퀴리부인은 과학에 위대한 업적을 남긴 여성이다.
3) 새로운 학교로 전학을 가면 적응을 할 시간이 필요하다.
4) 누나는 대학에서 화학을 전공하였다.
5) 그 선수는 다리 골절로 한 시즌을 쉬어야 했다.
6) 지나친 독점은 경제뿐만 아니라 정치에도 악영향을 미친다.
7) 자동차는 정기적으로 정비를 받아야 한다.
8) 크게 심호흡을 하고 안정을 찾기 시작하였다.
9) 남과 비교하는 심리가 과소비 풍조를 부채질한다.
10) 조립식 가구들을 사서 직접 만들었다.

4. 다음 질문에 맞는 漢字(한자)를 보기에서 골라 번호를 쓰세요.
(반의어, 동의어, 동음이의어, 완성형, 부수, 장단음)

보기

① 積	② 籍	③ 績	④ 賊	⑤ 適
⑥ 專	⑦ 轉	⑧ 錢	⑨ 折	⑩ 占
⑪ 點	⑫ 丁	⑬ 整	⑭ 靜	⑮ 帝
⑯ 條	⑰ 潮	⑱ 組	⑲ 存	⑳ 從

1) 君과 비슷한 의미의 한자는?
2) 築과 비슷한 의미의 한자는?
3) 券과 비슷한 의미의 한자는?
4) 直과 상대 또는 반대의 의미를 가진 한자는?
5) 動과 상대 또는 반대의 의미를 가진 한자는?
6) 無와 상대 또는 반대의 의미를 가진 한자는?
7) 種과 音은 같으나 뜻이 다른 한자는?
8) (　　)者生存(환경에 잘 적응하는 생물만 살아남는 현상)에 들어갈 한자는?
9) 金科玉(　　)(금과 옥 같이 소중히 지켜야할 법률)에 들어갈 한자는?
10) 卜을 부수로 가지는 한자는?

5. 다음 漢字語의 뜻을 쓰세요.

1) 國籍 ( )

2) 轉學 ( )

3) 保存 ( )

6. 다음 漢字(한자)의 略字(약자)를 쓰세요

1) 轉 ⇨

2) 錢 ⇨

3) 點 ⇨

7. 다음 漢字語(한자어) 중에서 앞 글자가 長音(장음)으로 발음되는 것을 고르세요

1) ① 民俗 ② 整理 ③ 邑內 ④ 末世

2) ① 轉勤 ② 條件 ③ 積善 ④ 全力

3) ① 組立 ② 折半 ③ 帝王 ④ 專門

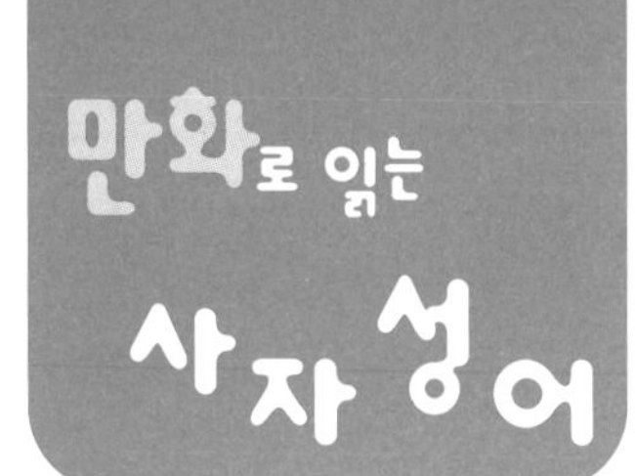

衆寡不敵(중과부적)

적은 수효로 많은 수효를 맞겨루지 못함을 뜻합니다.

❖ 衆:무리 중, 寡:적을 과, 不:아닐 부, 敵:대적할 적

4급 과정

鍾
쇠북 종

座
자리 좌

周
두루 주

朱
붉을 주

酒
술 주

證
증거 증

持
가질 지

智
지혜/슬기 지

誌
기록할 지

織
짤 직

珍
보배 진

盡
다할 진

陣
진칠 진

差
다를 차

讚
기릴 찬

採
캘 채

冊
책 책

泉
샘 천

廳
관청 청

聽
들을 청

한자의 유래 종을 만든 재료인 쇠를 뜻하는 쇠 금(金)과 발음을 결정한 중(重)이 합쳐진 한자입니다.

· 打鍾(타종) : 종을 침.

쇠북 종 (金부) 鍾鍾鍾鍾鍾鍾鍾鍾鍾鍾 (총 17획)

鍾	鍾	鍾	鍾	鍾	鍾	鍾	鍾
쇠북 종							
鍾							

한자의 유래 한쪽 지붕의 모습인 엄(广)과 두 사람이 땅 위에 앉아 있다는 뜻과 발음을 함께 결정한 앉을 좌(坐)가 합쳐진 한자입니다.

· 王座(왕좌) : 임금이 앉는 자리, 으뜸가는 자리.

자리 좌 : (广부) 座座座座座座座座座座 (총 10획)

座	座	座	座	座	座	座	座
자리 좌							
座							

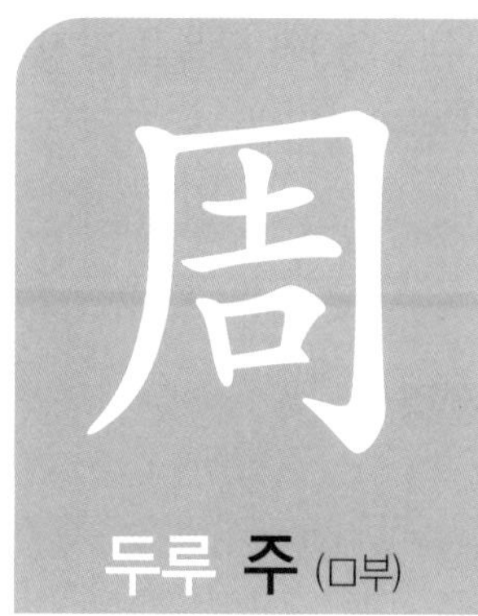

한자의 유래 종의 몸체 부분에 수많은 조각을 가득 새겨 놓은 모습을 본뜬 것으로 '두루' 라는 뜻을 가지고 있는 한자입니다.

· 一周(일주) : 한 바퀴를 돎.

두루 주 (口부) 周 周 周 周 周 周 周 周 (총 8획)

周	周	周	周	周	周	周	周
두루 주							
周							

한자의 유래 나무의 모습을 본뜬 목(木)자 가운데 점을 찍어 속이 붉은 나무라는 뜻을 결정한 한자입니다.

· 印朱(인주) : 도장을 찍는 붉은 재료.

붉을 주 (木부) 朱 朱 朱 朱 朱 朱 (총 6획)

朱	朱	朱	朱	朱	朱	朱	朱
붉을 주							
朱							

한자의 유래 액체를 뜻하는 물 수(氵/水)와 발음을 결정한 유(酉)가 합쳐진 한자입니다.

· 酒量(주량) : 술을 마시는 분량.

술 주(:) (酉부) 酒 酒 酒 酒 酒 酒 酒 酒 酒 酒 (총 10획)

酒	酒	酒	酒	酒	酒	酒	酒
술 주							
酒							

한자의 유래 말로 증거를 삼다는 뜻을 결정한 말씀 언(言)과 발음을 결정한 등(登)이 합쳐진 한자입니다.

· 物證(물증) : 물적 증거.

증거 증 (言부) 證 證 證 證 證 證 證 證 證 證 證 證 證 (총 19획)

證	證	證	證	證	證	證	證
증거 증							
證							약자 証

한자의 유래 손의 모습을 본떠 가지다는 뜻을 가진 손 수(扌/手)와 발음을 결정한 사(寺: '시' 의 변화음)가 합쳐진 한자입니다.

· 持參(지참) : 돈이나 물건을 가지고 참석함.

가질 **지** (扌/手부) (총 9획)

持	持	持	持	持	持	持	持
가질 지							
持							

한자의 유래 발음을 결정한 지(知)와 알고 있는 것을 입으로 표현한다는 뜻을 가진 말할 왈(曰)이 합쳐진 한자입니다.

· 智略(지략) : 슬기로운 계략.

지혜 / 슬기 **지** (日부) (총 12획)

智	智	智	智	智	智	智	智
지혜 / 슬기 지							
智							

한자의 유래 말을 기록한다는 뜻을 가진 말씀 언(言)과 발음을 결정한 지(志)가 합쳐진 한자입니다.

· 日誌(일지) : 직무상의 기록을 적은 책.

기록할 **지** (言부)

誌 誌 誌 誌 誌 誌 誌 誌 誌 誌 誌 誌 誌 誌 (총 14획)

誌	誌	誌	誌	誌	誌	誌	誌
기록할 지							
誌							

한자의 유래 실을 짜다는 뜻을 결정한 실 사(糸)와 발음을 결정한 시(戠 : '직' 의 변화음)가 합쳐진 한자입니다.

· 織物(직물) : 섬유로 짠 물건을 통틀어 이르는 말.

짤 **직** (糸부)

織 織 織 織 織 織 織 織 織 織 織 織 織 (총 18획)

織	織	織	織	織	織	織	織
짤 직							
織							

한자의 유래 옥의 모습을 본뜬 옥(玉)과 발음을 결정한 진(㐱)이 합쳐진 한자입니다.

· 珍貴(진귀) : 보배롭고 귀중함.

보배 진 (王/玉부) (총 9획)

珍	珍	珍	珍	珍	珍	珍	珍
보배 진							
珍							

한자의 유래 율(聿)은 설거지를 하고 있는 수세미를 본뜬 것이고 아래의 명(皿)은 그릇의 모양을 본뜬 것으로 음식을 다 먹고 설거지를 하는 모습에서 '다하다' 는 뜻이 되었습니다.

· 盡力(진력) : 있는 힘을 다함.

다할 진 : (皿부) (총 14획)

盡	盡	盡	盡	盡	盡	盡	盡
다할 진							
盡							

월 일 확인:

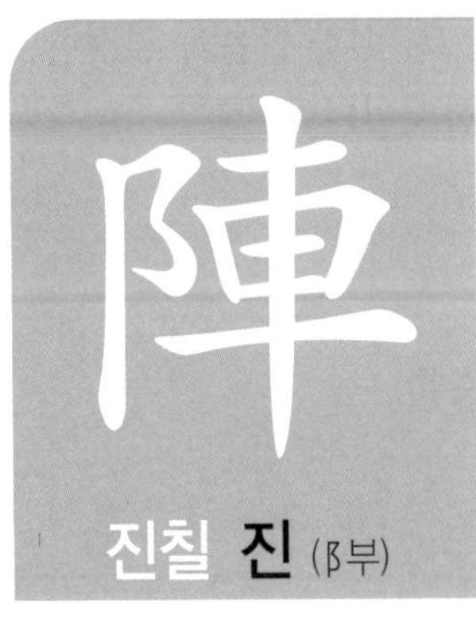

한자의 유래 언덕을 본뜬 부(阝/阜)와 수레의 모습을 본뜬 수레 거(車)가 합쳐진 한자로 언덕 아래 수레를 세워 진을 치다는 뜻에서 유래되었습니다.

· 陣營(진영) : 군사가 진을 치고 있는 일정한 구역.

진칠 **진** (阝부) 7 3 阝 阝 阝 阝 阝 陌 陌 陣 (총 10획)

陣	陣	陣	陣	陣	陣	陣	陣
진칠 진							
陣							

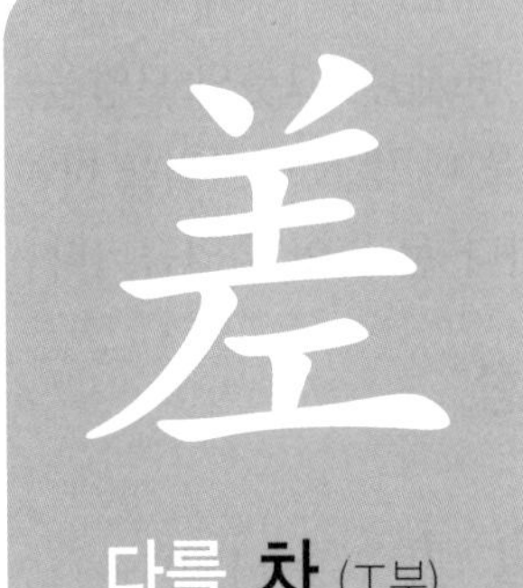

한자의 유래 위의 양(羊)은 금문(金文)에서는 원래 벼의 모습이었고 아래의 공(工)은 좌(左)의 생략된 글자로 발음을 결정했습니다.

· 差異(차이) : 서로 다름.

다를 **차** (工부) 丶 丷 䒑 兰 兰 差 差 差 差 差 (총 10획)

差	差	差	差	差	差	差	差
다를 차							
差							

한자의 유래 말로 칭찬하여 기린다는 뜻에서 온 말씀 언(言)과 발음을 결정한 찬(贊)이 합쳐진 한자입니다.

· 讚辭(찬사) : 칭찬하는 말이나 글.

기릴 찬 : (言부) (총 26획)

讚 기릴 찬	讚	讚	讚	讚	讚	讚	讚
讚							

한자의 유래 손의 모습을 본뜬 손 수(扌/手)와 손으로 나무를 잡아 캔다는 뜻인 손톱 조(爪)와 나무 목(木)이 합쳐진 한자입니다.

· 採取(채취) : 자연물을 캐거나 줍거나 따서 거두어 들임.

캘 채 : (扌/手부) (총 11획)

採 캘 채	採	採	採	採	採	採	採
採							

한자의 유래 대나무를 엮어서 만든 책인 죽간(竹簡)의 모습을 본뜬 한자입니다.

· 册床(책상) : 책을 읽거나 글씨를 쓰는 데 쓰는 상.

책 책 (冂부) 丨 冂 冂 冊 册 (총 5획)

册 책 책	册	册	册	册	册	册	册
册							

한자의 유래 샘의 모습인 백(白)과 샘 밖으로 흘러나오는 물의 모습을 본뜬 수(水)가 합쳐진 한자입니다.

· 溫泉(온천) : 땅속에서 뜨거운 물이 자연적으로 솟아나는 샘.

샘 천 (水부) 丿 亻 白 白 白 宀 泉 泉 泉 (총 9획)

泉 샘 천	泉	泉	泉	泉	泉	泉	泉
泉							

월 일 확인:

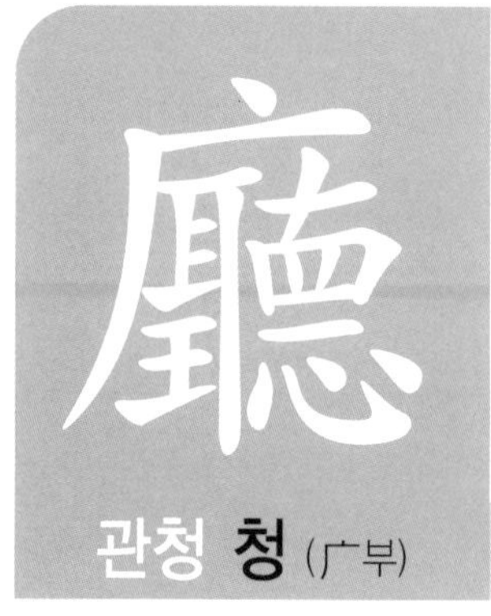

관청 청 (广부)

한자의 유래 집의 모습인 엄(广)과 발음을 결정한 청(聽)이 합쳐진 한자입니다.

· 區廳(구청) : 구의 행정 사무를 맡아보는 관청.

广 庁 庍 庐 庑 庘 ... 廳 (총 25획)

廳	廳	廳	廳	廳	廳	廳	廳
관청 청							
廳							약자 庁

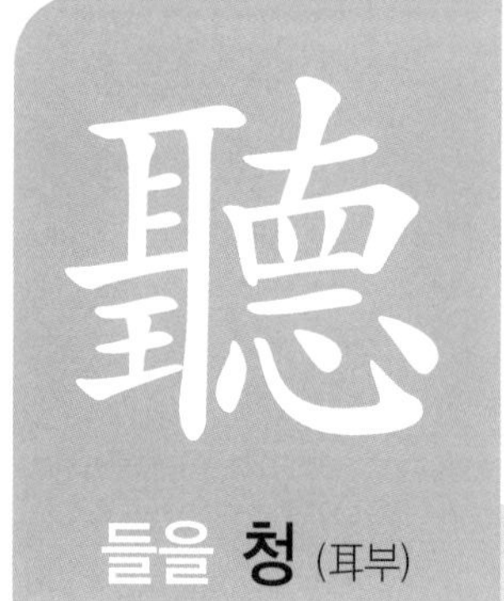

들을 청 (耳부)

한자의 유래 듣는다는 뜻을 결정한 귀 이(耳), 마음을 바르게 한다는 뜻의 悳 그리고 발음을 결정한 정(壬)이 합쳐진 한자입니다.

· 傾聽(경청) : 귀를 기울여 주의해 들음.

耳 ... 聽 (총 22획)

聽	聽	聽	聽	聽	聽	聽	聽
들을 청							
聽							약자 聴

1. 다음 漢字語(한자어)의 讀音(독음)을 쓰세요.

1) 鐘路 (　　　　　　　　)
2) 座席 (　　　　　　　　)
3) 飮酒 (　　　　　　　　)
4) 證據 (　　　　　　　　)
5) 校誌 (　　　　　　　　)
6) 組織 (　　　　　　　　)
7) 陣地 (　　　　　　　　)
8) 差異 (　　　　　　　　)
9) 冊床 (　　　　　　　　)
10) 源泉 (　　　　　　　　)
11) 周圍 (　　　　　　　　)
12) 朱黃 (　　　　　　　　)
13) 支持 (　　　　　　　　)
14) 奇智 (　　　　　　　　)
15) 珍貴 (　　　　　　　　)
16) 賣盡 (　　　　　　　　)
17) 極讚 (　　　　　　　　)
18) 採取 (　　　　　　　　)
19) 視聽 (　　　　　　　　)
20) 官廳 (　　　　　　　　)

2. 다음 漢字(한자)의 訓(훈)과 音(음)을 쓰세요.

1) 泉 (　　　　,　　　　)
2) 酒 (　　　　,　　　　)
3) 鍾 (　　　　,　　　　)
4) 聽 (　　　　,　　　　)
5) 周 (　　　　,　　　　)
6) 持 (　　　　,　　　　)
7) 織 (　　　　,　　　　)
8) 冊 (　　　　,　　　　)
9) 差 (　　　　,　　　　)
10) 珍 (　　　　,　　　　)

11) 盡 (,) 16) 誌 (,)

12) 採 (,) 17) 朱 (,)

13) 智 (,) 18) 陣 (,)

14) 讚 (,) 19) 座 (,)

15) 廳 (,) 20) 證 (,)

3. 다음 밑줄 친 단어를 漢字(한자)로 쓰세요.

1) 집 자체보다 주변 환경이 더 맘에 들었다.
2) 주점에서 흘러나오는 흥겨운 음악소리에 덩달아 흥이 났다.
3) 과학적인 검증을 거치지 않았으므로 이 증거는 믿을 수 없다.
4) 항공기를 이용할 때는 소지한 물품이 허용되는지 미리 살펴야 한다.
5) 심심해진 그는 잡지를 뒤적거렸다.
6) 웃지 못 할 진풍경이 벌어졌다.
7) 미진한 문제는 일단 놔두기로 하였다.
8) 책임을 지고 장관이 퇴진하였다.
9) 해외에서 돌아와서 시차에 아직 적응하지 못하고 있다.
10) 기업들이 신입사원 채용규모가 좀처럼 늘지 않고 있다.

4. 다음 질문에 맞는 漢字(한자)를 보기에서 골라 번호를 쓰세요.
(반의어, 동의어, 동음이의어, 완성형, 부수, 장단음

보기

① 鍾	② 座	③ 周	④ 朱	⑤ 酒
⑥ 證	⑦ 持	⑧ 智	⑨ 誌	⑩ 織
⑪ 珍	⑫ 盡	⑬ 陣	⑭ 差	⑮ 讚
⑯ 採	⑰ 冊	⑱ 泉	⑲ 廳	⑳ 聽

1) 頌과 비슷한 의미의 한자는?
2) 寶와 비슷한 의미의 한자는?
3) 組와 비슷한 의미의 한자는?
4) 同과 상대 또는 반대의 의미를 가진 한자는?
5) 問과 상대 또는 반대의 의미를 가진 한자는?
6) 左와 音은 같으나 뜻이 다른 한자는?
7) 增과 音은 같으나 뜻이 다른 한자는?
8) 無窮無(　)(끝도없고 다함도 없다)에 들어갈 한자는?
9) (　)床退物(책상에서 글만 읽어 세상일에 어두운 사람)에 들어갈 한자는?
10) 木을 부수로 가지는 한자는?

5. 다음 漢字語의 뜻을 쓰세요.

1) 差別 (　　　　　　　　　　)

2) 讚辭 (　　　　　　　　　　)

3) 溫泉 (　　　　　　　　　　)

6. 다음 漢字(한자)의 略字(약자)를 쓰세요

1) 證 ⇨

2) 聽 ⇨

3) 廳 ⇨

7. 다음 漢字語(한자어) 중에서 앞 글자가 長音(장음)으로 발음되는 것을 고르세요

1) ① 座席 ② 殺氣 ③ 徒步 ④ 密度

2) ① 聽力 ② 冊房 ③ 證明 ④ 盡心

3) ① 差別 ② 讚辭 ③ 珍貴 ④ 支持

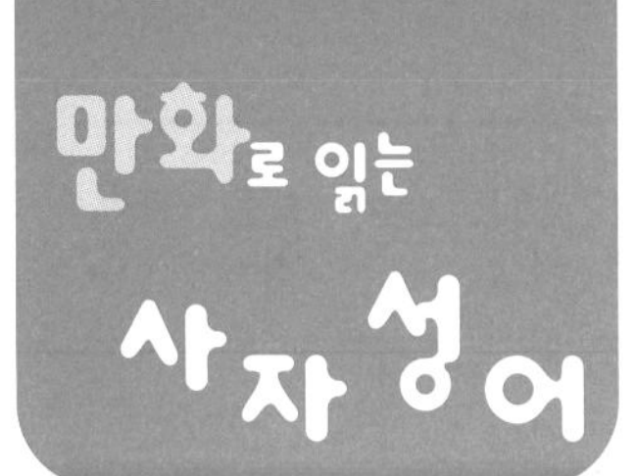

無錢取食(무전취식)

음식 값 낼 돈도 없이 남이 파는 음식을 청해서 먹는 것을 이르는 말입니다.

✣ 無:없을 무, 錢:돈 전, 取:취할 취, 食:먹을 식

4급 과정

招

부를 초

推

밀 추

縮

줄일 축

就

나아갈 취

趣

뜻 취

層

층 층

寢

잘 침

針

바늘 침

稱

일컬을 칭

彈

탄알 탄

歎

탄식할 탄

脫

벗을 탈

探

찾을 탐

擇

가릴 택

討

칠 토

痛

아플 통

投

던질 투

鬪

싸움 투

派

갈래 파

判

판단할 판

한자의 유래 손을 저어 부른다는 뜻을 결정한 손 수(扌/手)와 발음을 결정한 소(召)가 합쳐진 한자입니다.

· 招待(초대) : 남을 청하여 대접함.

부를 초 (扌/手부) 扌扌扌扌扌招招招招 (총 8획)

招	招	招	招	招	招	招	招
부를 초							
招							

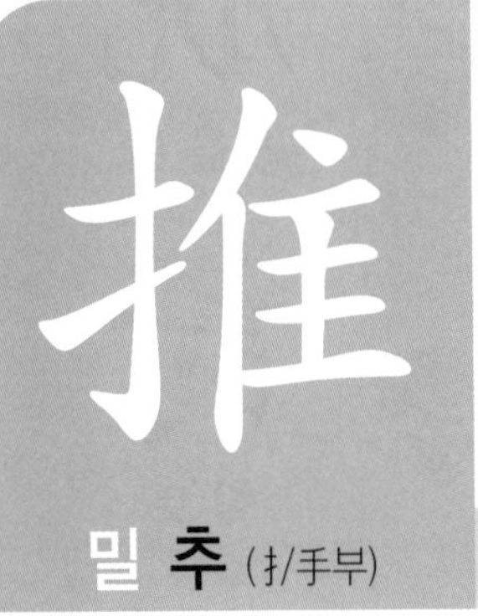

한자의 유래 손으로 민다는 뜻을 결정한 손 수(扌/手)와 발음을 결정한 추(隹)가 합쳐진 한자입니다.

· 推進(추진) : 앞으로 밀고 감.

밀 추 (扌/手부) 扌扌扌扌扌扌扌扌扌推推 (총 11획)

推	推	推	推	推	推	推	推
밀 추							
推							

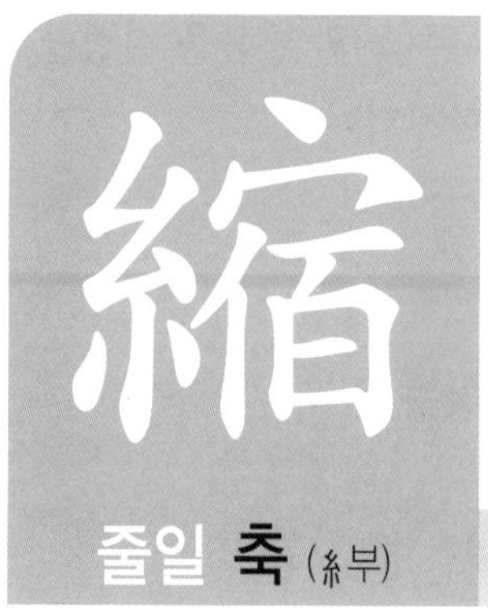

한자의 유래 실이 오그라들다는 뜻을 결정한 실 사(糸)와 발음을 결정한 숙(宿)이 합쳐진 한자입니다.

· 縮小(축소) : 줄여서 작게 함.

줄일 **축** (糸부)

縮 (총 17획)

縮	縮	縮	縮	縮	縮	縮	縮
줄일 축							
縮							

한자의 유래 높은 누각의 모습을 본뜬 경(京)과 손의 모습을 본뜬 우(尤)가 합쳐진 한자로 손으로 집을 짓다는 뜻이 결정되었습니다.

· 成就(성취) : 목적한 바를 이룸.

나아갈 **취** : (尢부)

就 (총 12획)

就	就	就	就	就	就	就	就
나아갈 취							
就							

한자의 유래 뜻을 결정한 달릴 주(走)와 발음을 결정한 취(取)가 합쳐진 한자입니다.

· 趣味(취미) : 재미로 좋아하는 일.

뜻 취 : (走부) (총 15획)

趣	趣	趣	趣	趣	趣	趣	趣
뜻 취							
趣							

한자의 유래 집을 뜻하는 시(尸)와 시루에 층층이 쌓아 올린 음식의 모습을 본뜬 글자로 발음과 뜻을 동시에 결정한 증(曾)이 합쳐진 한자입니다.

· 高層(고층) : 여러 층으로 높이 겹쳐 있는 것.

층 층 (尸부) (총 15획)

層	層	層	層	層	層	層	層
층 층							
層							

한자의 유래 집을 뜻하는 면(宀), 침대를 뜻하는 장(爿), 빗자루를 손으로 쥐고 있는 帚+又가 합쳐진 한자입니다.

· 起寢(기침) : 잠자리에서 일어남.

잘 침 : (宀부)

(총 14획)

寢	寢	寢	寢	寢	寢	寢	寢
잘 침							
寢							

한자의 유래 바늘의 재료를 뜻하는 쇠 금(金)과 바늘의 모습을 본뜬 십(十)이 합쳐진 한자입니다.

· 針葉樹(침엽수) : 잎이 바늘같이 생긴 나무를 통틀어 이르는 말.

바늘 침 (:) (金부)

(총 10획)

針	針	針	針	針	針	針	針
바늘 침							
針							

한자의 유래 벼를 저울에 단다는 뜻을 강조한 화(禾), 손의 모습인 조(爪), 물고기의 모습인 어(魚)가 변한 형태인 冉이 합쳐진 한자로 손에 물고기를 들고 무게를 단다는 뜻입니다.

· 呼稱(호칭) : 이름지어 부름.

일컬을 **칭** (禾부)

稱 (총 14획)

稱	稱	稱	稱	稱	稱	稱	稱
일컬을 칭							
稱							약자 称

한자의 유래 탄환을 쏘는 화살의 모양인 활 궁(弓)과 발음을 결정한 단(單)이 합쳐진 한자입니다.

· 防彈(방탄) : 탄알을 막아 보호함.

탄알 **탄** : (弓부)

彈 (총 15획)

彈	彈	彈	彈	彈	彈	彈	彈
탄알 탄							
彈							약자 弾

한자의 유래 발음을 결정한 근(堇)과 입을 크게 벌려 탄식을 한다는 뜻을 결정했습니다.

· 歎服(탄복) : 감탄하여 마음으로 따름.

탄식할 탄 : (欠부) (총 15획)

歎	歎	歎	歎	歎	歎	歎	歎
탄식할 탄							
歎							

한자의 유래 몸에서 벗어나다는 뜻을 가진 고기 육(月/肉)과 발음을 결정한 태(兌)가 합쳐진 한자입니다.

· 脫衣(탈의) : 옷을 벗음.

벗을 탈 (月/肉부) (총 11획)

脫	脫	脫	脫	脫	脫	脫	脫
벗을 탈							
脫							

한자의 유래 손으로 '찾다'는 뜻을 결정한 수(扌/手)와 발음을 결정한 罙로 이루어진 한자입니다.

· 探査(탐사) : 더듬어 살펴 조사함.

찾을 **탐** (扌/手부)　(총 11획)

探	探	探	探	探	探	探	探
찾을 탐							
探							

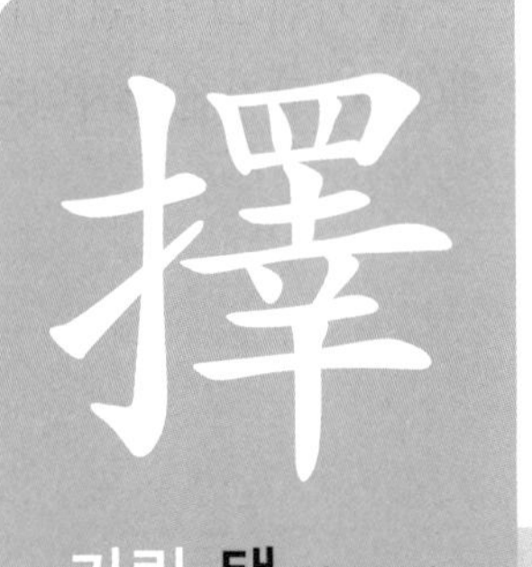

한자의 유래 손으로 '가린다'는 뜻을 결정한 손 수(扌/手)와 발음을 결정한 택(睪)이 합쳐진 한자입니다.

· 選擇(선택) : 둘 이상의 것에서 마음에 드는 것을 골라 뽑음.

가릴 **택** (扌/手부)　(총 16획)

擇	擇	擇	擇	擇	擇	擇	擇
가릴 택							약자
擇							択

한자의 유래 죄 있는 사람을 손으로 문초하다는 뜻을 결정한 말씀 언(言)과 손의 모습인 촌(寸)이 합쳐진 한자입니다.

· 討論(토론) : 여러 사람이 의견을 말하여 옳고 그름을 따져 논의함.

칠 토(:) (言부) 討 (총 10획)

討	討	討	討	討	討	討	討
칠 토							
討							

한자의 유래 침대에 누워 있는 사람의 머리 모양을 본뜬 疒과 발음을 결정한 용(甬)이 합쳐진 한자입니다.

· 頭痛(두통) : 머리가 아픈 증세.

아플 통 : (疒부) 痛 (총 12획)

痛	痛	痛	痛	痛	痛	痛	痛
아플 통							
痛							

한자의 유래 손으로 '던지다'는 뜻을 나타낸 손 수(扌/手)와 발음을 결정한 수(殳)가 합쳐진 한자입니다.

· 投手(투수) : 야구에서 포수를 향해 공을 던지는 사람.

던질 투 (扌/手부) 投 扌 扌 扌 扌 扌 扌 投 (총 7획)

投	投	投	投	投	投	投	投
던질 투							
投							

한자의 유래 사람이 싸우고 있는 모습을 본뜬 싸울 투(鬥)와 발음을 결정한 두(豆)와 사람의 손 모양을 나타내어 싸우는 사람을 강조한 촌(寸)이 합쳐진 한자입니다.

· 鬪爭(투쟁) : 목적을 이루기 위해서 다투는 일.

싸움 투 (鬥부) 丨 𠂉 𠂉 𠂉 𠂉 𠂉 𠂉 𠂉 𠂉 鬥 鬥 鬪 鬪 鬪 (총 20획)

鬪	鬪	鬪	鬪	鬪	鬪	鬪	鬪
싸움 투							
鬪							

한자의 유래 물의 갈래를 뜻하는 물 수(氵/水)와 발음을 결정한 𠂢가 합쳐진 한자입니다.

· 急派(급파) : 급히 파견함.

갈래 **파** (氵/水부) 派派派派派派派派派 (총 9획)

派	派	派	派	派	派	派	派
갈래 파							
派							

한자의 유래 발음과 뜻을 결정한 반(半)과 칼의 모습을 본뜬 도(刂/刀)가 합쳐진 한자입니다.

· 判定(판정) : 판단하여 결정함.

판단할 **판** (刂/刀부) 判判判判判判判 (총 7획)

判	判	判	判	判	判	判	判
판단할 판							
判							

예상 문제 招推縮就趣層寢針稱彈

1. 다음 漢字語(한자어)의 讀音(독음)을 쓰세요.

1) 招來 (　　　　　　　)
2) 趣向 (　　　　　　　)
3) 名稱 (　　　　　　　)
4) 探究 (　　　　　　　)
5) 投球 (　　　　　　　)
6) 推進 (　　　　　　　)
7) 層階 (　　　　　　　)
8) 砲彈 (　　　　　　　)
9) 選擇 (　　　　　　　)
10) 鬪爭 (　　　　　　　)
11) 減縮 (　　　　　　　)
12) 寢室 (　　　　　　　)
13) 感歎 (　　　　　　　)
14) 討論 (　　　　　　　)
15) 派生 (　　　　　　　)
16) 就學 (　　　　　　　)
17) 方針 (　　　　　　　)
18) 脫退 (　　　　　　　)
19) 苦痛 (　　　　　　　)
20) 判決 (　　　　　　　)

2. 다음 漢字(한자)의 訓(훈)과 音(음)을 쓰세요.

1) 彈 (　　　,　　　)
2) 稱 (　　　,　　　)
3) 判 (　　　,　　　)
4) 層 (　　　,　　　)
5) 縮 (　　　,　　　)
6) 痛 (　　　,　　　)
7) 就 (　　　,　　　)
8) 脫 (　　　,　　　)
9) 討 (　　　,　　　)
10) 歎 (　　　,　　　)

11) 探 (,)
12) 鬪 (,)
13) 推 (,)
14) 擇 (,)
15) 寢 (,)
16) 針 (,)
17) 招 (,)
18) 趣 (,)
19) 派 (,)
20) 投 (,)

3. 다음 밑줄 친 단어를 漢字(한자)로 쓰세요.

1) 경찰은 피해액이 2천만 원에 이를 것으로 추산하였다.
2) 긴장관계의 두 나라는 군비축소를 위해 대화를 시작하였다.
3) 그녀의 취미는 암벽등반이다.
4) 운동에 열중하다 보니 어느새 시계의 시침이 8시를 넘어갔다.
5) 적에게 포로로 잡힌 그는 계속하여 탈출을 시도하였다.
6) 급수한자 시험에 합격하여 아버지에게 칭찬을 받았다.
7) 나사는 로봇 큐리오시티를 통해 화성을 탐사하였다.
8) 격렬한 토의를 거쳐 결정되었다.
9) 이곳은 독립군이 일제에 맞서 치열한 전투를 벌인 곳이다.
10) 구한말 개화파들은 사회개혁을 주장하였다.

4. 다음 질문에 맞는 漢字(한자)를 보기에서 골라 번호를 쓰세요.

(반의어, 동의어, 동음이의어, 완성형, 부수, 장단음)

보기

① 招	② 推	③ 縮	④ 就	⑤ 趣
⑥ 層	⑦ 寢	⑧ 針	⑨ 稱	⑩ 彈
⑪ 歎	⑫ 脫	⑬ 探	⑭ 擇	⑮ 討
⑯ 痛	⑰ 投	⑱ 鬪	⑲ 派	⑳ 判

1) 決과 비슷한 의미의 한자는?

2) 宿과 비슷한 의미의 한자는?

3) 擊과 비슷한 의미의 한자는?

4) 提와 상대 또는 반대의 의미를 가진 한자는?

5) 退와 상대 또는 반대의 의미를 가진 한자는?

6) 和와 상대 또는 반대의 의미를 가진 한자는?

7) 初와 音은 같으나 뜻이 다른 한자는?

8) 亡羊之(　)(양을 찾다 많은 갈림길 앞에서 탄식한다. 학문에 이르는 길도 복잡하여 어려움을 비유)에 들어갈 한자는?

9) 殺生有(　)(화랑의 세속오계중 하나, 살생을 가려서 하여야함)에 들어갈 한자는?

10) 糸를 부수로 가진 한자는?

5. 다음 뜻에 맞는 한자를 보기에서 고르시오.

보기			
① 探究	② 推進	③ 招請
④ 頭痛	⑤ 談判	

1) 사람을 청하여 불러드림 (　　　　　　)
2) 머리가 아픈증세 (　　　　　　)
3) 상대방과 일의 옳고 그름 또는 결말을 짓기 위한 논의 (　　　　　　)

6. 다음 漢字(한자)의 略字(약자)를 쓰세요

1) 稱 ⇨
2) 彈 ⇨
3) 擇 ⇨

7. 다음 漢字語(한자어) 중에서 앞 글자가 長音(장음)으로 발음되는 것을 고르세요

1) ① 祝歌 ② 絕交 ③ 趣味 ④ 朝夕
2) ① 判決 ② 就職 ③ 投球 ④ 探訪
3) ① 歎服 ② 派兵 ③ 擇一 ④ 招來

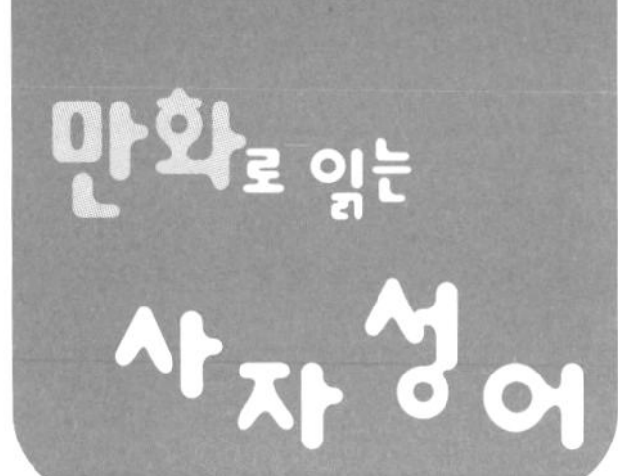

好事多魔(호사다마)

좋은 일에는 흔히 탈이 끼어 들기 쉬움을 이르는 말입니다.

✣ 好:좋을 호, 事:일 사, 多:많을 다, 魔:마귀 마

4급 과정

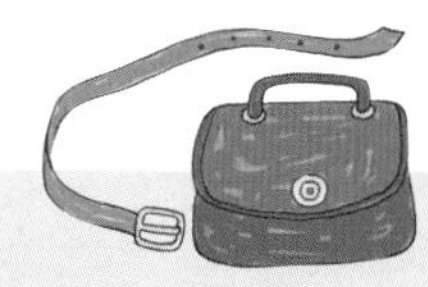

篇
책 편

評
평할 평

閉
닫을 폐

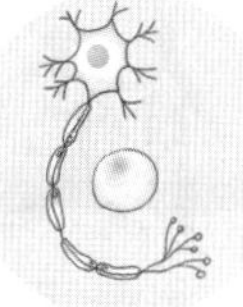

胞
세포 포

爆
불터질 폭

標
표할 표

疲
피곤할 피

避
피할 피

恨
한 한

閑
한가할 한

抗
겨룰 항

核
씨 핵

憲
법 헌

險
험할 험

革
가죽 혁

顯
나타날 현

刑
형벌 형

或
혹 혹

婚
혼인할 혼

混
섞을 혼

紅
붉을 홍

4급 과정

華 빛날 화

歡 기쁠 환

環 고리 환

況 상황 황

灰 재 회

候 기후 후

厚 두터울 후

揮 휘두를 휘

喜 기쁠 희

한자의 유래 책의 재료를 뜻하는 대나무 죽(竹)과 발음을 결정한 편(扁)이 합쳐진 한자입니다.

· 玉篇(옥편) : 한문을 부수와 획수에 따라 배열하고 음과 뜻을 적은 책.

책 편 (竹부) 篇篇篇篇篇篇篇篇篇篇篇篇篇篇篇 (총 15획)

篇	篇	篇	篇	篇	篇	篇	篇
책 편							
篇							

한자의 유래 '평한다' 는 뜻을 결정한 말씀 언(言)과 발음을 결정한 평(平)이 합쳐진 한자입니다.

· 書評(서평) : 책의 내용을 평한 글.

평할 평 : (言부) 評評評評評評評評評評評評 (총 12획)

評	評	評	評	評	評	評	評
평할 평							
評							

월 일 확인:

한자의 유래 문의 모양을 본뜬 문(門)과 장금쇠의 모양을 본뜬 재(才)가 합쳐진 한자입니다.

· 閉校(폐교) : 학교를 폐지함.

닫을 폐 : (門부) 閉 (총 11획)

閉	閉	閉	閉	閉	閉	閉	閉
닫을 폐							
閉							

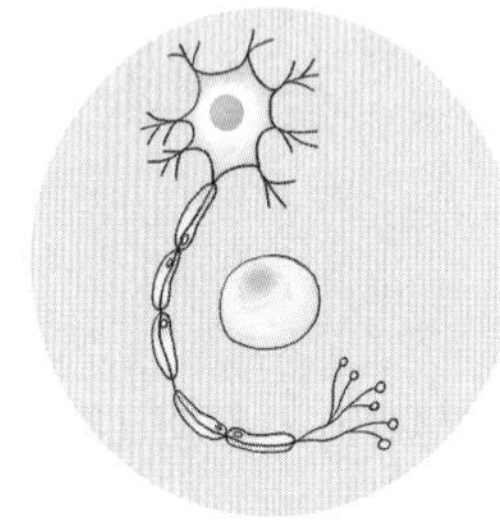

한자의 유래 몸을 뜻하는 고기 육(月/肉)과 발음과 뜻을 동시에 결정한 포(包)가 합쳐진 한자입니다.

· 細胞(세포) : 생물체를 구성하는 최소 단위로서의 원형질.

세포 포(:) (月/肉부) 胞 (총 9획)

胞	胞	胞	胞	胞	胞	胞	胞
세포 포							
胞							

월 일 확인:

불터질 **폭** (火부)

한자의 유래 뜻을 결정한 불 화(火)와 발음을 결정한 포(暴)가 합쳐진 한자입니다.

· 爆發(폭발) : 불이 일어나며 갑작스럽게 터짐.

(총 19획)

爆	爆	爆	爆	爆	爆	爆	爆
불터질 폭							
爆							

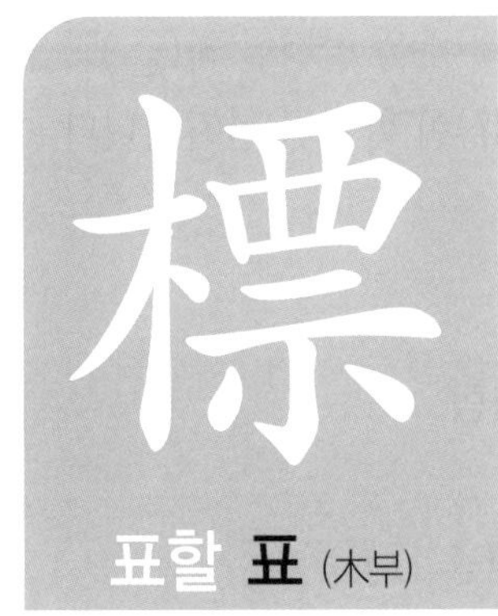

표할 **표** (木부)

한자의 유래 뜻을 결정한 나무 목(木)과 발음을 결정한 표(票)가 합쳐진 한자입니다.

· 標的(표적) : 목표로 삼는 물건.

(총 15획)

標	標	標	標	標	標	標	標
표할 표							
標							

한자의 유래 '침대에 누워 있는 아픈 사람' 이라는 뜻을 결정한 疒과 발음을 결정한 피(皮)가 합쳐진 한자입니다.

· 疲困(피곤) : 몸이나 마음이 지쳐서 고단함.

피곤할 피 (疒부) (총 10획)

疲	疲	疲	疲	疲	疲	疲	疲
피곤할 피							
疲							

한자의 유래 '피하다' 는 진행의 뜻을 결정한 착(辶)과 발음을 결정한 벽(辟)이 합쳐진 한자입니다.

· 避身(피신) : 몸을 숨겨 피함.

피할 피 : (辶부) 避 (총 17획)

避	避	避	避	避	避	避	避
피할 피							
避							

한자의 유래 사람의 감정을 나타내는 마음 심(心)과 발음을 결정한 간(艮)이 합쳐진 한자입니다.

· 怨恨(원한) : 원통하고 한스러운 생각.

한 한 : (忄/心부) 恨 恨 恨 恨 恨 恨 恨 恨 恨 (총 9획)

恨	恨	恨	恨	恨	恨	恨	恨
한 한							
恨							

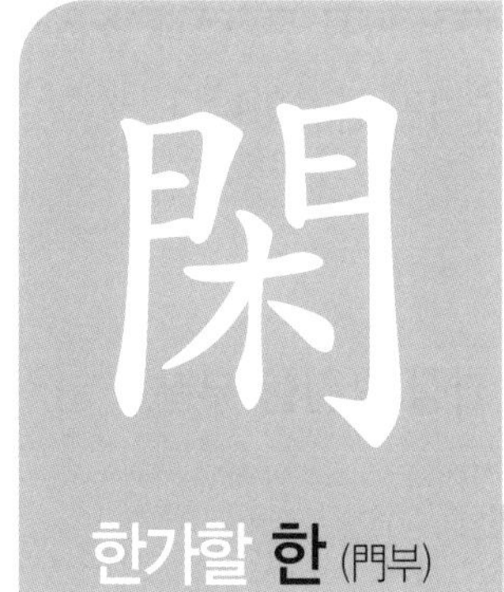

한자의 유래 문의 모양을 본뜬 문 문(門)과 나무의 모양을 본뜬 목(木)이 합쳐진 한자로 한가로운 풍경을 뜻합니다.

· 閑暇(한가) : 하는 일이 적거나 바쁘지 않아 겨를이 많음.

한가할 한 (門부) 閑 閑 閑 閑 閑 閑 閑 閑 閑 閑 閑 閑 (총 12획)

閑	閑	閑	閑	閑	閑	閑	閑
한가할 한							
閑							

한자의 유래 '손으로 막다' 는 뜻을 결정한 손 수(扌/手)와 발음을 결정한 항(亢)이 합쳐진 한자입니다.

· 抗拒(항거) : 순종하지 않고 맞서 버팀.

겨룰 항 : (扌/手부) 一 丁 扌 扌 扌 扩 抗 (총 7획)

抗	抗	抗	抗	抗	抗	抗	抗
겨룰 항							
抗							

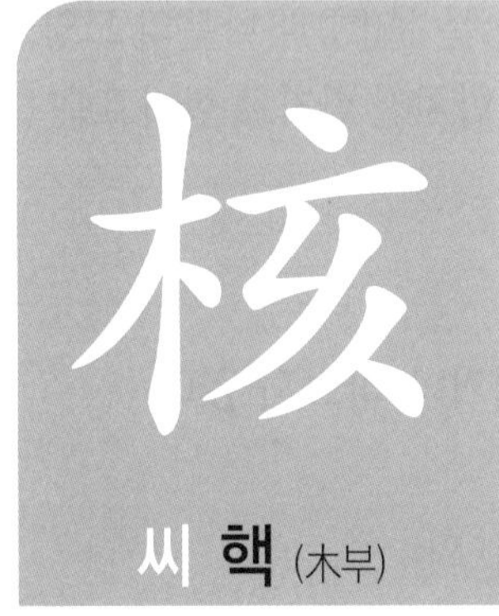

한자의 유래 나무의 씨앗을 뜻하는 나무 목(木)과 발음을 결정한 해(亥)가 합쳐진 한자입니다.

· 核心(핵심) : 중심이 되는 가장 요긴한 부분.

씨 핵 (木부) 一 十 才 木 木 朾 杧 柼 核 核 (총 10획)

核	核	核	核	核	核	核	核
씨 핵							
核							

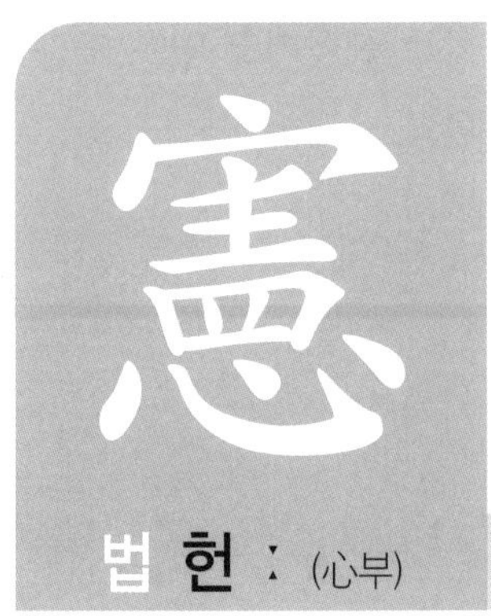

한자의 유래 갑골문에서는 우산처럼 생긴 물건을 본뜬 宀+丰과 아래 눈 목(目)이 합쳐진 글자로 민첩하다는 뜻이었는데 마음 심(心)이 합쳐지면서 법이란 뜻으로 쓰이고 있습니다.

· 憲兵(헌병) : 군의 경찰 업무를 맡아 봄.

법 헌 : (心부) (총 16획)

憲	憲	憲	憲	憲	憲	憲	憲
법 헌							
憲							

한자의 유래 험한 언덕이란 뜻을 결정한 언덕 부(阝/阜)와 발음을 결정한 첨(僉)이 합쳐진 한자입니다.

· 險談(험담) : 남을 헐뜯어서 말함.

험할 험 : (阝/阜부) (총 16획)

險	險	險	險	險	險	險	險
험할 험							
險							

한자의 유래 날카로운 칼날로 가죽을 벗기고 있는 모습을 본뜬 한자입니다.

· 革帶(혁대) : 가죽 띠.

가죽 **혁** (革부)

(총 9획)

革	革	革	革	革	革	革	革
가죽 혁							
革							

한자의 유래 태양의 모습인 날 일(日)과 실뭉치를 본뜬 실 사(糸)와 사람의 모습을 본뜬 頁가 합쳐진 것으로 대낮에 밝게 드러난 실의 모습을 표현한 한자입니다.

· 顯忠日(현충일) : 나라를 위해 목숨을 바친 사람들을 기리는 날. 매년 6월 6일.

나타날 **현** : (頁부)

(총 23획)

顯	顯	顯	顯	顯	顯	顯	顯
나타날 현							
顯							약자 顕

한자의 유래 발음을 결정한 견(幵)과 칼로 형벌을 준다는 뜻을 가진 칼 도(刂/刀)가 합쳐진 한자입니다.

· 刑罰(형벌) : 죄를 범한 자에게 제재를 가함.

형벌 **형** (刂/刀부)   一 二 于 开 刑 刑 (총 6획)

刑	刑	刑	刑	刑	刑	刑	刑
형벌 형							
刑							

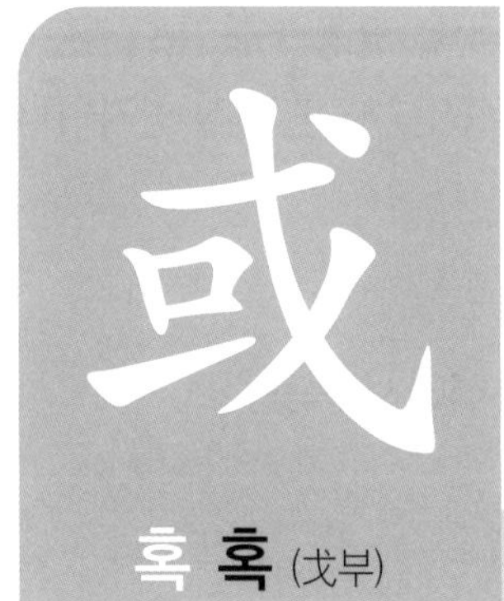

한자의 유래 창의 모습을 본뜬 창 과(戈)와 어떤 지역을 뜻하는 口가 합쳐진 한자로 창을 들고 어떠한 지역을 지킨다는 의미에서 '혹시' 라는 뜻이 결정되었습니다.

· 或是(혹시) : 만일에.

혹 **혹** (戈부)   一 ㅁ 口 口 旦 或 或 或 (총 8획)

或	或	或	或	或	或	或	或
혹 혹							
或							

한자의 유래 '혼인' 이란 뜻을 결정한 계집 녀(女)와 발음을 결정한 혼(昏)이 합쳐진 한자입니다.

· 結婚(결혼) : 남녀가 정식으로 부부 관계를 맺음.

혼인할 혼 (女부) 𡿨 女 女 女 女 女 妒 妒 婚 婚 婚 (총 11획)

婚	婚	婚	婚	婚	婚	婚	婚
혼인할 혼							
婚							

한자의 유래 뒤섞인 액체라는 뜻을 결정한 물 수(氵/水)와 발음을 결정한 곤(昆)이 합쳐진 한자입니다.

· 混食(혼식) : 쌀에 잡곡을 섞어서 먹음.

섞을 혼 : (氵/水부) 混 混 混 混 混 混 混 混 混 混 混 (총 11획)

混	混	混	混	混	混	混	混
섞을 혼							
混							

한자의 유래 붉은 실이란 뜻에서 나온 실 사(糸)와 발음을 결정한 공(工)이 합쳐진 한자입니다.

· 朱紅(주홍) : 붉은빛과 누른빛의 중간.

붉을 **홍** (糸부) 紅 紅 紅 紅 紅 紅 紅 紅 紅 (총 9획)

紅	紅	紅	紅	紅	紅	紅	紅
붉을 홍							
紅							

한자의 유래 이 한자는 원래 꽃 화(花) 자로 풀을 뜻하는 풀 초(艹)와 꽃의 모습을 본뜬 나머지 글자가 합쳐진 것입니다.

· 榮華(영화) : 세상에 드러나는 영광.

빛날 **화** (艹부) 華 華 華 華 華 華 華 華 (총 12획)

華	華	華	華	華	華	華	華
빛날 화							
華							

한자의 유래 발음을 결정한 관(雚)과 입을 크게 벌리고 기뻐한다는 뜻을 결정한 흠(欠)이 합쳐진 한자입니다.

· 歡呼(환호) : 기뻐서 부르짖음.

기쁠 환 (欠부) (총 22획)

歡	歡	歡	歡	歡	歡	歡	歡
기쁠 환							
歡							

한자의 유래 둥근 옥을 실에 꿰어 놓은 모습을 본뜬 옥(玉)과 발음을 결정한 환(目 +口 + 衣)으로 이루어진 한자입니다.

· 環境(환경) : 주위의 사물이나 사정.

고리 환 (:) (王/玉부) (총 17획)

環	環	環	環	環	環	環	環
고리 환							
環							

한자의 유래 정확한 어원이 밝혀지지 않은 한자로 수(氵/水)는 뜻을, 형(兄)은 발음을 결정했습니다.

· 近況(근황) : 요즈음의 형편.

상황 황 : (氵/水부) 況況況況況況況況 (총 8획)

況	況	況	況	況	況	況	況
상황 황							
況							

한자의 유래 손을 뜻하는 우(又)와 불과 관계된 재를 뜻하는 불 화(火)가 합쳐진 한자로 손으로 잡을 수 있는 '재' 라는 뜻을 가졌습니다.

· 灰色(회색) : 잿빛.

재 회 (火부) 灰灰灰灰灰灰 (총 6획)

灰	灰	灰	灰	灰	灰	灰	灰
재 회							
灰							

한자의 유래 안부를 묻는 사람이란 뜻을 결정한 사람 인(亻/人)과 발음을 결정한 후(矦)가 합쳐진 한자입니다.

· 問候(문후) : 웃어른의 안부를 물음.

기후 **후** : (亻/人부) (총 10획)

候	候	候	候	候	候	候	候
기후 후							
候							

한자의 유래 언덕을 본뜬 기슭 엄(厂)과 돌로 만든 병의 모습을 본뜬 (日 +子)가 합쳐진 한자로 두껍고 무거운 병이란 뜻을 가지고 있습니다.

· 厚德(후덕) : 언행이 어질고 두터움.

두터울 **후** : (厂부) (총 9획)

厚	厚	厚	厚	厚	厚	厚	厚
두터울 후							
厚							

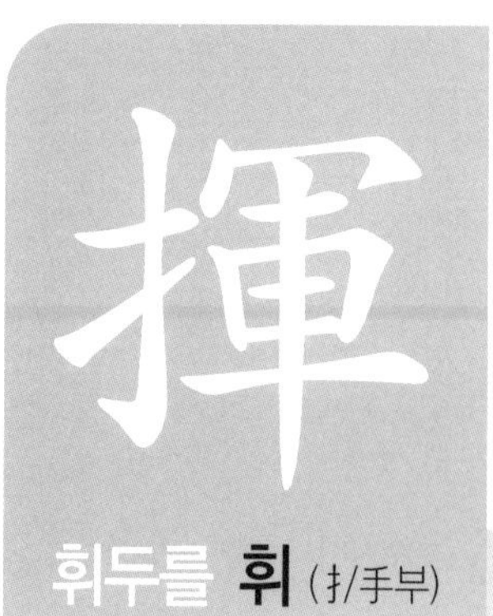

한자의 유래 손을 휘두르다는 뜻을 가진 손 수(扌/手)와 발음을 결정한 군(軍)이 합쳐진 한자입니다.

· 指揮(지휘) : 명령하여 사람들을 움직임.

휘두를 **휘** (扌/手부) 揮揮揮揮揮揮揮揮揮揮揮揮 (총 12획)

揮	揮	揮	揮	揮	揮	揮	揮
휘두를 휘							
揮							

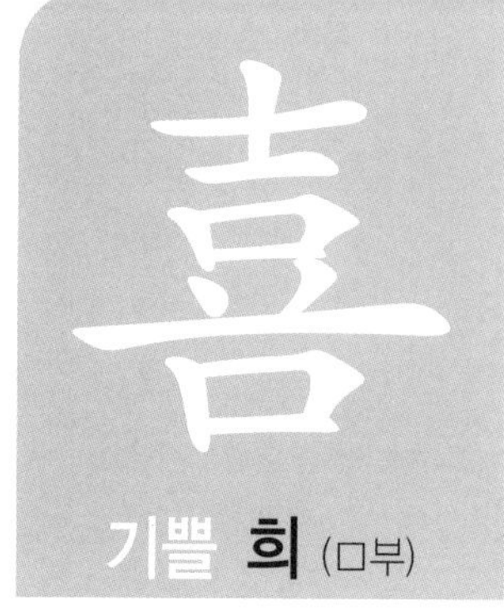

한자의 유래 실에 매달린 북의 모습을 본뜬 사(士 + 豆)와 입의 모습을 본뜬 입 구(口)가 합쳐진 한자로 북을 두들기면서 좋아한다는 뜻에서 유래되었습니다.

· 歡喜(환희) : 즐거워 기뻐함.

기쁠 **희** (口부) 喜喜喜喜喜喜喜喜喜喜喜喜 (총 12획)

喜	喜	喜	喜	喜	喜	喜	喜
기쁠 희							
喜							

예상 문제 篇評閉胞爆標疲避恨閑抗核憲險革

1. 다음 漢字語(한자어)의 讀音(독음)을 쓰세요.

1) 玉篇 (　　　　　　)
2) 爆彈 (　　　　　　)
3) 痛恨 (　　　　　　)
4) 憲法 (　　　　　　)
5) 刑罰 (　　　　　　)
6) 粉紅 (　　　　　　)
7) 狀況 (　　　　　　)
8) 指揮 (　　　　　　)
9) 評論 (　　　　　　)
10) 目標 (　　　　　　)
11) 閑暇 (　　　　　　)
12) 保險 (　　　　　　)
13) 或是 (　　　　　　)
14) 榮華 (　　　　　　)
15) 石灰 (　　　　　　)
16) 喜悲 (　　　　　　)
17) 閉會 (　　　　　　)
18) 疲勞 (　　　　　　)
19) 抗議 (　　　　　　)
20) 革命 (　　　　　　)
21) 結婚 (　　　　　　)
22) 歡迎 (　　　　　　)
23) 氣候 (　　　　　　)
24) 細胞 (　　　　　　)
25) 逃避 (　　　　　　)
26) 核心 (　　　　　　)
27) 具顯 (　　　　　　)
28) 混同 (　　　　　　)
29) 環境 (　　　　　　)
30) 厚待 (　　　　　　)

2. 다음 漢字(한자)의 訓(훈)과 音(음)을 쓰세요.

1) 核 (,)	16) 評 (,)
2) 憲 (,)	17) 況 (,)
3) 閉 (,)	18) 疲 (,)
4) 華 (,)	19) 混 (,)
5) 喜 (,)	20) 恨 (,)
6) 刑 (,)	21) 紅 (,)
7) 胞 (,)	22) 灰 (,)
8) 爆 (,)	23) 環 (,)
9) 標 (,)	24) 或 (,)
10) 避 (,)	25) 歡 (,)
11) 婚 (,)	26) 候 (,)
12) 閑 (,)	27) 揮 (,)
13) 篇 (,)	28) 革 (,)
14) 抗 (,)	29) 厚 (,)
15) 險 (,)	30) 顯 (,)

3. 다음 밑줄 친 단어를 漢字(한자)로 쓰세요 (　　　　　)

1) 이번 방학에는 세계명작 단편소설을 읽으려고 한다. (　　　　　)

2) 음식물은 서늘한 곳에 밀폐하여 보관하여야한다. (　　　　　)

3) 화산이 폭발하여 수많은 사람들이 대피하였다. (　　　　　)

4) 젊은 시절 다양한 경험을 통하여 삶의 지표를 세웠다. (　　　　　)

5) 책임을 회피하는데 만 급급하였다. (　　　　　)

6) 이 사실을 일찍 깨닫지 못한 것이 한탄스럽다. (　　　　　)

7) 그 사건의 여파로 거리가 한산하였다. (　　　　　)

8) 위험을 무릅쓰고라도 반드시 그 일을 해야한다. (　　　　　)

9) 그 기술은 경제분야 뿐만아니라 생활전반에 걸쳐 혁신적인 변화를 일으켰다. (　　　　　)

10) 사형제도에 대한 찬반의견이 대립하였다. (　　　　　)

11) 임진왜란 때 의병장 곽재우는 붉은 옷을 입고 싸워서 홍의장군이라 불리웠다. (　　　　　)

12) 9회말 끝내기 안타가 나오자 야구장은 환성소리로 가득 찼다. (　　　　　)

13) 그 선수는 올림픽 시상대에서 금메달과 화환을 목에 걸었다. (　　　　　)

14) 날이 추워지자 난방용품제조사들이 호황을 누렸다. (　　　　　)

15) 근로조건과 복지후생에 대해 노사 간 타협이 이루어졌다. (　　　　　)

4. 다음 질문에 맞는 漢字(한자)를 보기에서 골라 번호를 쓰세요.

(반의어, 동의어, 동음이의어, 완성형, 부수, 장단음)

보기

① 篇	② 評	③ 閉	④ 胞	⑤ 爆
⑥ 標	⑦ 疲	⑧ 避	⑨ 恨	⑩ 閑
⑪ 抗	⑫ 核	⑬ 憲	⑭ 險	⑮ 革
⑯ 顯	⑰ 刑	⑱ 或	⑲ 婚	⑳ 混
㉑ 紅	㉒ 華	㉓ 歡	㉔ 環	㉕ 況
㉖ 灰	㉗ 候	㉘ 厚	㉙ 揮	㉚ 喜

1) 曜와 비슷한 의미의 한자는?

2) 競과 비슷한 의미의 한자는?

3) 困과 비슷한 의미의 한자는?

4) 開와 상대 또는 반대의 의미를 가진 한자는?

5) 隱과 상대 또는 반대의 의미를 가진 한자는?

6) ㉓과 비슷한 의미의 다른 한자는?

7) 布와 音은 같으나 뜻이 다른 한자는?

8) 千(　　　)一律(여러 시문이 격조가 비슷하다. 모두가 비슷비슷함을 비유할 때 사용)에 들어갈 한자는?

9) 危(　　　)千萬(매우 위험함)에 들어갈 한자는?

10) 厂를 부수로 가지는 한자는?

5. 다음 뜻에 맞는 한자를 보기에서 고르시오

보기		
① 歡迎	② 評價	③ 環境
④ 反抗	⑤ 混亂	

1) 어떤 것의 가치나 수준 등을 평함 (　　　　　　　　)

2) 대들거나 반대함 (　　　　　　　　)

3) 질서가 없어 어지러움 (　　　　　　　　)

6. 다음 漢字(한자)의 略字(약자)를 쓰세요.

1) 顯 ⇨

2) 興 ⇨

3) 解 ⇨

7. 다음 漢字語(한자어) 중에서 앞 글자가 長音(장음)으로 발음되는 것을 고르세요

1) ① 呼名 ② 通過 ③ 暴徒 ④ 厚生

2) ① 評論 ② 革命 ③ 脫出 ④ 爆竹

3) ① 刑罰 ② 憲法 ③ 標本 ④ 核心

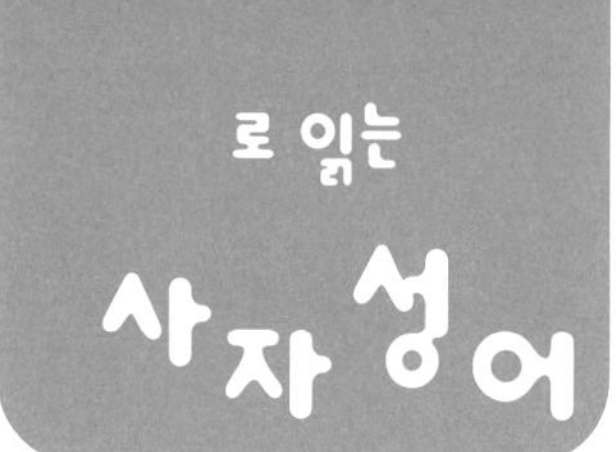

厚顔無恥(후안무치)

뻔뻔스러워 부끄러움을 모르는 것을 이르는 말입니다.

厚:두터울 후, 顔:얼굴 안, 無:없을 무, 恥:부끄러울 치

부록

8급, 7급, 6급, 5급 4급 II
상대어 · 반의어, 유의어,
약자, 모양이 비슷한 한자,
일자 다음어

8급 한자 복습

월 일 확인:

필순에 따라 한자를 써 보세요.

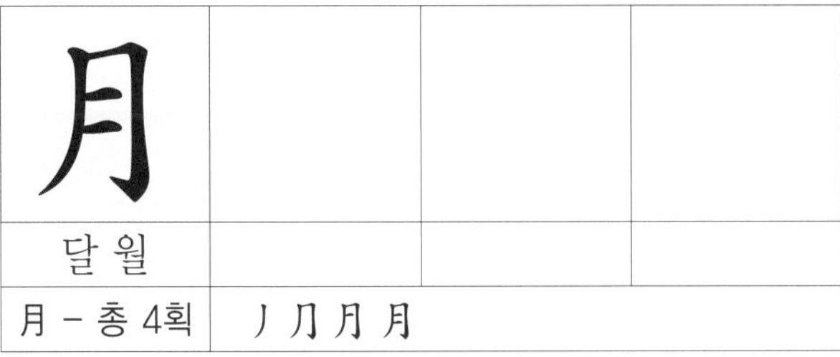

· 月出(월출), 月末(월말)

· 水道(수도), 水軍(수군)

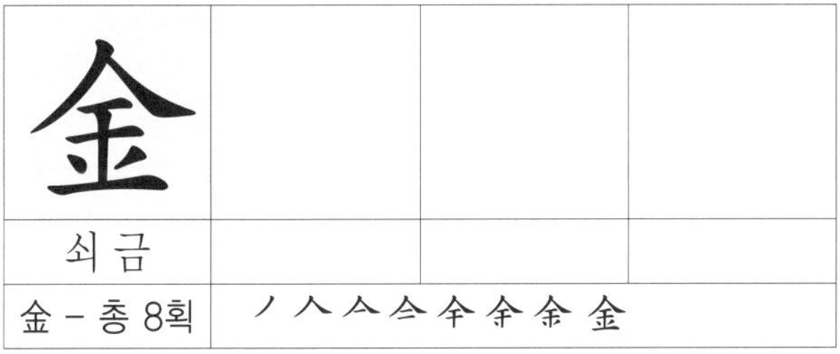

· 年金(연금)

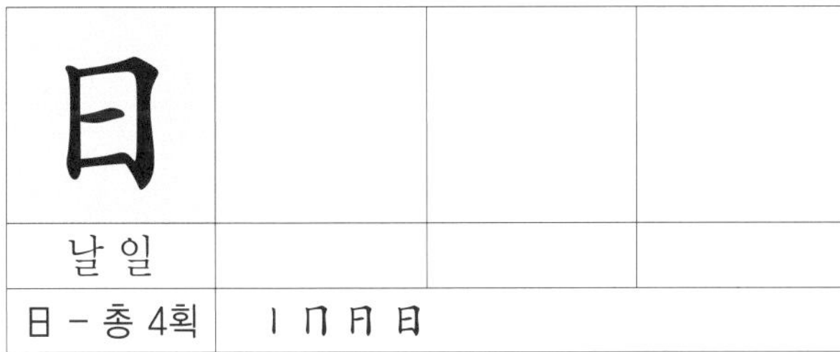

· 日記(일기), 日出(일출)

동음이의어 : 百(일백 백)

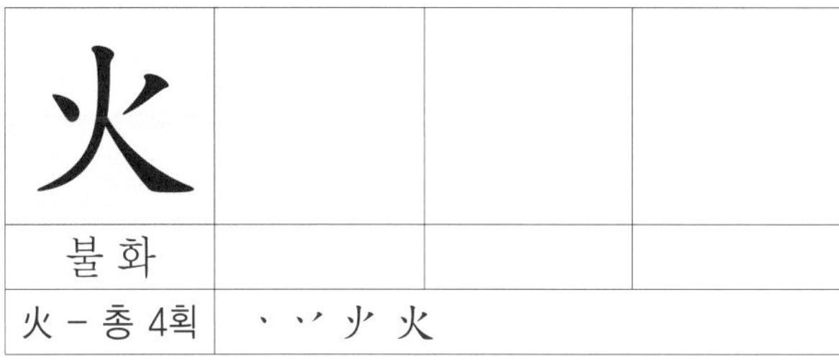

· 火山(화산), 火災(화재)

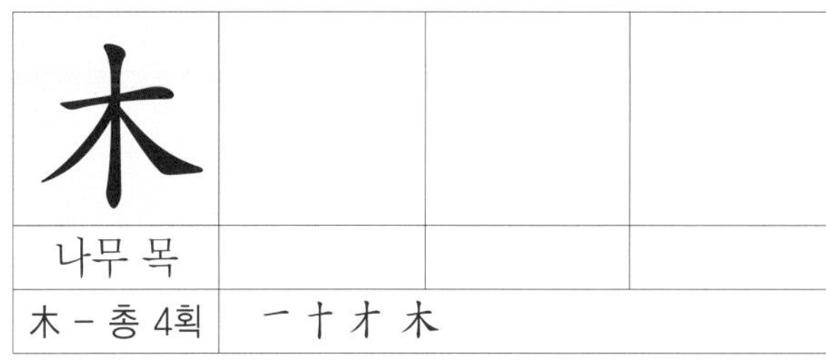

· 木材(목재), 木手(목수)

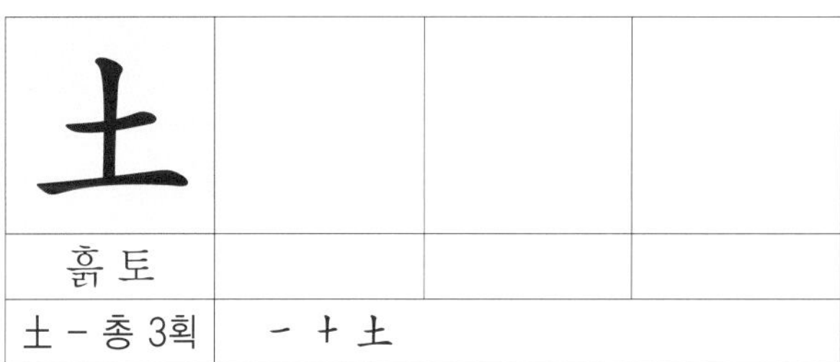

· 土木(토목), 土地(토지)

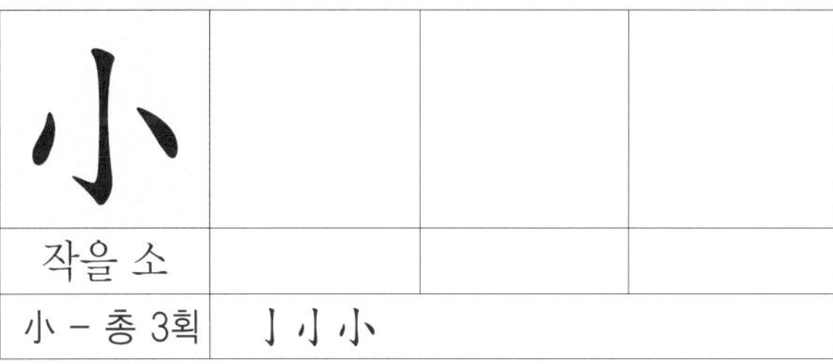

상대 · 반의어 : 大(큰 대)

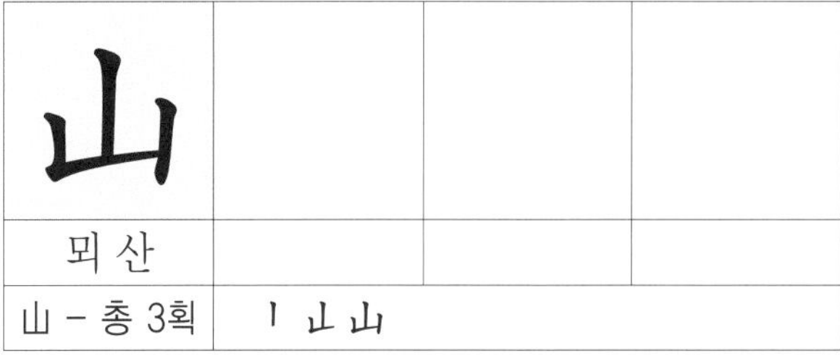

· 山林(산림), 山水(산수)

월 일 확인:

필순에 따라 한자를 써 보세요.

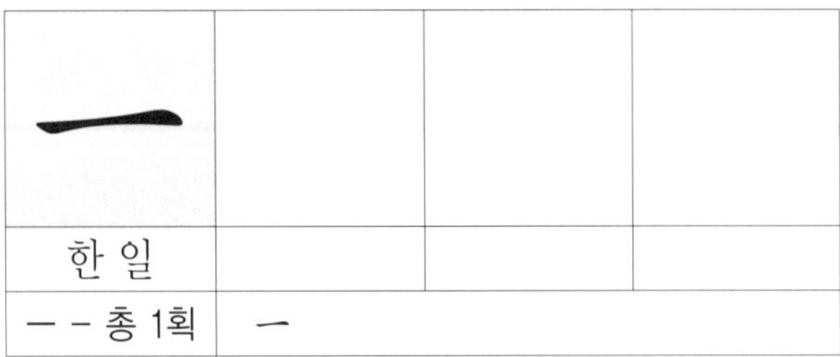

· 一年(일년), 一生(일생)

· 二十(이십), 二世(이세)

· 三寸(삼촌), 三國(삼국)

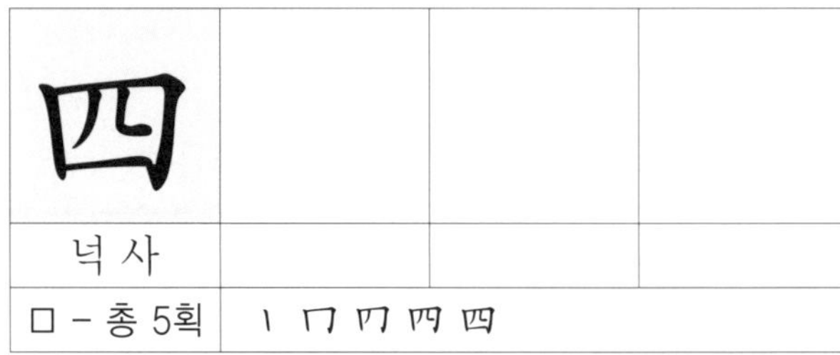

· 四方(사방), 四寸(사촌)

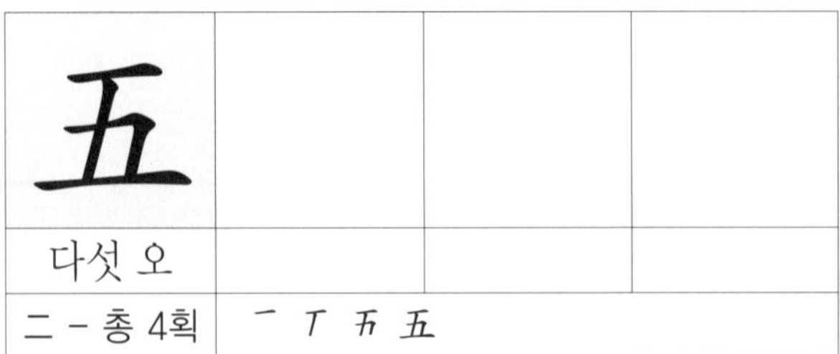

· 五感(오감), 五行(오행)

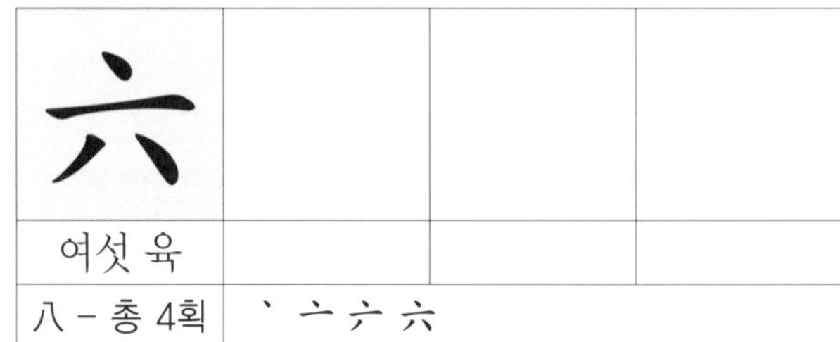

· 六感(육감), 六月(유월)

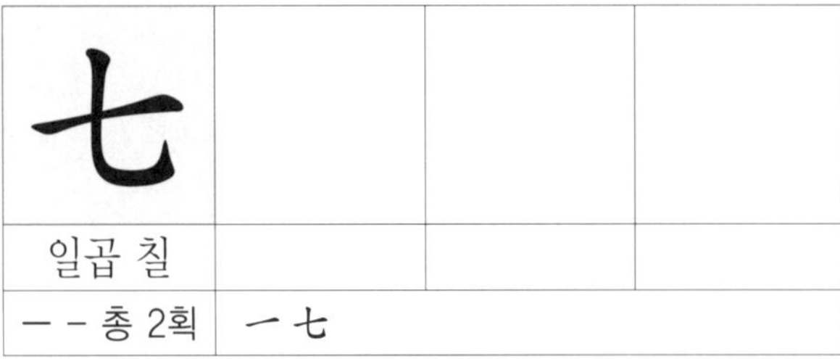

· 七夕(칠석)

· 八道(팔도), 八月(팔월)

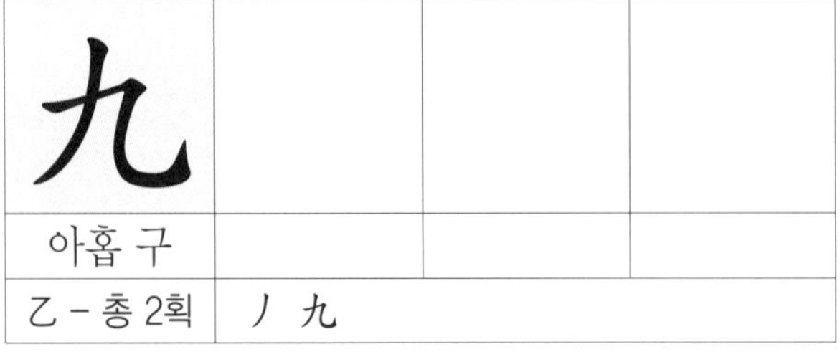

· 九死一生(구사일생)

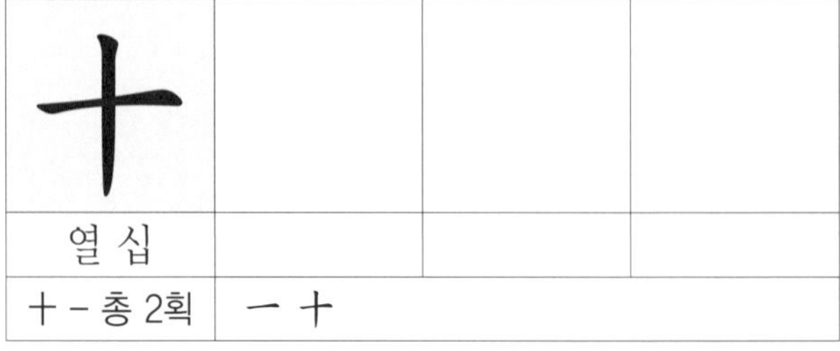

· 十月(시월), 十中八九(십중팔구)

월 일 확인:

필순에 따라 한자를 써 보세요.

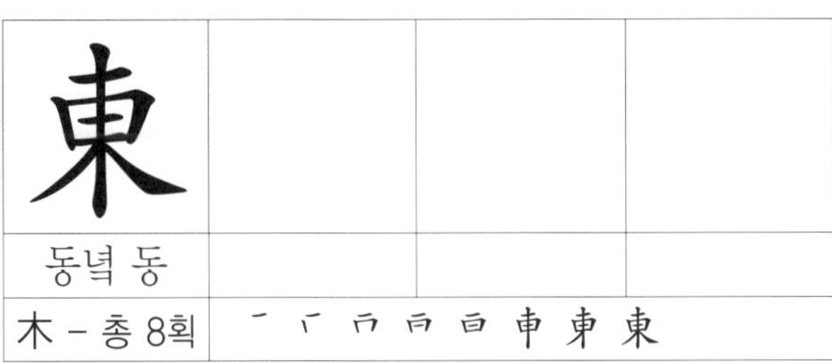

· 東海(동해), 東大門(동대문)

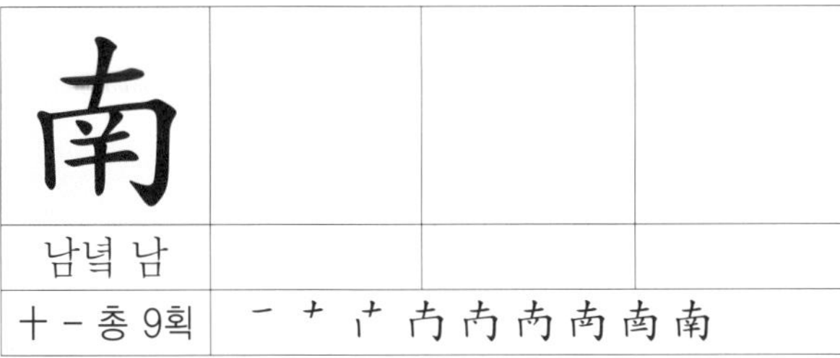

상대 · 반의어 : 北(북녘 북)

상대 · 반의어 : 小(작을 소)

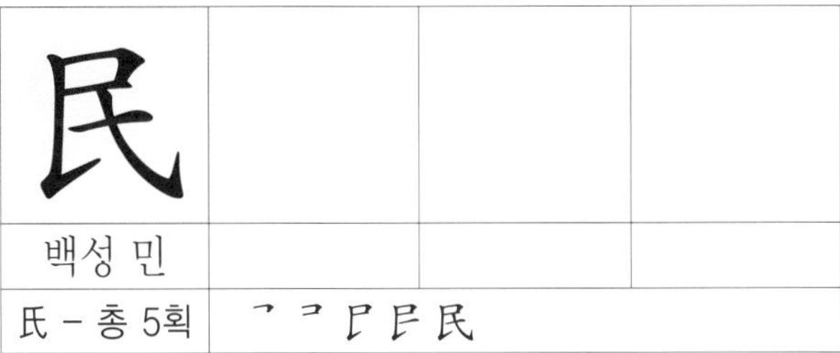

· 民主(민주), 民心(민심)

· 女王(여왕), 女軍(여군)

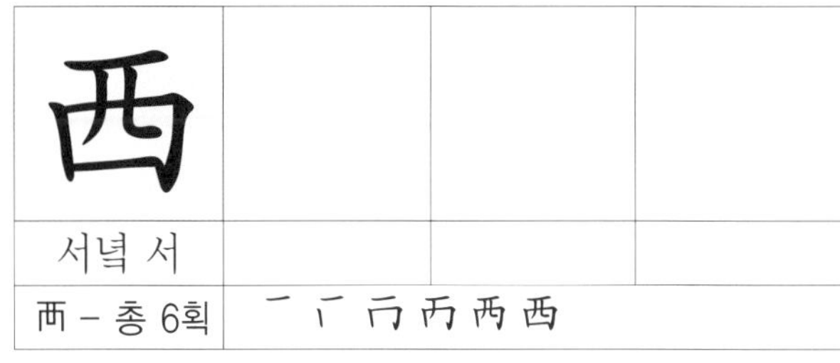

· 西洋(서양), 西山(서산)

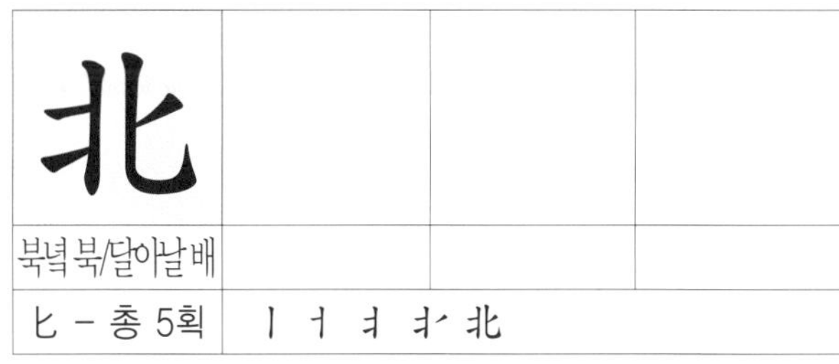

상대 · 반의어 : 南(남녘 남)

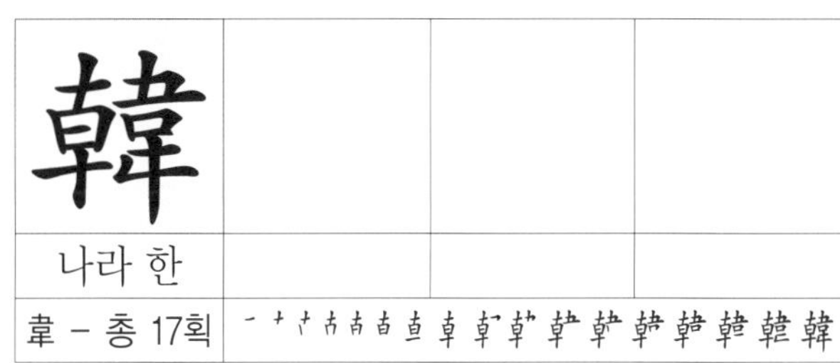

· 韓國(한국)

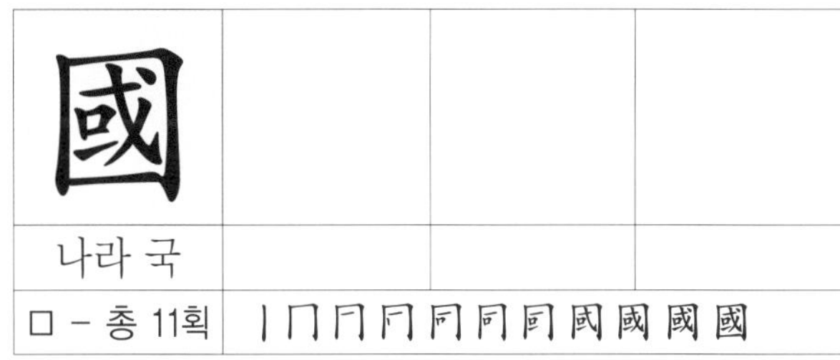

· 國民(국민), 國家(국가)

軍

군사 군

車 – 총 9획

· 軍人(군인), 軍歌(군가)

8급 한자 복습

월 일 확인:

필순에 따라 한자를 써 보세요.

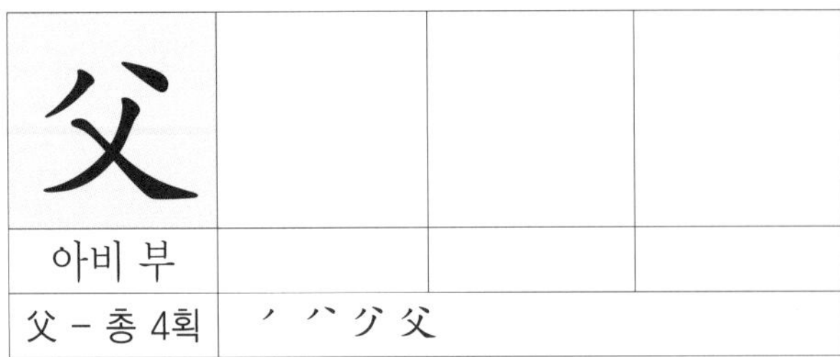

· 父母(부모), 父子(부자)

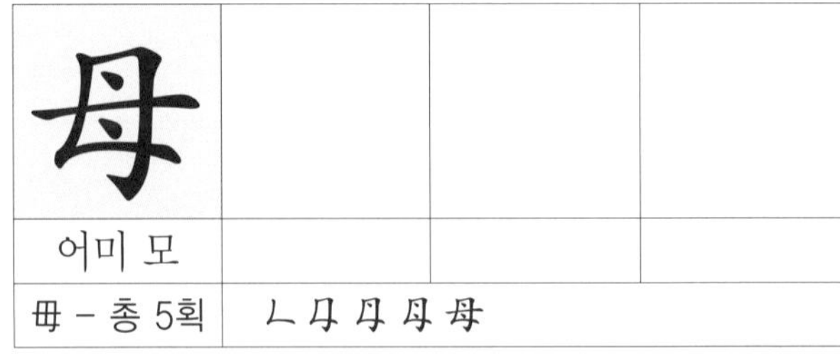

· 母女(모녀) · 상대 · 반의어 : 父(아비 부)

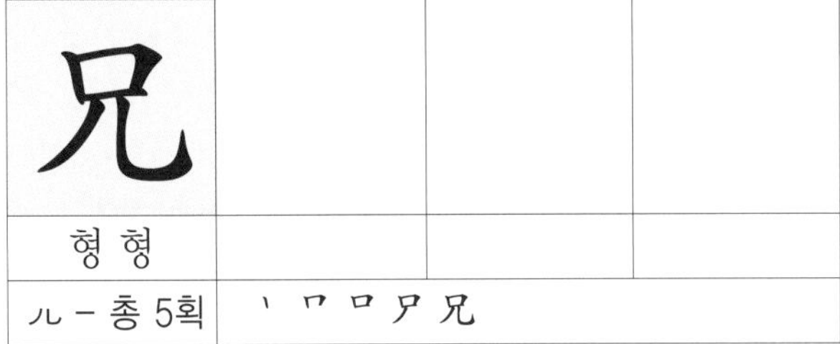

· 兄弟(형제), 兄夫(형부)

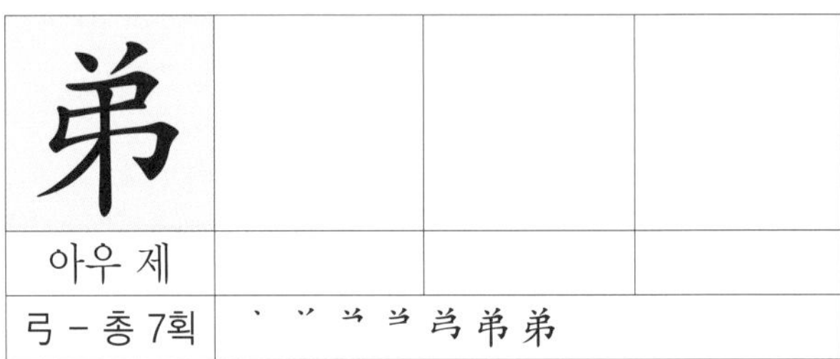

· 弟子(제자) · 상대 · 반의어 : 兄(형 형)

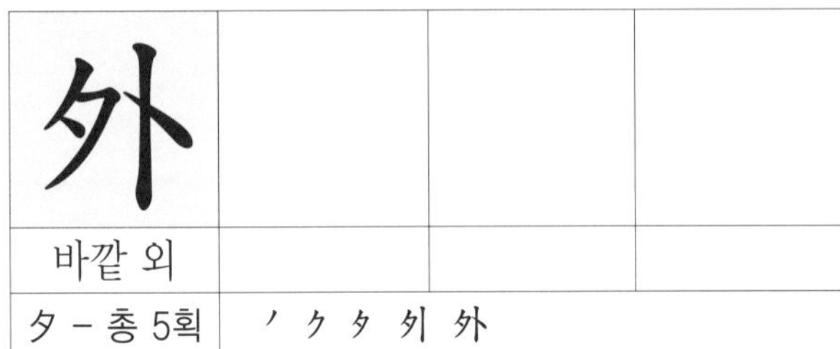

· 外國(외국) · 상대 · 반의어 : 內(안 내)

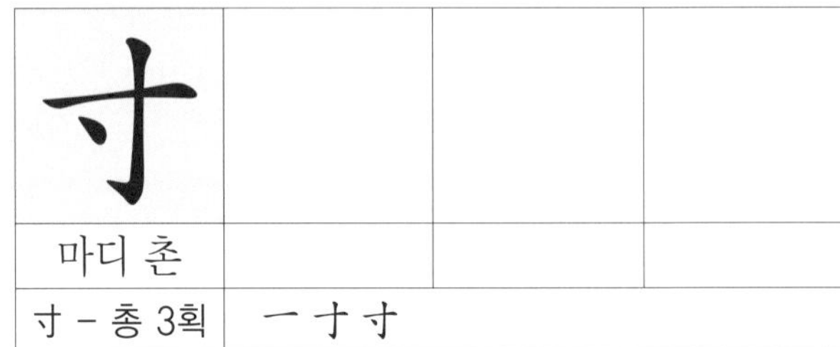

· 外三寸(외삼촌)

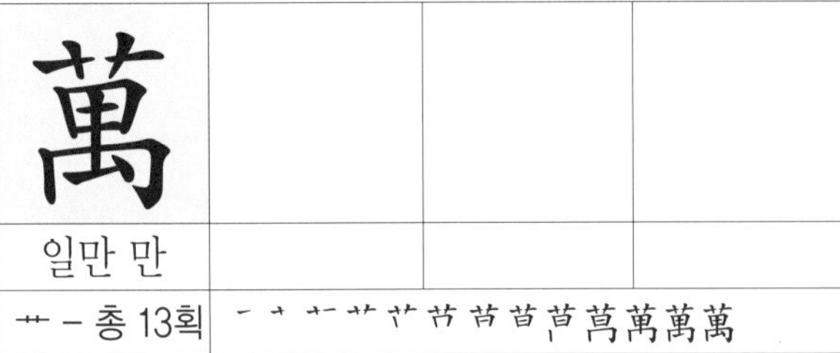

· 萬人(만인), 萬百姓(만백성)

· 人口(인구), 人間(인간)

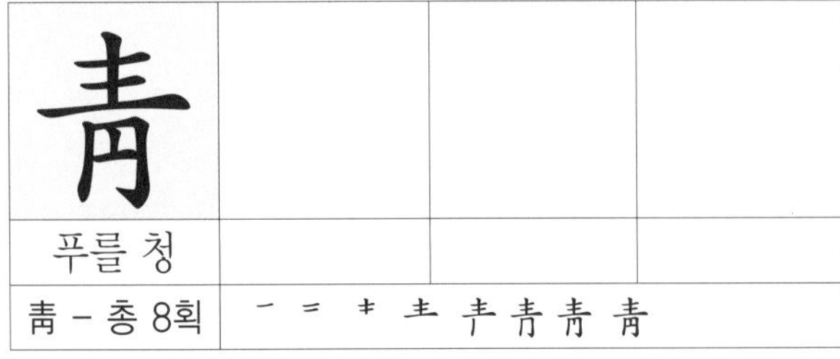

· 青年(청년), 青山(청산)

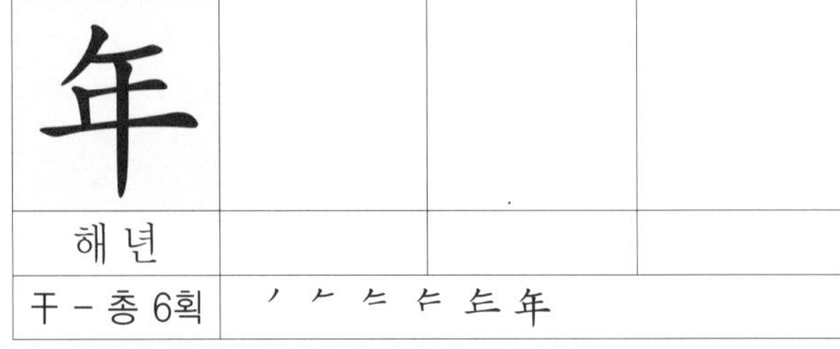

· 少年(소년), 生年月日(생년월일)

필순에 따라 한자를 써 보세요.

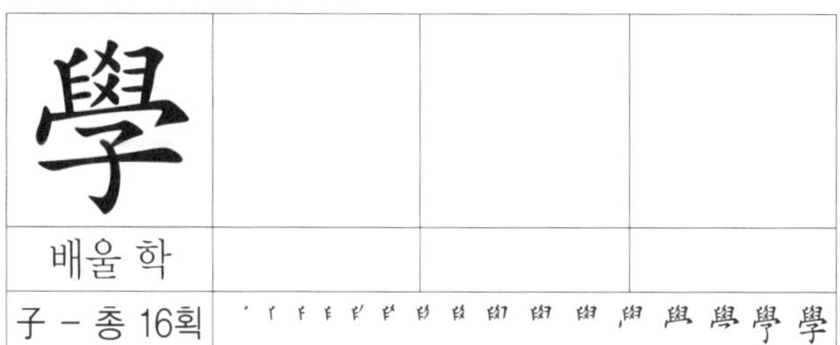

· 學生(학생) · 상대 · 반의어 : 敎(가르칠 교)

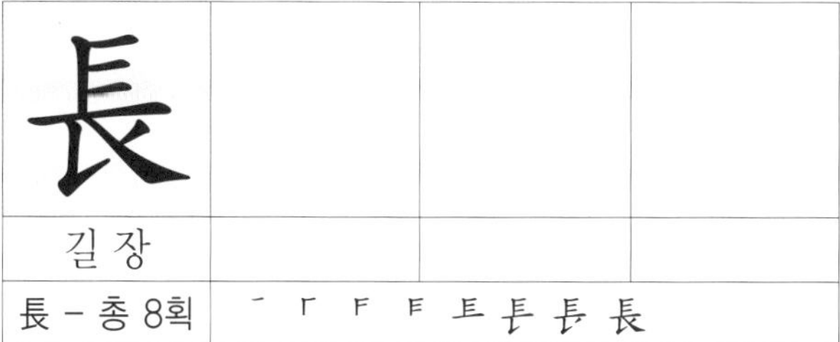

· 校長(교장), 長男(장남)

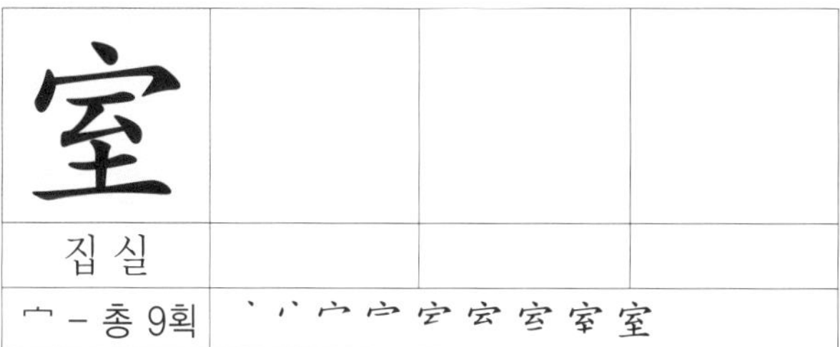

· 敎室(교실)

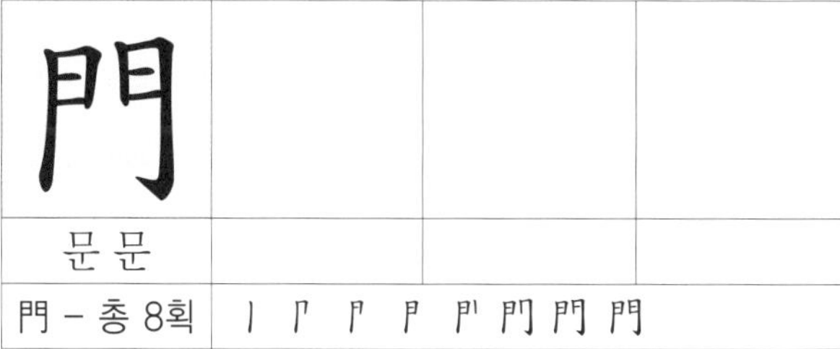

· 大門(대문)

· 生水(생수)

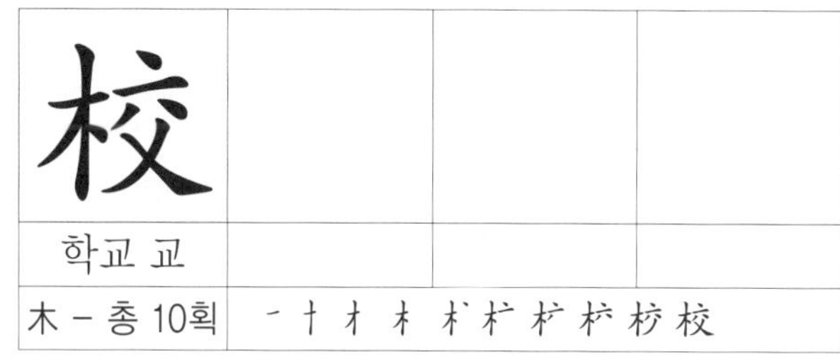

· 學校(학교), 校長(교장)

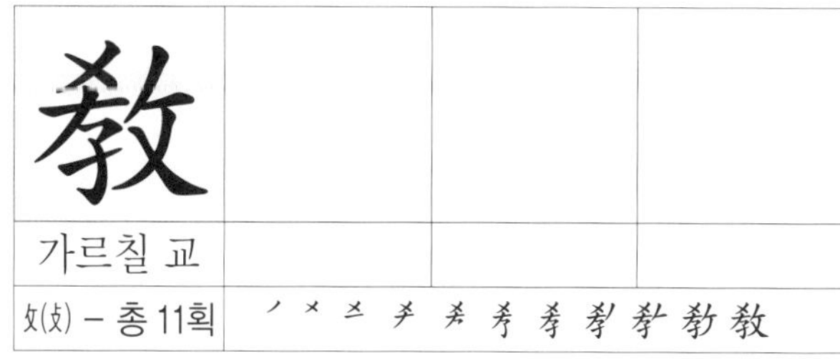

· 敎育(교육)

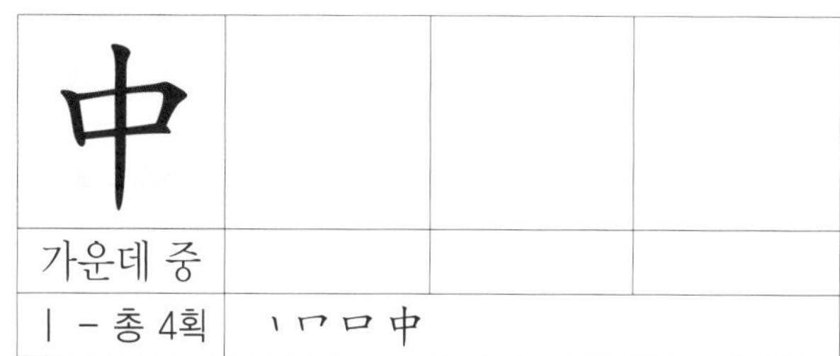

· 中學生(중학생)

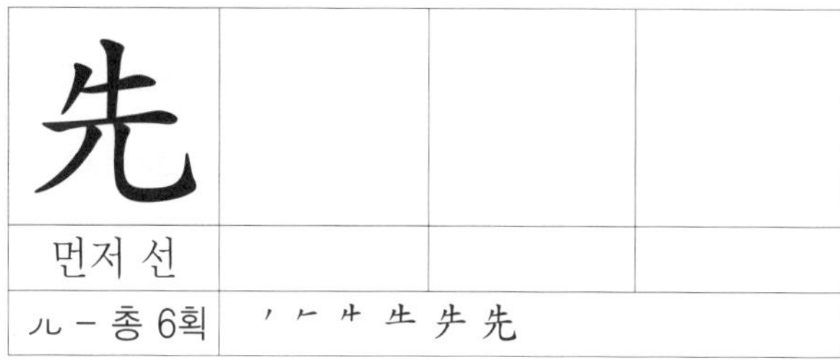

· 先生(선생)

王

임금 왕

玉 – 총 4획 一 二 干 王

· 王國(왕국), 王子(왕자)

월 일 확인:

필순에 따라 한자를 써 보세요.

男			
사내 남			
田 – 총 7획	丨 ㄇ 冂 日 田 男 男		

· 男子(남자) · 동음이의어 : 南(남녘 남)

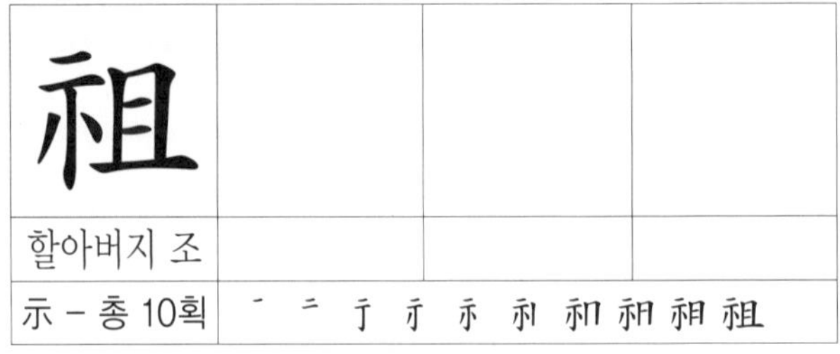

祖			
할아버지 조			
示 – 총 10획	一 二 亍 示 示 礻 初 和 祖 祖		

· 祖上(조상) · 동음이의어 : 朝(아침 조)

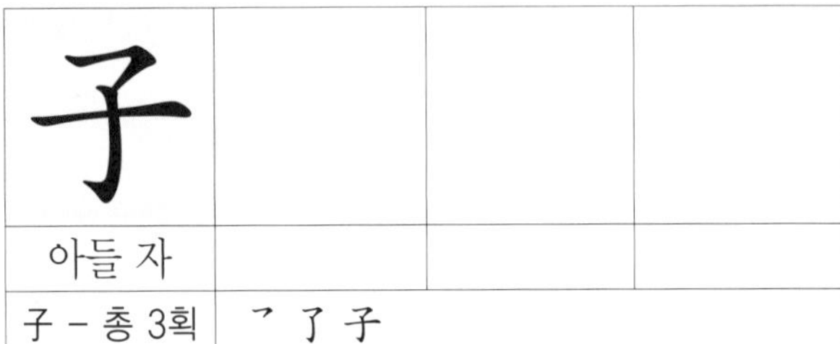

子			
아들 자			
子 – 총 3획	ㄱ 了 子		

· 子女(자녀) · 동음이의어 : 自(스스로 자)

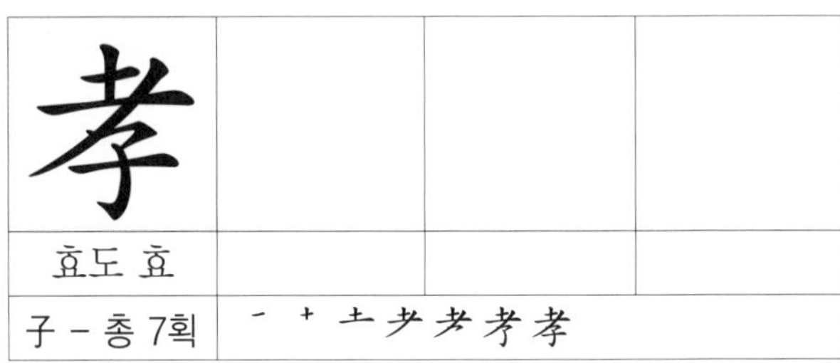

孝			
효도 효			
子 – 총 7획	一 十 土 耂 耂 孝 孝		

· 孝道(효도)

力			
힘 력			
力 – 총 2획	ㄱ 力		

· 重力(중력)

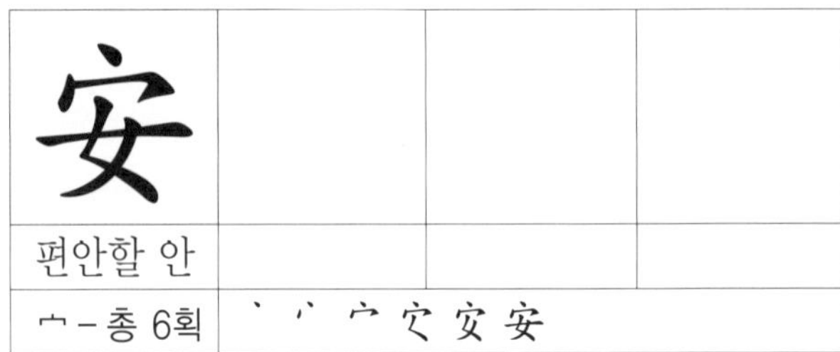

安			
편안할 안			
宀 – 총 6획	丶 丶 宀 它 安 安		

· 便安(편안)

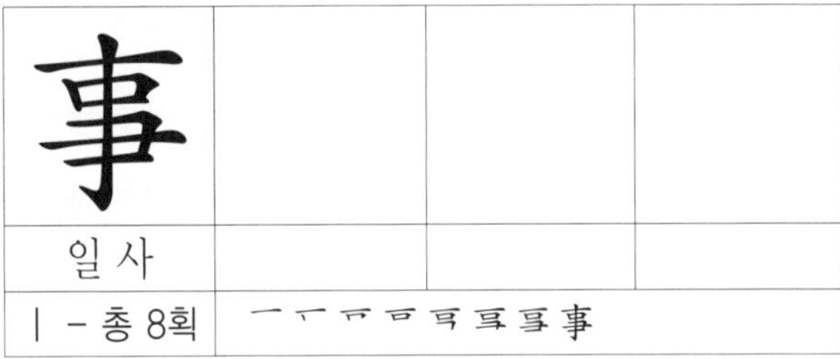

事			
일 사			
亅 – 총 8획	一 冖 冖 戸 弖 写 写 事		

· 家事(가사) · 동음이의어 : 四(넉 사), 死(죽을 사),

夫			
지아비 부			
大 – 총 4획	一 二 夫 夫		

· 工夫(공부) · 동음이의어 : 部(거느릴 부), 父(아비 부)

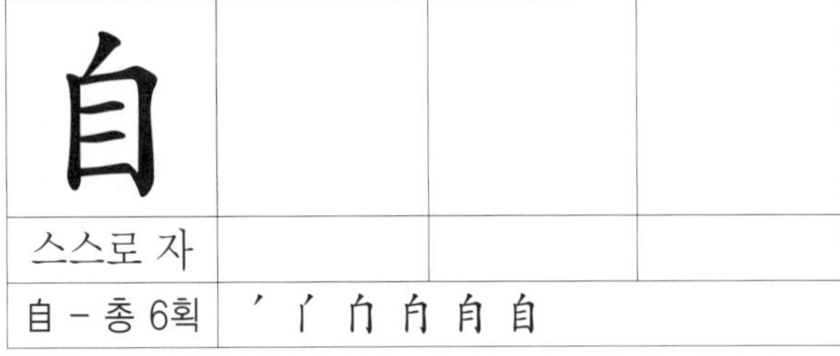

自			
스스로 자			
自 – 총 6획	′ 亻 白 白 自 自		

· 自信(자신) · 동음이의어 : 子(아들 자), 字(글자 자)

家			
집 가			
宀 – 총 10획	丶 丶 宀 宀 宁 宇 字 家 家 家		

· 家門(가문) · 동음이의어 : 歌(노래 가)

7급 한자 복습

월 일 확인:

필순에 따라 한자를 써 보세요.

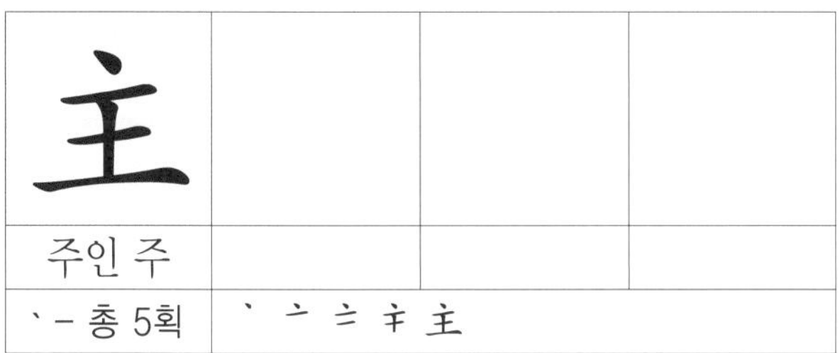

主
주인 주
丶 – 총 5획

· 主人(주인) · 동음이의어 : 住(살 주), 注(물댈 주)

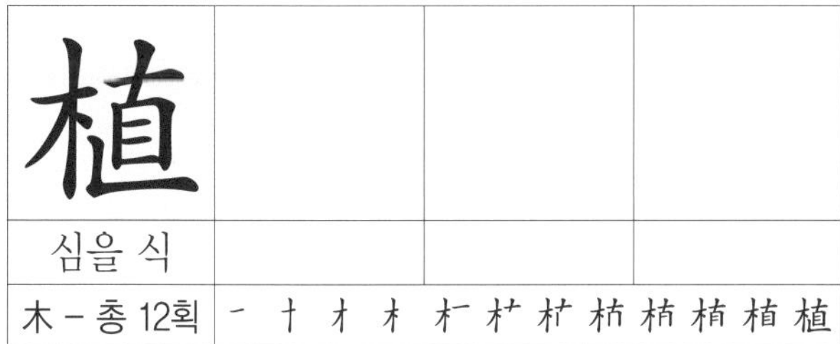

植
심을 식
木 – 총 12획

· 植木日(식목일) · 동음이의어 : 式(법 식), 食(먹을 식)

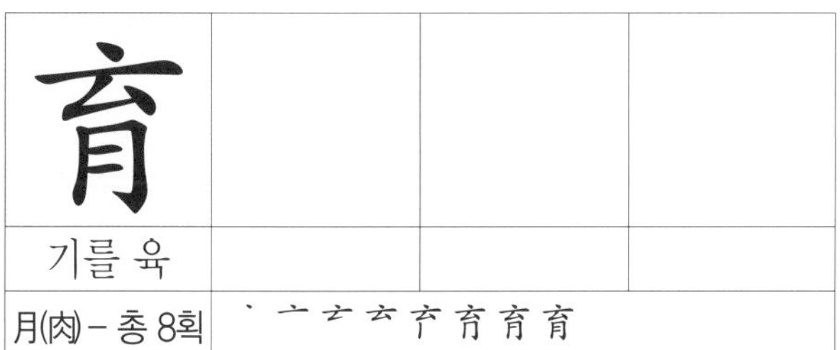

育
기를 육
月(肉) – 총 8획

· 敎育(교육)

千
일천 천
十 – 총 3획

· 千軍萬馬(천군만마) · 동음이의어 : 川(내 천)

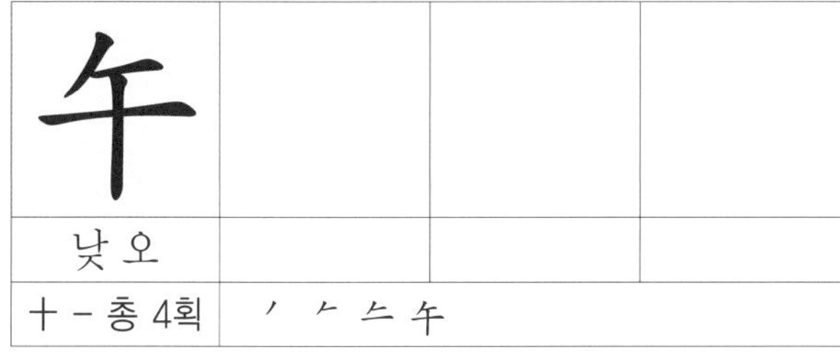

午
낮 오
十 – 총 4획

· 正午(정오) · 동음이의어 : 五(다섯 오)

夕
저녁 석
夕 – 총 3획 ノ ク 夕

· 秋夕(추석) · 동음이의어 : 石(돌 석), 席(자리 석)

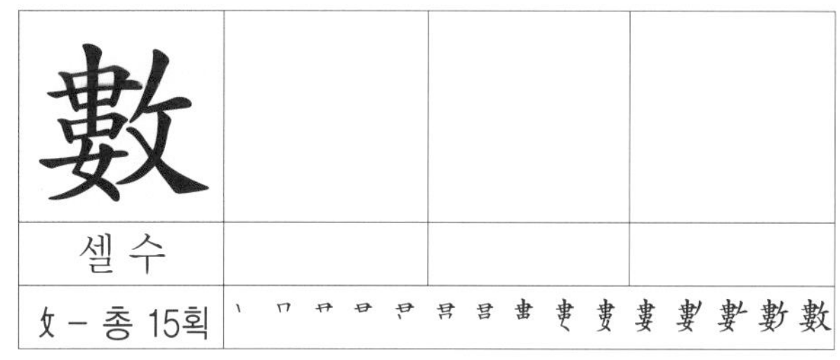

數
셀 수
攵 – 총 15획

· 數學(수학) · 동음이의어 : 水(물 수), 手(손 수)

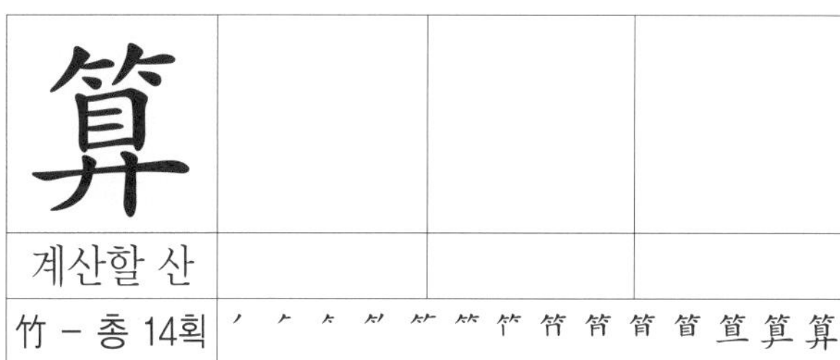

算
계산할 산
竹 – 총 14획

· 算數(산수) · 동음이의어 : 山(뫼 산)

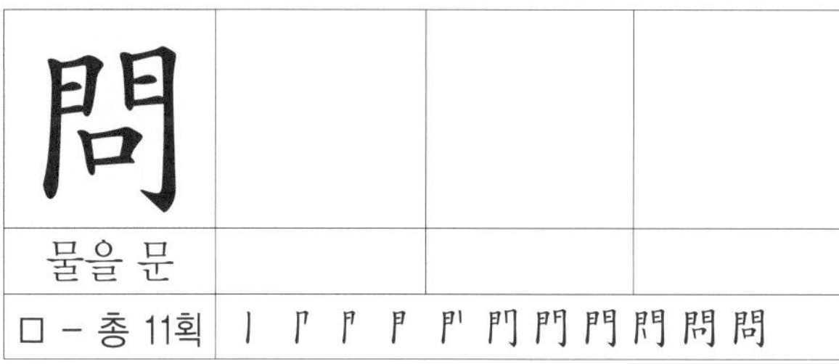

問
물을 문
口 – 총 11획

· 問答(문답) · 동음이의어 : 文(글월 문), 門(문 문)

答
대답할 답
竹 – 총 12획

· 對答(대답) · 상대 · 반의어 : 問(물을 문)

7급 한자 복습

월 일 확인:

필순에 따라 한자를 써 보세요.

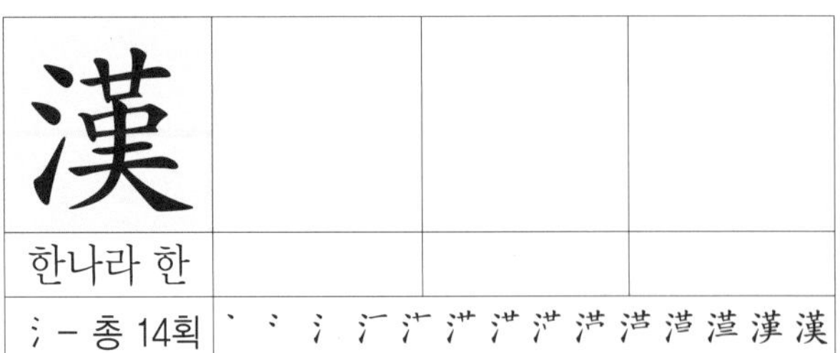

· 漢字(한자) · 동음이의어 : 韓(나라 한)

· 地下(지하) · 동음이의어 : 夏(여름 하)

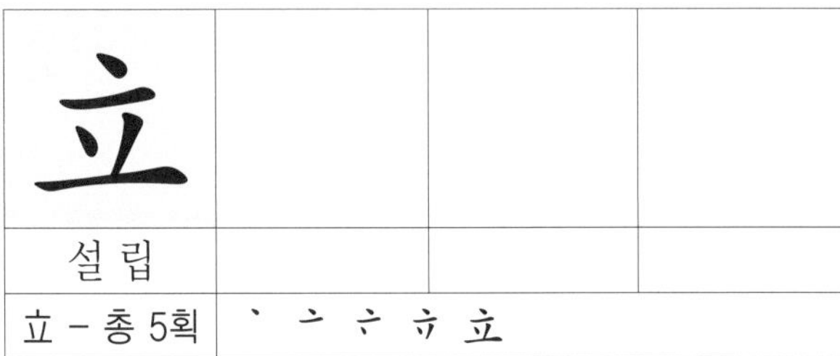

· 建立(건립)

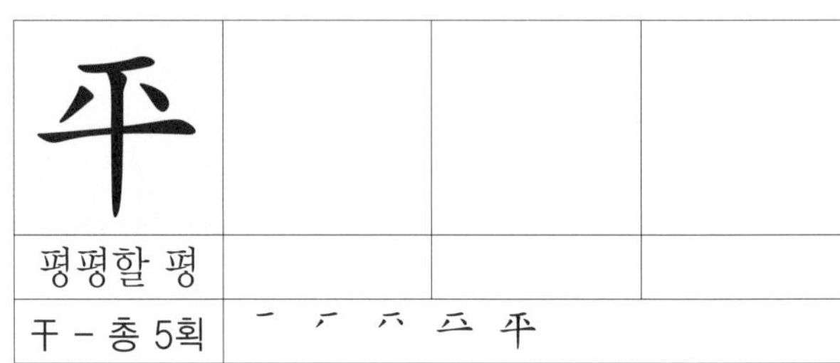

· 平行(평행)

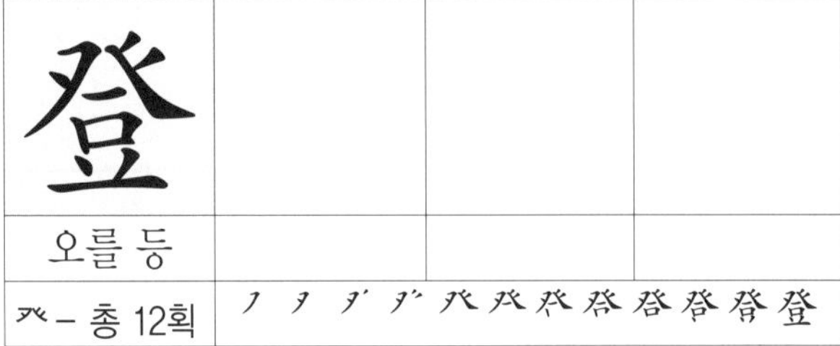

· 登山(등산) · 동음이의어 : 等(무리 등)

· 里長(이장) · 동음이의어 : 利(이로울 리)

· 邑内(읍내) · 유의어 : 洞(고을 동)

· 洞口(동구) · 동음이의어 : 東(동녘 동)

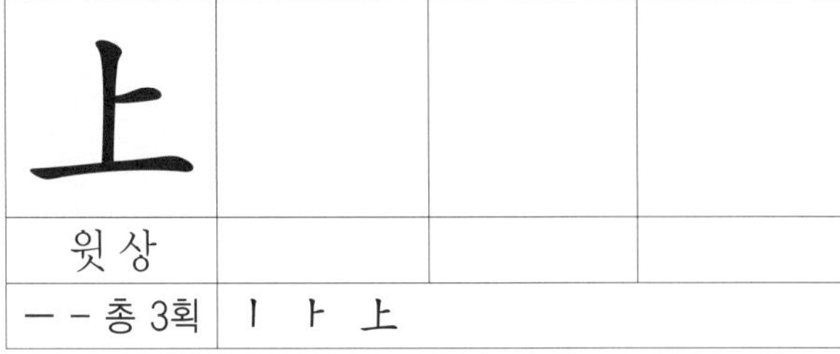

· 天上天下(천상천하) · 상대 · 반의어 : 下(아래 하)

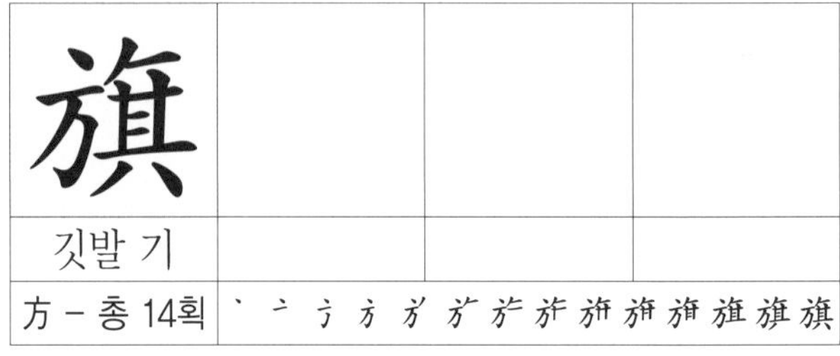

· 國旗(국기) · 동음이의어 : 氣(기운 기), 記(기록할 기)

7급 한자 복습

월 일 확인:

필순에 따라 한자를 써 보세요.

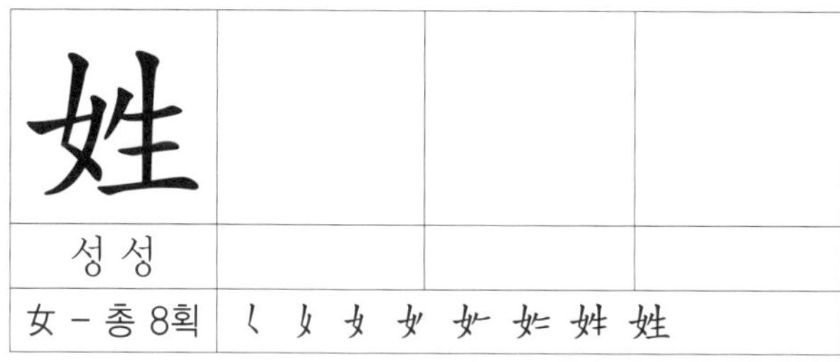

姓 성 성 / 女 - 총 8획

· 姓氏(성씨) · 동음이의어 : 成(이룰 성), 省(살필 성)

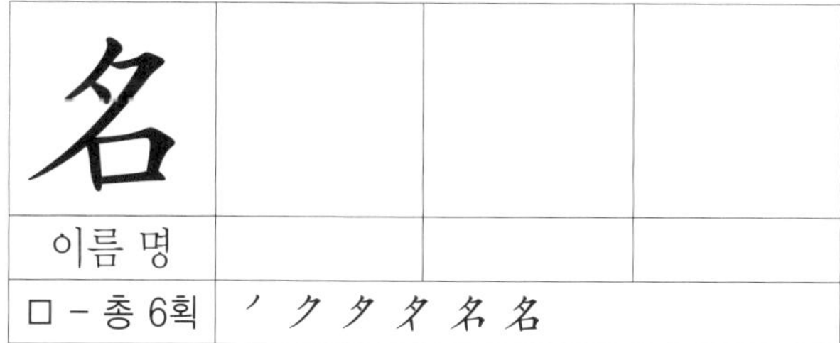

名 이름 명 / 口 - 총 6획

· 姓名(성명) · 동음이의어 : 命(목숨 명), 明(밝을 명)

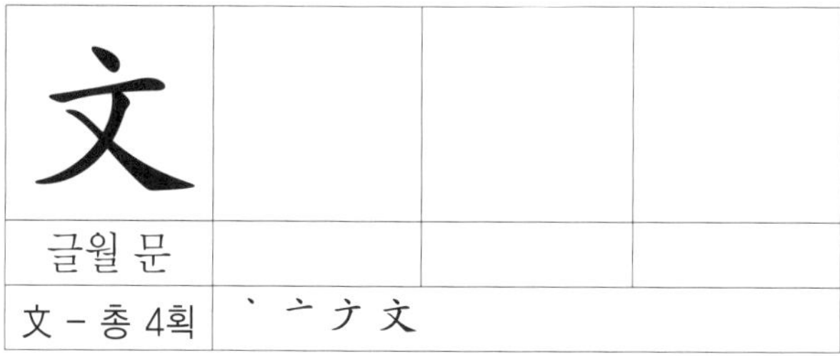

文 글월 문 / 文 - 총 4획

· 文身(문신) · 유의어 : 章(글 장)

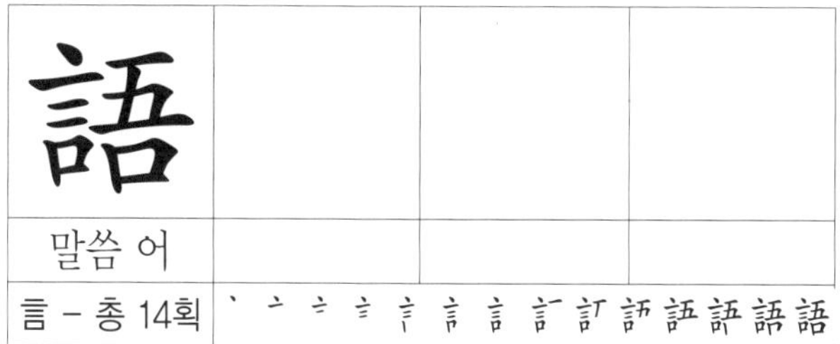

語 말씀 어 / 言 - 총 14획

· 國語(국어) · 유의어 : 言(말씀 언), 話(말씀 화)

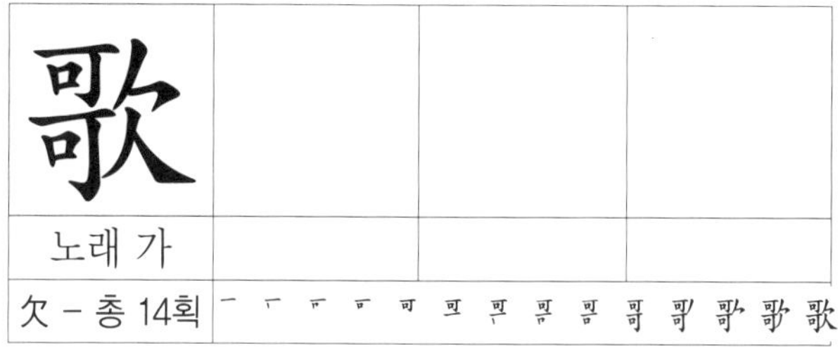

歌 노래 가 / 欠 - 총 14획

· 歌手(가수) · 동음이의어 : 家(집 가)

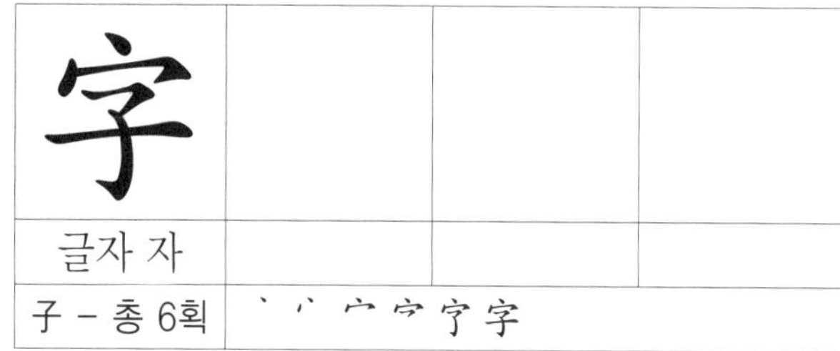

字 글자 자 / 子 - 총 6획

· 文字(문자) · 동음이의어 : 子(아들 자)

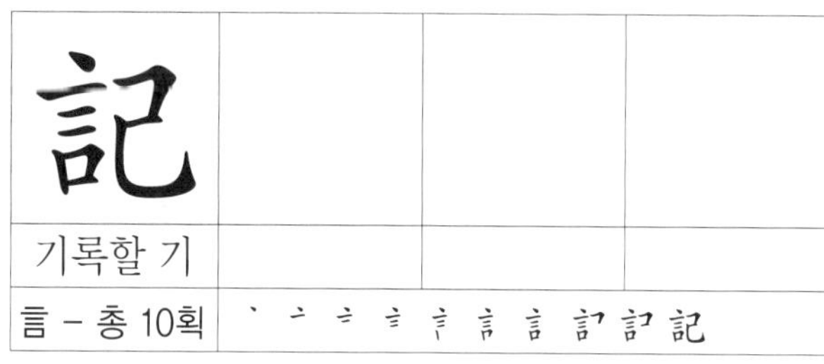

記 기록할 기 / 言 - 총 10획

· 日記(일기) · 동음이의어 : 旗(깃발 기), 氣(기운 기)

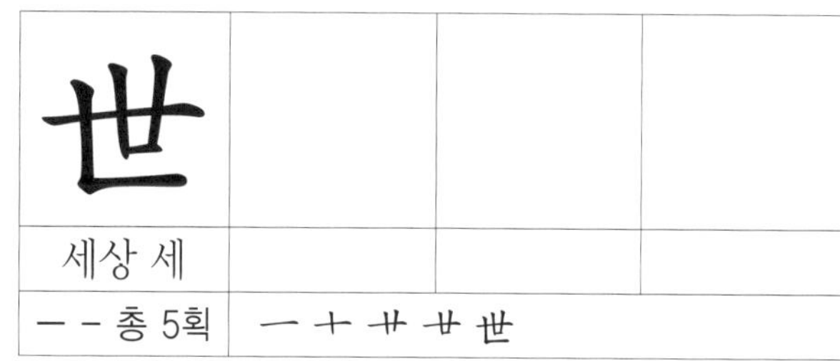

世 세상 세 / 一 - 총 5획

· 世上(세상)

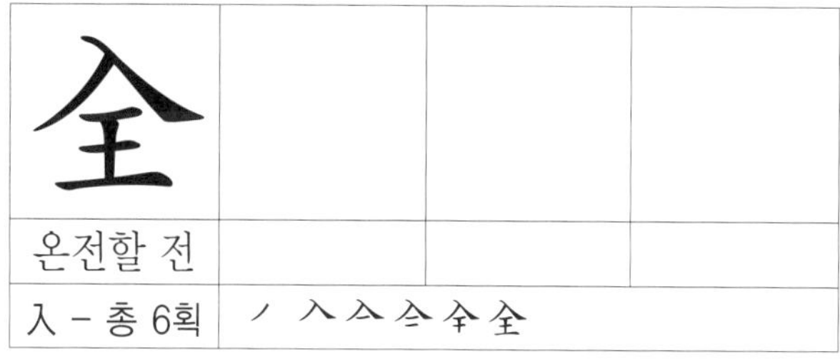

全 온전할 전 / 入 - 총 6획

· 安全(안전) · 동음이의어 : 前(앞 전), 戰(싸움 전)

來 올 래 / 人 - 총 8획

· 來日(내일)

7급 한자 복습

월　　일 확인:

필순에 따라 한자를 써 보세요.

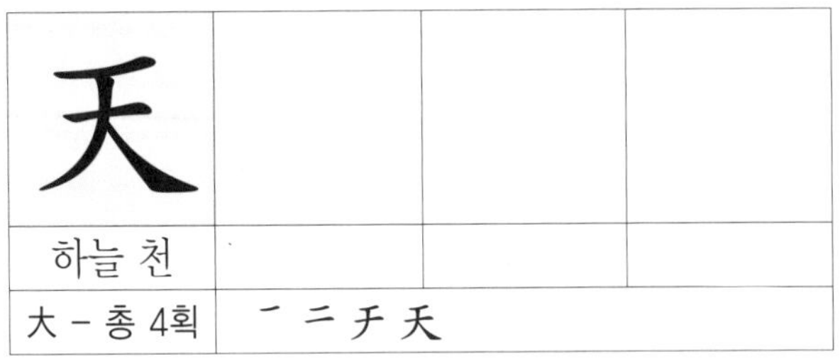

· 天國(천국)　　· 상대 · 반의어 : 地(땅 지)

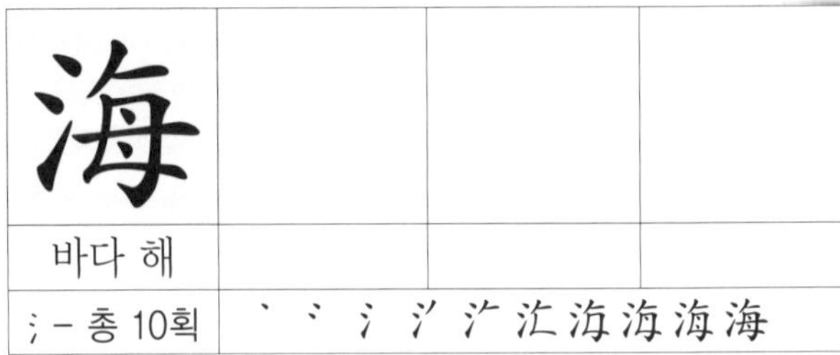

· 海洋(해양)

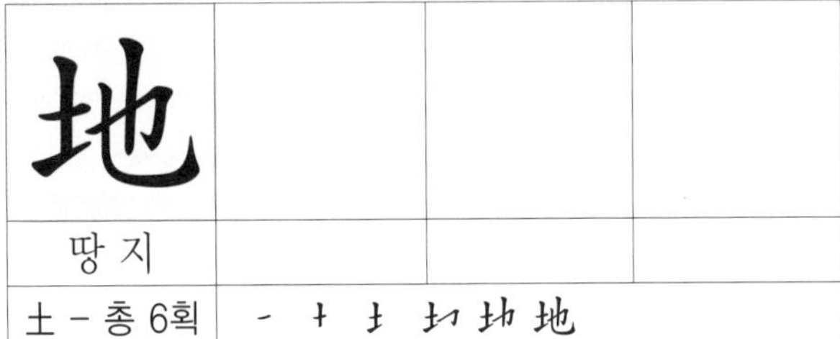

· 地球(지구)　　· 상대 · 반의어 : 天(하늘 천)

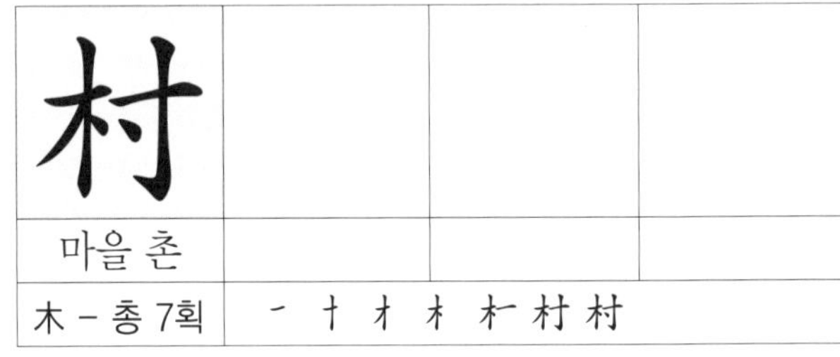

· 江村(강촌)

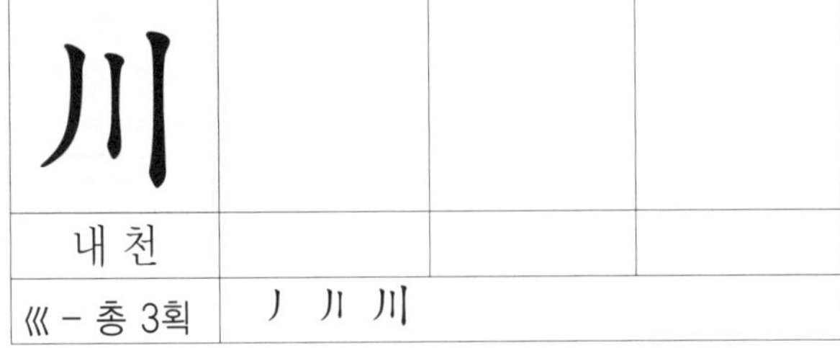

· 春川(춘천)　· 동음이의어 : 天(하늘 천), 千(일천 천)

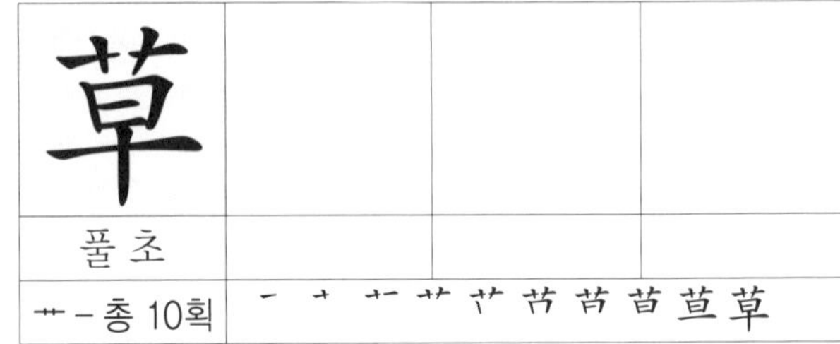

· 水草(수초)

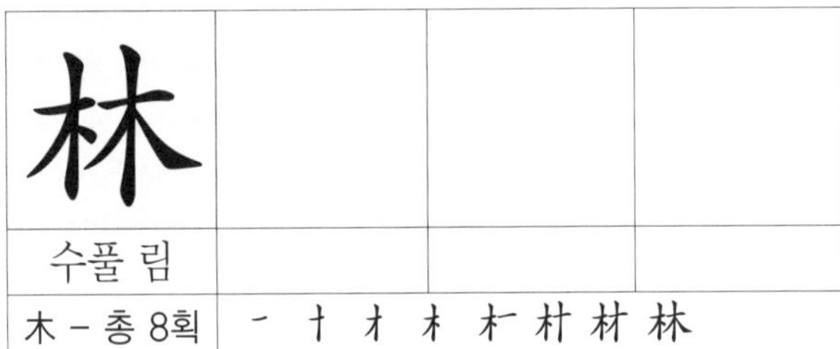

· 山林(산림)

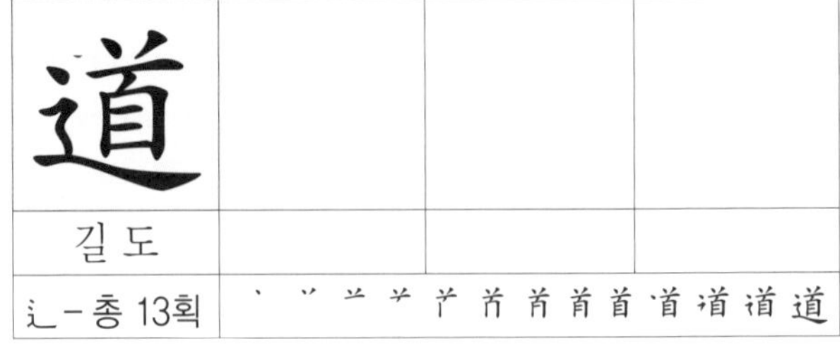

· 道路(도로)　· 동음이의어 : 度(법도 도), 圖(그림 도)

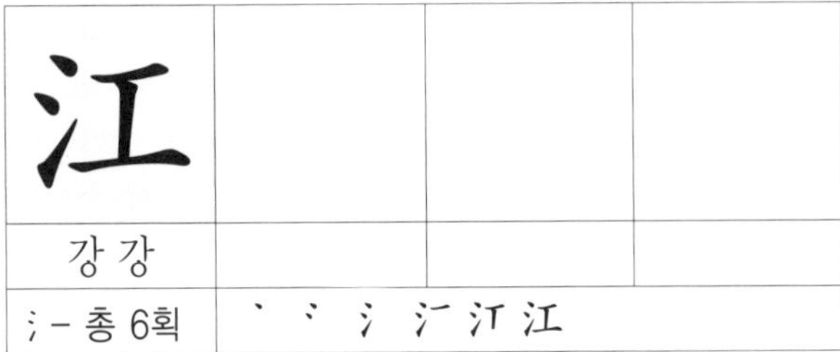

· 漢江(한강)　· 동음이의어 : 强(강할 강)

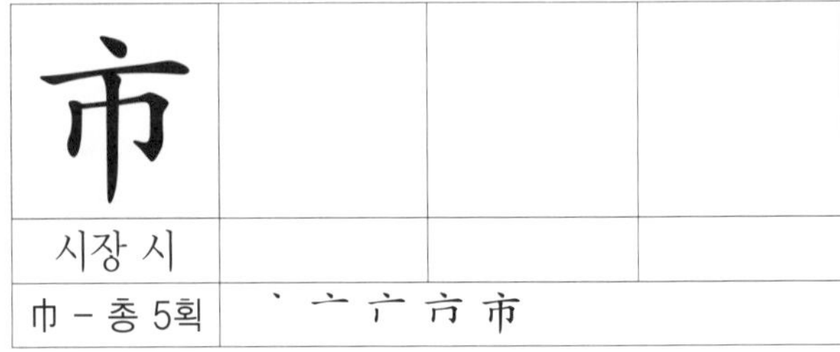

· 市內(시내)　· 동음이의어 : 始(비로소 시), 時(때 시)

7급 한자 복습

월 일 확인:

필순에 따라 한자를 써 보세요.

· 工具(공구) · 동음이의어 : 空(빌 공), 公(공변될 공)

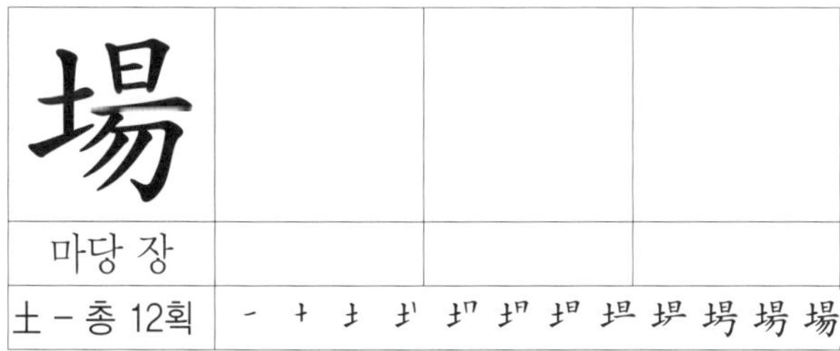

· 工場(공장) · 동음이의어 : 長(길 장)

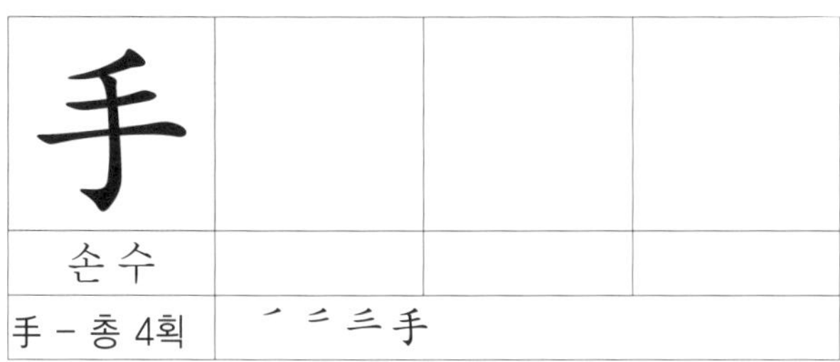

· 手足(수족) · 동음이의어 : 水(물 수), 數(셀 수)

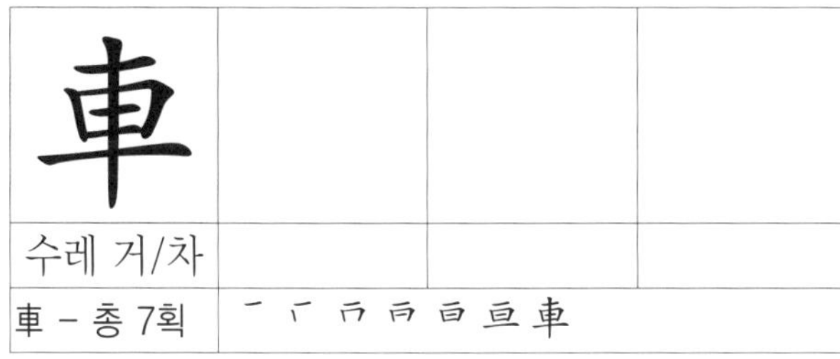

· 自動車(자동차)

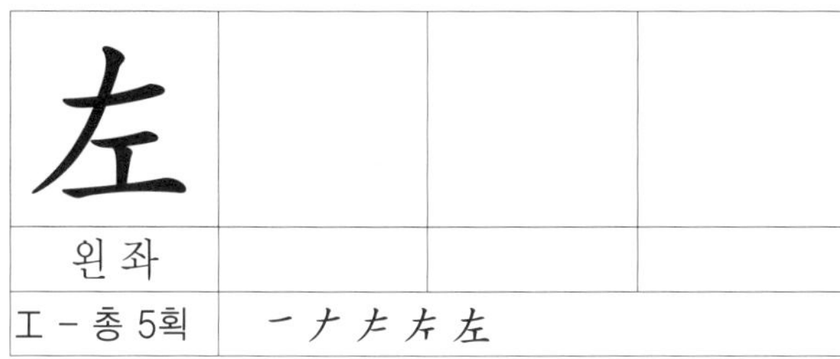

· 左右(좌우) · 상대 · 반의어 : 右(오른 우)

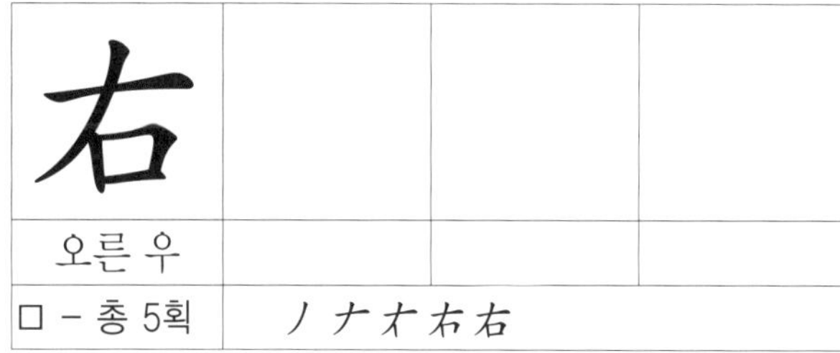

· 左右(좌우) · 상대 · 반의어 : 左(왼 좌)

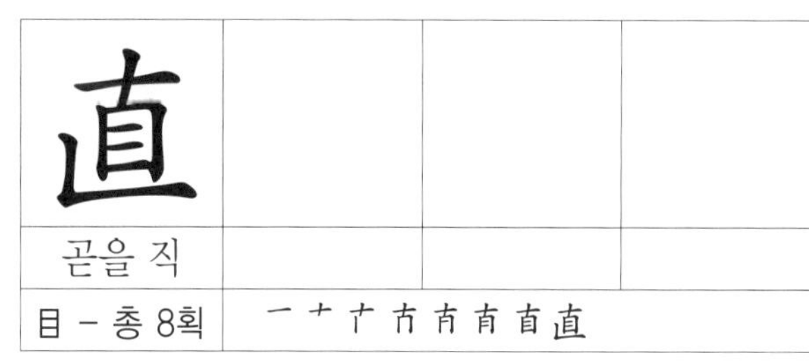

· 直立(직립) · 유의어 : 正(바를 정)

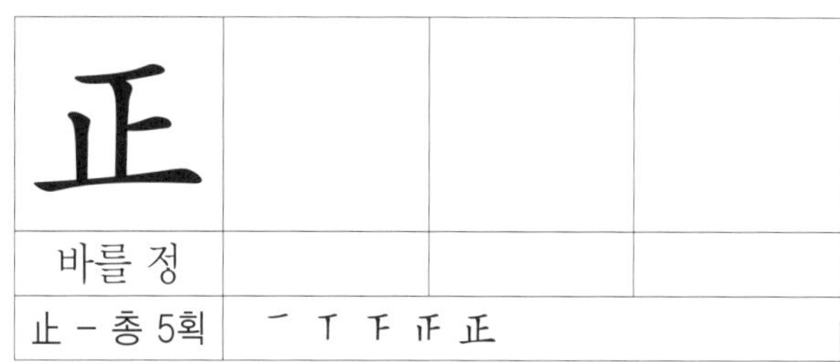

· 正門(정문) · 동음이의어 : 定(정할 정)

動			
움직일 동			
力 - 총 11획			

· 運動(운동) · 동음이의어 : 冬(겨울 동), 同(한가지 동)

命			
목숨 명			
口 - 총 8획			

· 命令(명령) · 동음이의어 : 名(이름 명), 明(밝을 명)

월 일 확인:

필순에 따라 한자를 써 보세요.

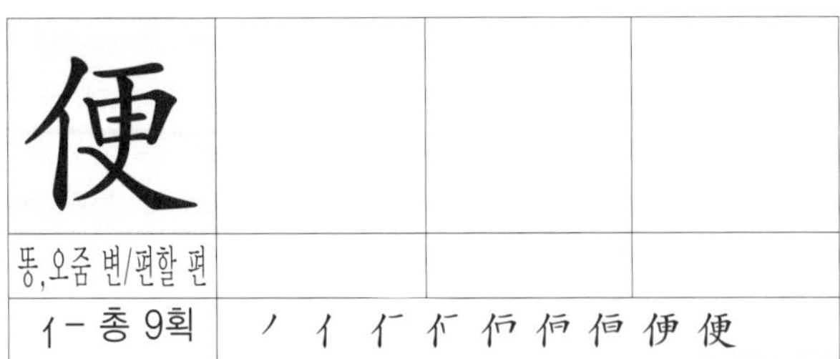

· 便紙(편지)

· 便所(변소) · 동음이의어 : 小(작을 소), 消(사라질 소)

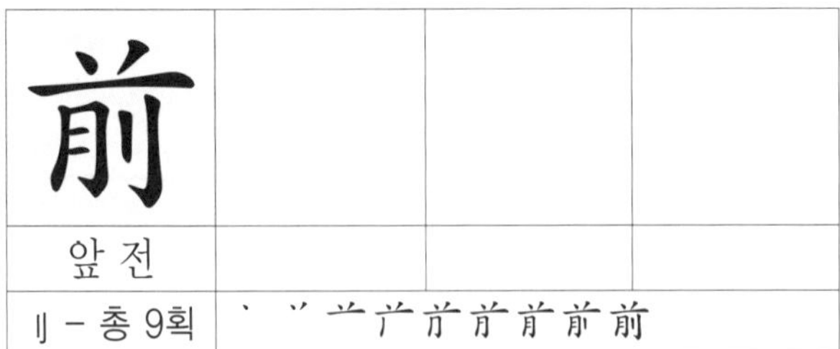

· 前後(전후) · 동음이의어 : 全(온전할 전), 戰(싸움 전)

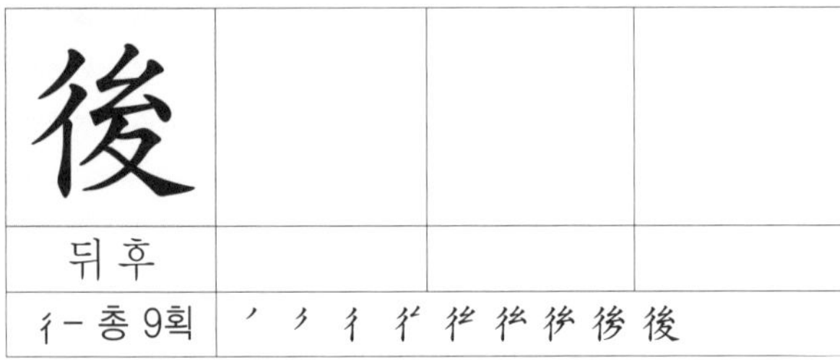

· 後門(후문) · 상대 · 반의어 : 前(앞 전)

· 出入(출입) · 상대 · 반의어 : 入(들어갈 입)

· 入口(입구) · 상대 · 반의어 : 出(나갈 출)

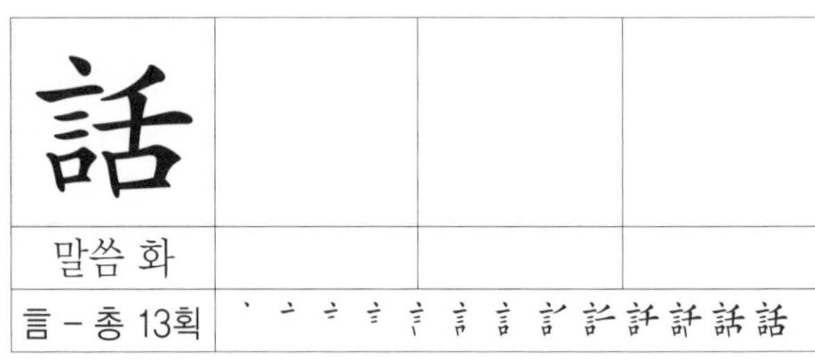

· 對話(대화) · 동음이의어 : 火(불 화), 花(꽃 화)

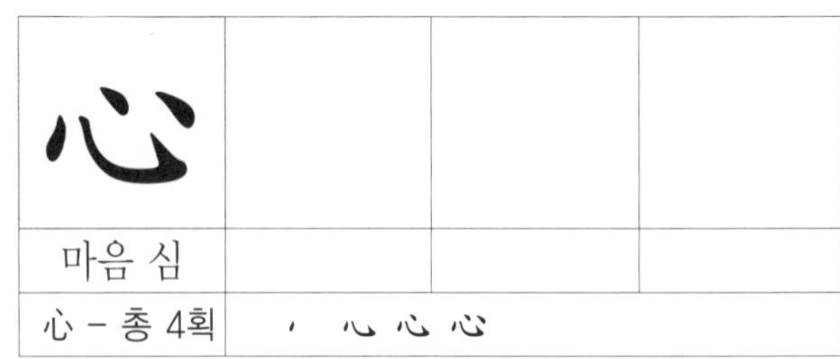

· 童心(동심) · 상대 · 반의어 : 身(몸 신)

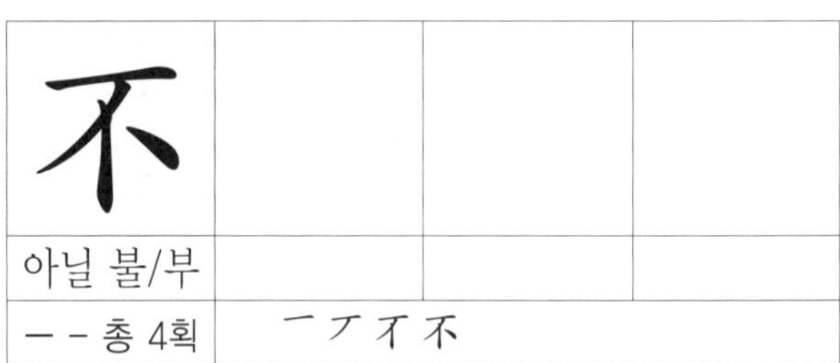

· 不足(부족)

紙

종이 지

糸 – 총 10획

· 休紙(휴지) · 동음이의어 : 地(땅 지)

7급 한자 복습

필순에 따라 한자를 써 보세요.

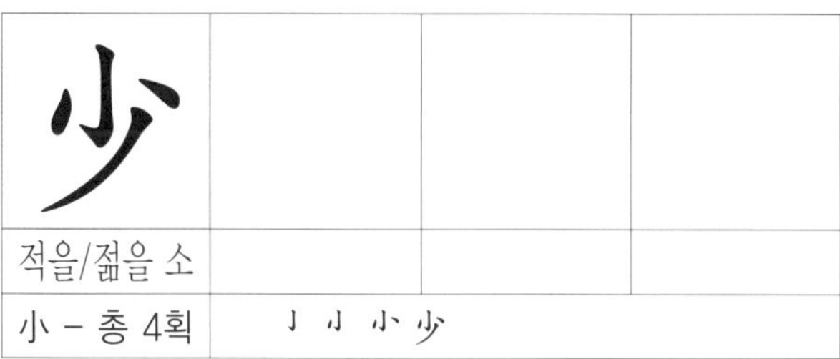

· 多少(다소)　· 상대 · 반의어 : 多(많을 다), 老(늙을 로)

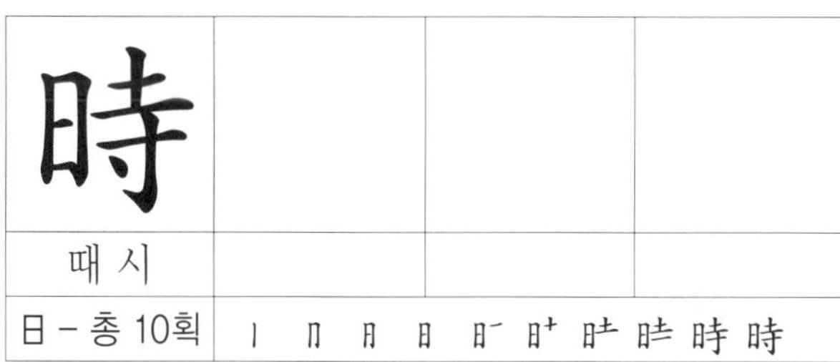

· 時間(시간)　· 동음이의어 : 市(시장 시), 始(비로소 시)

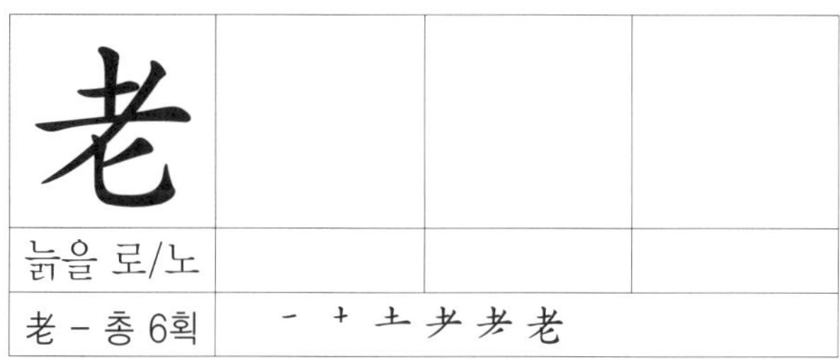

· 敬老(경로)　· 상대 · 반의어 : 少(젊을 소)

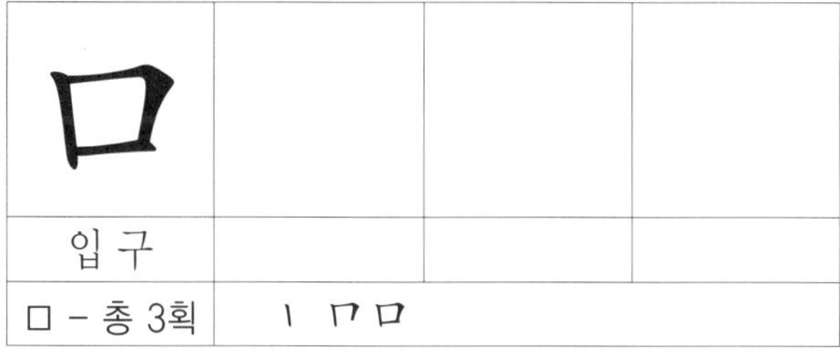

· 入口(입구)　· 동음이의어 : 九(아홉 구), 區(구분할 구)

每

매양/늘 매

毋 – 총 7획

· 每年(매년)

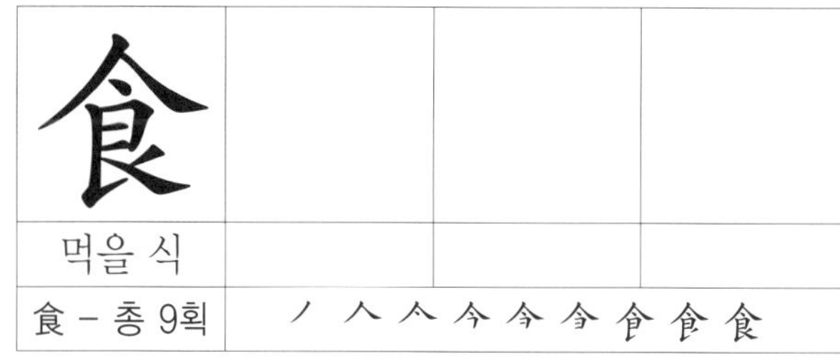

· 食事(식사)　· 동음이의어 : 式(법 식), 植(심을 식)

· 生活(생활)　· 상대 · 반의어 : 死(죽을 사)

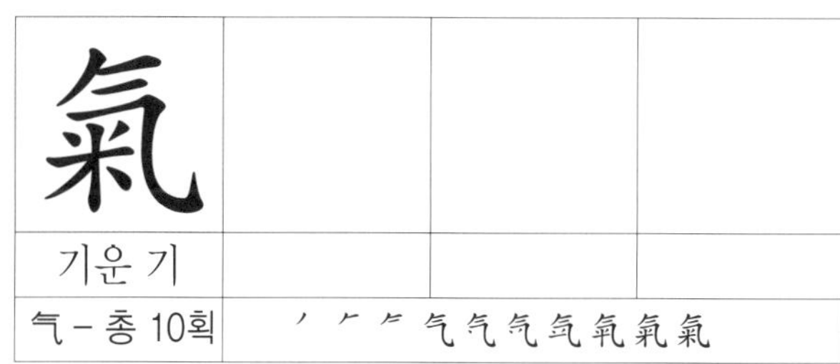

活氣(활기)　· 동음이의어 : 旗(깃발 기), 記(기록할 기)

面

낯 면

面 – 총 9획

· 反面(반면)

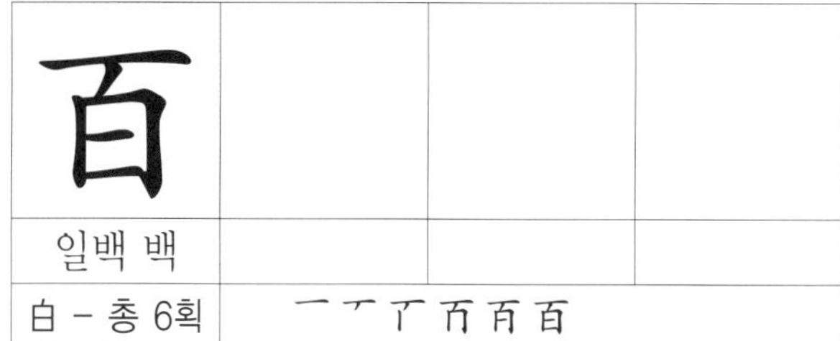

· 百戰百勝(백전백승) · 동음이의어 : 白(흰 백)

월 일 확인:

필순에 따라 한자를 써 보세요.

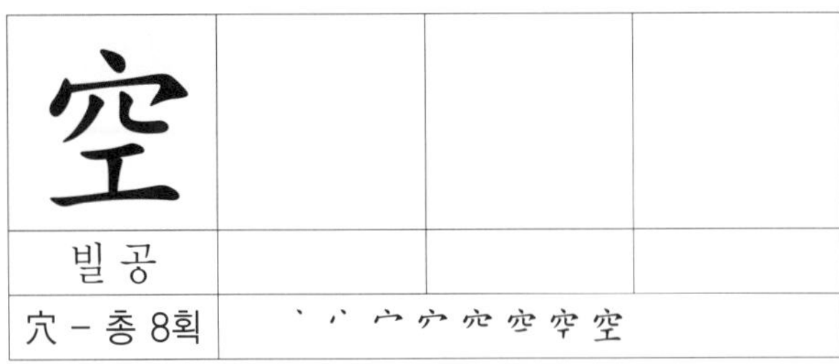

· 空軍(공군) · 동음이의어 : 工(장인 공), 公(공변될 공)

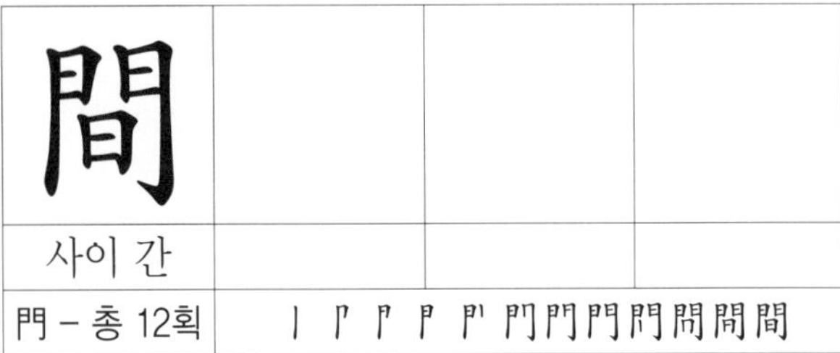

· 間食(간식)

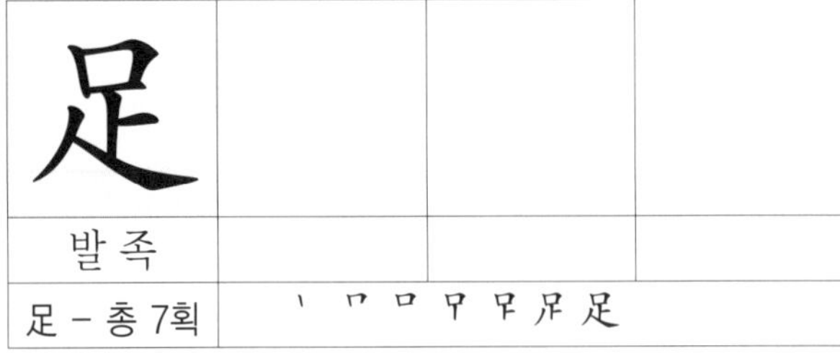

· 不足(부족) · 상대 · 반의어 : 手(손 수)

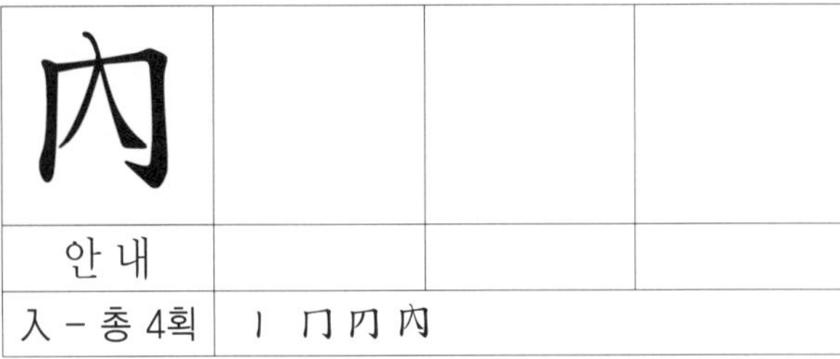

· 內衣(내의) · 상대 · 반의어 : 外(바깥 외)

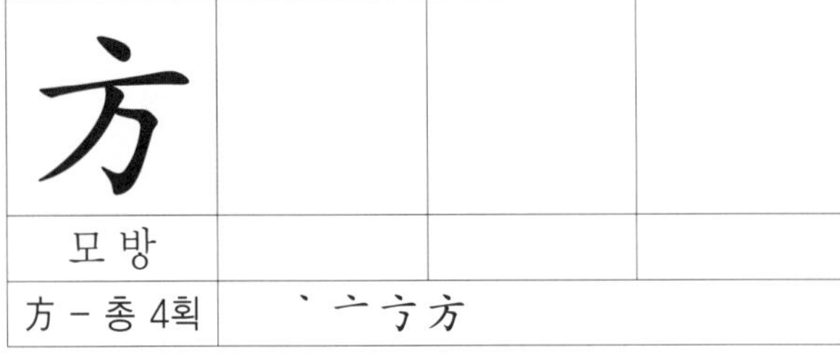

· 四方(사방) · 동음이의어 : 放(놓을 방)

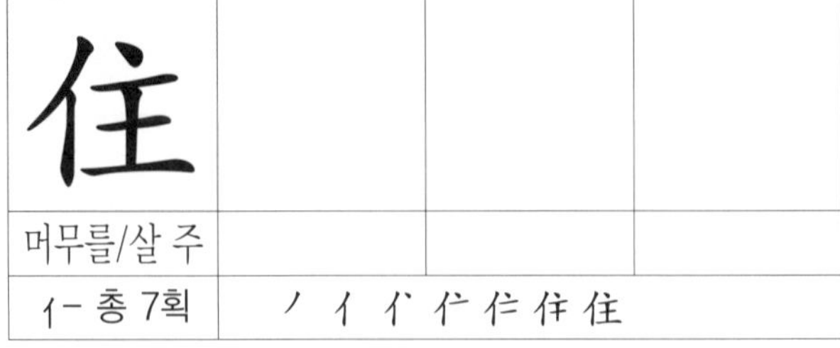

· 住民(주민) · 동음이의어 : 主(주인 주)

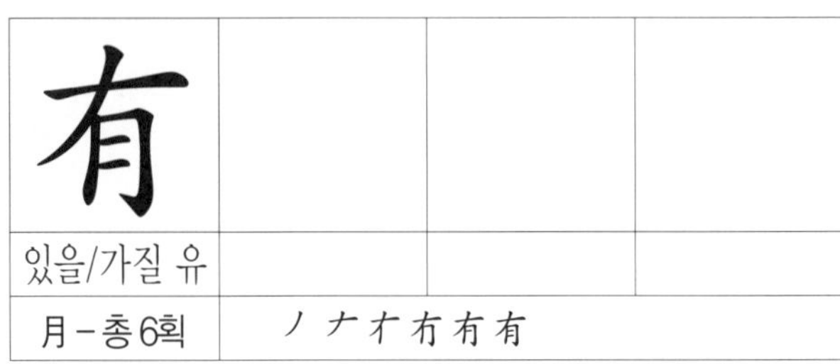

· 有明(유명)

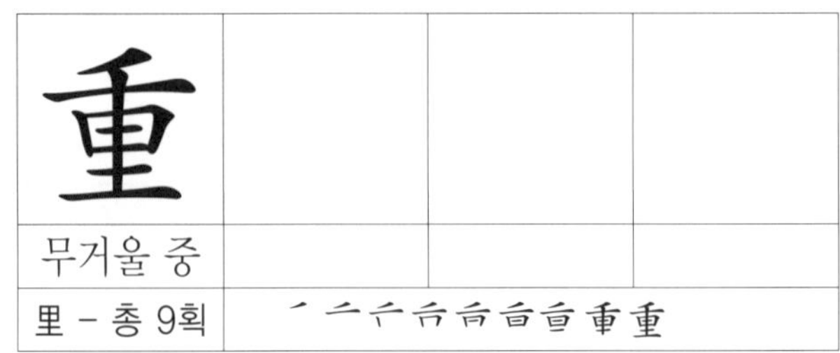

· 重力(중력) · 동음이의어 : 中(가운데 중)

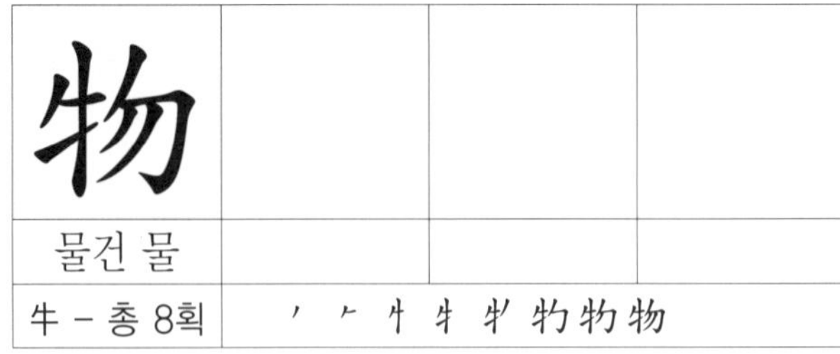

· 動物(동물)

· 共同(공동) · 동음이의어 : 冬(겨울 동)

월 일 확인:

필순에 따라 한자를 써 보세요.

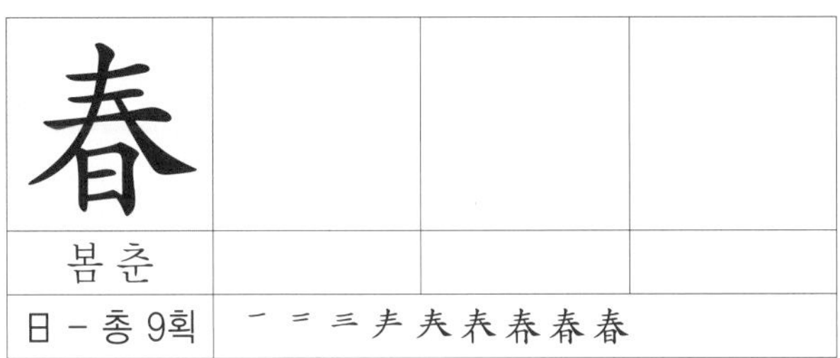

· 立春(입춘) · 상대 · 반의어 : 秋(가을 추)

然

그럴 연

灬 – 총 12획

· 自然(자연)

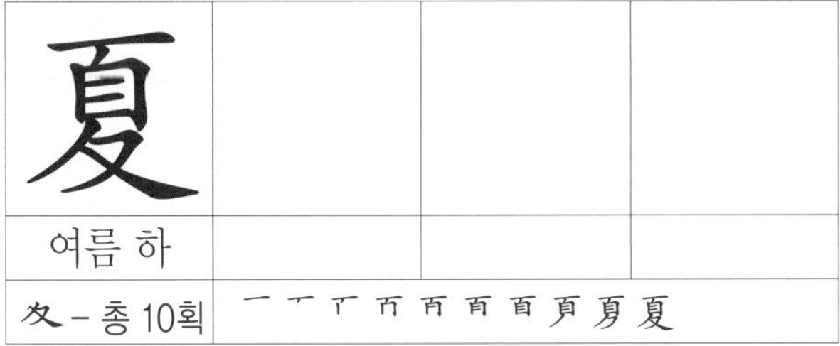

· 春夏秋冬(춘하추동) · 상대 · 반의어 : 冬(겨울 동)

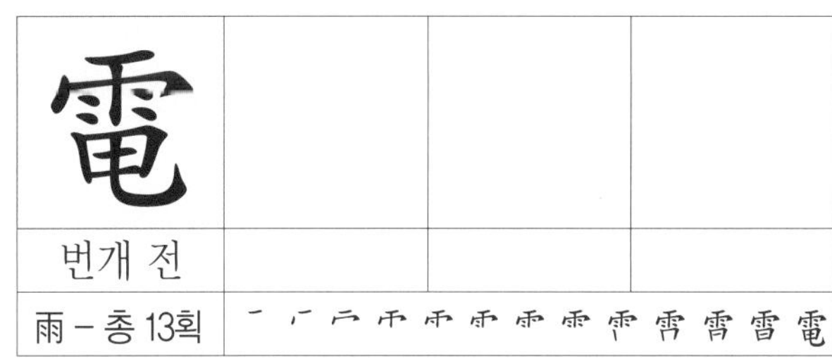

· 電話(전화) · 동음이의어 : 全(온전할 전), 前(앞 전)

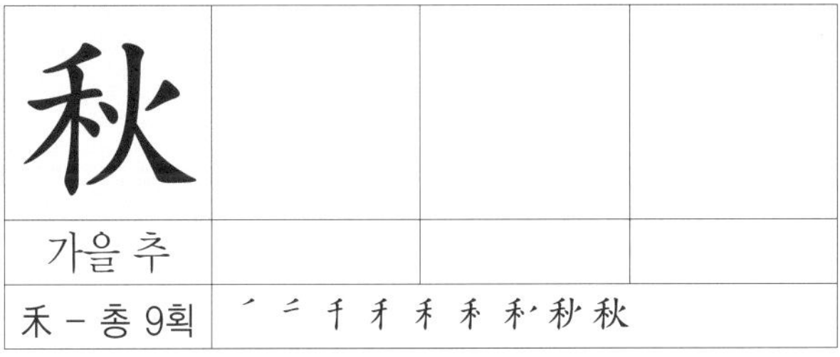

· 秋夕(추석) · 상대 · 반의어 : 春(봄 춘)

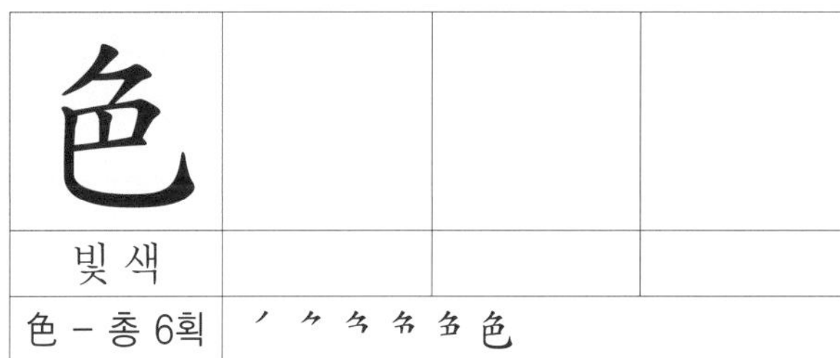

· 靑色(청색)

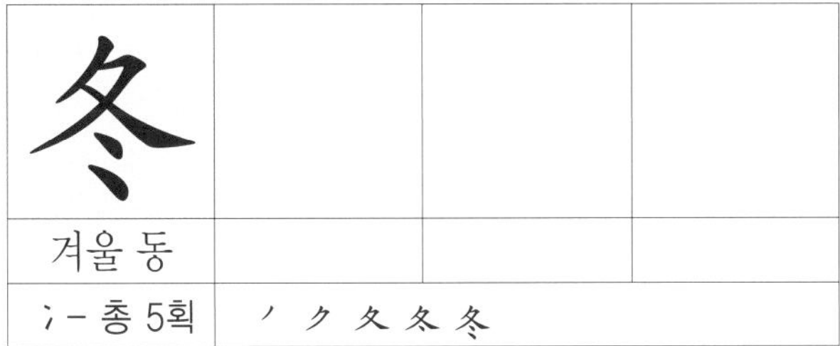

· 冬服(동복) · 동음이의어 : 同(한가지 동), 東(동녘 동)

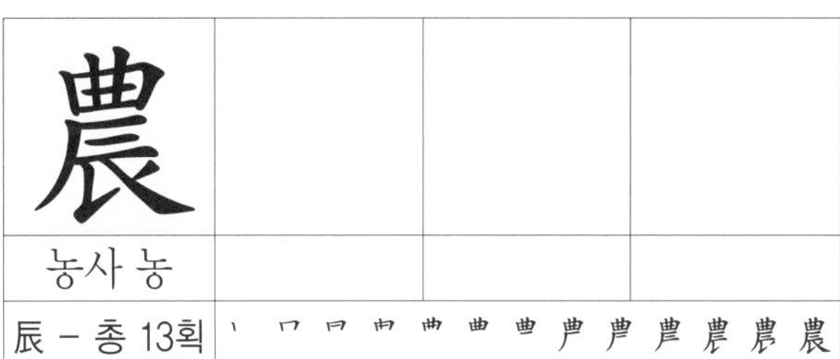

· 農村(농촌)

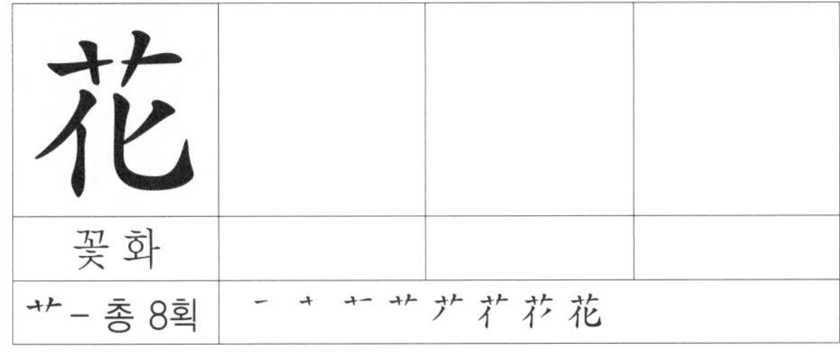

· 花草(화초) · 동음이의어 : 火(불 화), 和(화합할 화)

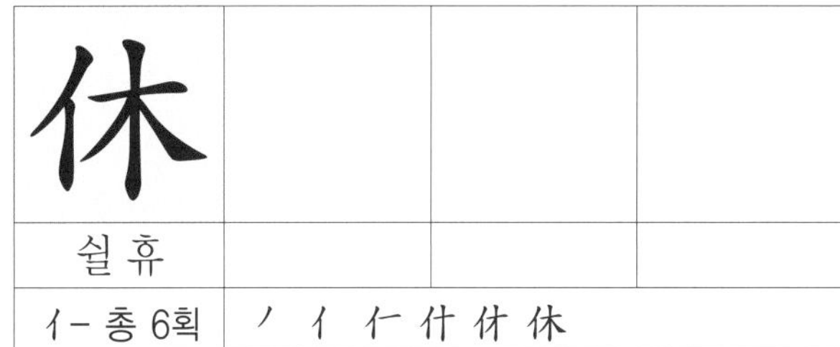

· 休日(휴일)

월 일 확인:

빈 칸에 한자를 써 보세요.

角	뿔 각	角 - 총 7획	角度(각도)
各	각각 각	口 - 총 6획	各色(각색)
感	느낄 감	心 - 총 13획	感情(감정)
强	강할 강	弓 - 총 12획	强弱(강약)
開	열 개	門 - 총 12획	開學(개학)
京	서울 경	亠 - 총 8획	上京(상경)
界	경계 계	田 - 총 9획	世界(세계)
計	계산할 계	言 - 총 9획	計算(계산)
高	높을 고	高 - 총 10획	高速(고속)

빈 칸에 한자를 써 보세요.

苦 쓸 고	苦							
艹 - 총 9획	苦難(고난)							
古 옛 고	古							
口 - 총 5획	古代(고대)			상대 · 반의어 : 今(이제 금)				
公 공변될 공	公							
八 - 총 4획	公正(공정)							
功 공/일 공	功							
力 - 총 5획	成功(성공)							
共 함께 공	共							
八 - 총 6획	共用(공용)							
科 과목 과	科							
禾 - 총 9획	科目(과목)			동음이의어 : 課(공부할 과), 過(지날 과)				
果 과실 과	果							
木 - 총 8획	果樹園(과수원)							
光 빛 광	光							
儿 - 총 6획	光線(광선)							
交 사귈 교	交							
亠 - 총 6획	外交(외교)							

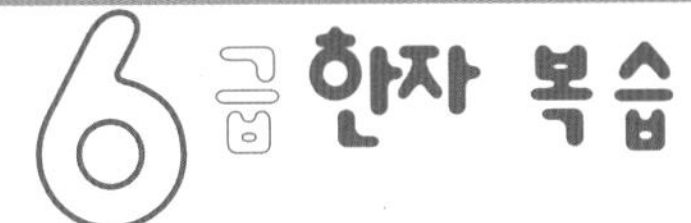

6급 한자 복습

월 일 확인:

빈 칸에 한자를 써 보세요.

球	공 구	王/玉 – 총 11획	電球(전구)	
區	구역 구	匚 – 총 11획	區分(구분)	
郡	고을 군	阝 – 총 10획	郡民(군민)	동음이의어 : 軍(군사 군)
根	뿌리 근	木 – 총 10획	根本(근본)	
近	가까울 근	辶 – 총 8획	近方(근방)	상대 · 반의어 : 遠(멀 원)
今	이제 금	人 – 총 4획	今年(금년)	상대 · 반의어 : 古(옛 고)
急	급할 급	心 – 총 9획	性急(성급)	
級	등급 급	糸 – 총 10획	學級(학급)	
多	많을 다	夕 – 총 6획	多讀(다독)	상대 · 반의어 : 少(적을 소)

월 일 확인:

빈 칸에 한자를 써 보세요.

短 짧을 단 矢 - 총 12획	短 長短(장단)							
堂 집 당 土 - 총 11획	堂 食堂(식당)							
代 대신할 대 亻 - 총 5획	代 代表(대표)							
對 대할 대 寸 - 총 14획	對 對答(대답)							
待 기다릴 대 彳 - 총 9획	待 待合室(대합실)							
圖 그림 도 口 - 총 14획	圖 地圖(지도)							
度 법도 도/잴 탁 广 - 총 9획	度 溫度(온도)							
讀 읽을 독 言 - 총 22획	讀 讀書(독서)							
童 아이 동 立 - 총 12획	童 童話(동화)							

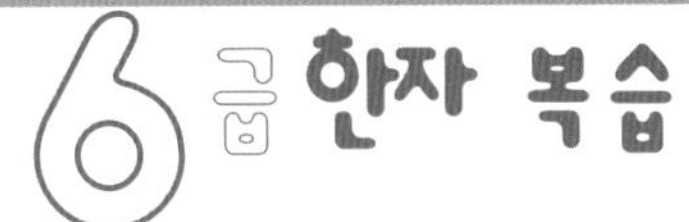

월 일 확인:

빈 칸에 한자를 써 보세요.

頭	머리 두	頁 - 총 16획	頭	· 先頭(선두)
等	무리 등	竹 - 총 12획	等	等級(등급)
樂	즐거울 락, 음악 악, 좋아할 요	木 - 총 15획	樂	音樂(음악)
例	법식 례/예	亻 - 총 8획	例	事例(사례)
禮	예도 례/예	示 - 총 18획	禮	禮節(예절)
路	길 로	足 - 총 13획	路	道路(도로)
綠	푸를 록/녹	糸 - 총 14획	綠	常綠樹(상록수)
理	다스릴 리	王/玉 - 총 11획	理	理由(이유)
利	이로울 리	刂 - 총 7획	利	便利(편리)

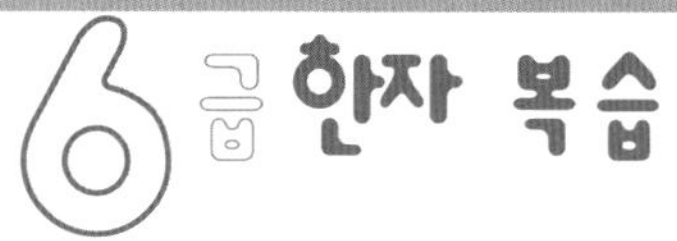

월 일 확인:

빈 칸에 한자를 써 보세요.

李 오얏 리 木 - 총 7획	李 李氏(이씨)
明 밝을 명 日 - 총 8획	明 明堂(명당)
目 눈 목 目 - 총 5획	目 題目(제목)
聞 들을 문 耳 - 총 14획	聞 新聞(신문) 동음이의어 : 文(글월 문), 問(물을 문)
米 쌀 미 米 - 총 6획	米 米飮(미음)
美 아름다울 미 羊 - 총 9획	美 美人(미인)
朴 성 박 木 - 총 6획	朴 朴氏(박씨)
反 돌이킬 반 又 - 총 4획	反 反省(반성)
半 반 반 十 - 총 5획	半 過半(과반)

빈 칸에 한자를 써 보세요.

班 나눌 반	王/玉 - 총 10획	班長(반장)
發 필 발	癶 - 총 12획	發射(발사)
放 놓을 방	攵 - 총 8획	開放(개방)
番 차례 번	田 - 총 12획	番號(번호)
別 다를 별	刂 - 총 7획	區別(구별)
病 병 병	疒 - 총 10획	病院(병원)
服 옷 복	月 - 총 8획	洋服(양복)
本 근본 본	木 - 총 5획	本土(본토)
部 거느릴 부	阝/邑 - 총 11획	一部(일부)

빈 칸에 한자를 써 보세요.

分 나눌 분	分								
刀 - 총 4획	區分(구분)								
社 모일 사	社								
示 - 총 8획	會社(회사)								
使 부릴 사	使								
亻/人 - 총 8획	使用(사용)								
死 죽을 사	死								
死 - 총 6획	九死一生(구사일생)				상대 · 반의어 : 活(살 활), 生(날 생)				
書 책 / 글 서	書								
日 - 총 10획	· 書店(서점)				동음이의어 : 西(서녘 서)				
石 돌 석	石								
石 - 총 5획	· 石油(석유)								
席 자리 석	席								
巾 - 총 10획	參席(참석)								
線 선 선	線								
糸 - 총 15획	曲線(곡선)								
雪 눈 설	雪								
雨 - 총 11획	雪花(설화)								

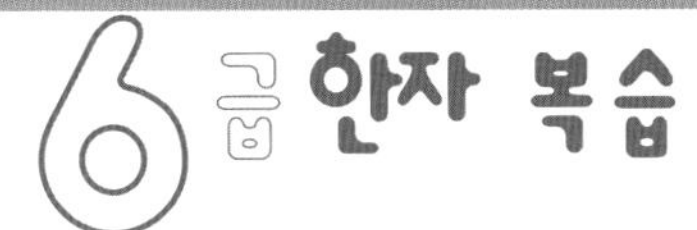

월 일 확인:

빈 칸에 한자를 써 보세요.

成	이룰 성	戈 - 총 6획	成功(성공)
省	살필 성/ 덜 생	目 - 총 9획	自省(자성)
消	사라질 소	氵/水- 총 10획	消火(소화)
速	빠를 속	辶 - 총 11획	速度(속도), 高速(고속)
孫	손자 손	子 - 총 10획	孫子(손자) 상대 · 반의어 : 祖(할아버지 조)
樹	나무 수	木 - 총 16획	植樹(식수)
術	재주 술	行 - 총 11획	美術(미술)
習	익힐 습	羽 - 총 11획	鍊習(연습)
勝	이길 승	力 - 총 12획	勝利(승리), 百戰百勝(백전백승)

6급 한자 복습

월 일 확인:

빈 칸에 한자를 써 보세요.

始	비로소 시	女 – 총 8획	始	原始人(원시인)
式	법 식	弋 – 총 6획	式	禮式(예식)
信	믿을 신	亻/人– 총 9획	信	書信(서신)
身	몸 신	身 – 총 7획	身	身長(신장), 身體(신체)
新	새로울 신	斤 – 총 13획	新	新入(신입)
神	신 신	示 – 총 10획	神	神童(신동)
失	잃을 실	大 – 총 5획	失	失手(실수) 동음이의어 : 實(열매 실), 室(집 실)
愛	사랑 애	心 – 총 13획	愛	愛國(애국), 愛情(애정)
野	들 야	里 – 총 11획	野	野山(야산), 野球(야구)

월 일 확인:

빈 칸에 한자를 써 보세요.

夜 밤 야	夕 – 총 8획	夜間(야간)	상대 · 반의어 : 晝(낮 주)
弱 약할 약	弓 – 총 10획	弱小國(약소국)	상대 · 반의어 : 强(강할 강)
藥 약 약	++ – 총 19획	藥局(약국), 藥草(약초)	동음이의어 : 約(맺을 약)
洋 큰바다 양	氵/水– 총 9획	西洋(서양)	
陽 볕 양	阝 – 총 11획	夕陽(석양), 陽地(양지)	
言 말씀 언	言 – 총 7획	言行(언행)	
業 일 업	木 – 총 13획	事業(사업)	
英 꽃부리 영	++ – 총 9획	英才(영재)	
永 길 영	水 – 총 5획	永遠(영원)	

월 일 확인:

빈 칸에 한자를 써 보세요.

溫 따뜻할 온	溫
氵/水- 총 13획	溫水(온수), 溫度(온도)
勇 용감할 용	勇
力 - 총 9획	勇氣(용기)
用 쓸 용	用
用 - 총 5획	所用(소용)
運 움직일 운	運
辶 - 총 13획	幸運(행운)
園 동산 원	園
口 - 총 13획	庭園(정원) · 公園(공원)
遠 멀 원	遠
辶 - 총 14획	遠大(원대) 상대 · 반의어 : 近(가까울 근)
由 말미암을 유	由
田 - 총 5획	理由(이유) · 由來(유래) 동음이의어 : 有(있을 유), 油(기름 유)
油 기름 유	油
氵/水- 총 8획	注油所(주유소)
銀 은 은	銀
金 - 총 14획	銀行(은행)

월 일 확인:

빈 칸에 한자를 써 보세요.

音	소리 음	音 - 총 9획	高音(고음) · 讀音(독음)	
飮	마실 음	食 - 총 13획	飮食(음식)	
意	뜻 의	心 - 총 13획	意志(의지) · 合意(합의)	
醫	의원 의	酉 - 총 18획	醫學(의학)	동음이의어 : 意(뜻 의), 衣(옷 의)
衣	옷 의	衣 - 총 6획	衣服(의복)	
者	놈 자	老 - 총 9획	記者(기자)	동음이의어 : 子(아들 자), 自(스스로 자)
昨	어제 작	日 - 총 9획	昨年(작년)	
作	지을 작	人 - 총 7획	作家(작가)	동음이의어 : 昨(어제 작)
章	글 장	立 - 총 11획	圖章(도장)	동음이의어 : 長(길 장), 場(마당 장)

빈 칸에 한자를 써 보세요.

한자	예시	동음이의어 · 상대 · 반의어
才 재주 재 (才 - 총 3획)	天才(천재)	
在 있을 재 (土 - 총 6획)	現在(현재) · 在學(재학)	동음이의어 : 才(재주 재)
戰 싸울 전 (戈- 총 16획)	作爭(작전)	
庭 뜰 정 (广 - 총 10획)	校庭(교정)	동음이의어 : 正(바를 정), 定(정할 정)
定 정할 정 (宀 - 총 8획)	安定(안정)	
第 차례 제 (⺮ - 총 11획)	第一(제일)	
題 제목 제 (頁 - 총 18획)	主題(주제)	동음이의어 : 弟(아우 제), 第(차례 제)
朝 아침 조 (月 - 총 12획)	朝夕(조석)	상대 · 반의어 : 夕(저녁 석)
族 겨레 족 (方 - 총 11획)	家族(가족)	동음이의어 : 足(발 족)

빈 칸에 한자를 써 보세요.

注 물댈 주	注							
水 – 총 8획	注目(주목)			동음이의어 : 主(주인 주), 住(살 주), 晝(낮 주)				
晝 낮 주	晝							
日 – 총11획	晝間(주간)			상대 · 반의어 : 夜(밤 야)				
集 모일 집	集							
隹 – 총 12획	集會(집회)							
窓 창 창	窓							
穴 – 총 11획	窓口(창구)							
淸 맑을 청	淸							
水 – 총 11획	食堂(식당)							
體 몸 체	體							
骨 – 총 23획	體育(체육)							
親 친할 친	親							
見 – 총 16획	親舊(친구) · 親庭(친정)							
太 클 태	太							
大 – 총 4획	太陽(태양)							
通 통할 통	通							
辶 – 총 11획	通話(통화) · 通路(통로)							

월 일 확인:

빈 칸에 한자를 써 보세요.

特	특별할 특	牛 - 총 10획	特別(특별)
表	겉 표	衣 - 총 8획	表示(표시) · 表面(표면)
風	바람 풍	風 - 총 9획	風車(풍차) · 風聞(풍문)
合	합할 합	口 - 총 6획	合計(합계)
幸	다행 행	干 - 총 8획	多幸(다행) · 不幸(불행)
行	행할 행	行 - 총 6획	行動(행동) · 行軍(행군)
向	향할 향	口 - 총 6획	方向(방향) · 向學(향학)
現	이제/나타날 현	王/玉 - 총 11획	現在(현재)
形	드러날 형	彡 - 총 7획	形體(형체) · 形式(형식) 동음이의어 : 兄(형 형)

월 일 확인:

빈 칸에 한자를 써 보세요.

한자								
號 부를 호	號							
虍 - 총 13획	國號(국호)							
和 화합할 화	和							
口 - 총 8획	調和(조화) · 和答(화답) 동음이의어 : 火(불 화), 花(꽃 화), 畫(그림 화)							
畫 그림 화	畫							
田 - 총 14획	畫家(화가)							
黃 누를 황	黃							
黃 - 총 12획	黃金(황금)							
會 모일 회	會							
日 - 총 13획	會話(회화)							
訓 가르칠 훈	訓							
言 - 총 10획	訓長(훈장) · 訓育(훈육)							

빈 칸에 한자를 써 보세요.

價 값 가	價								
亻/人 - 총 15획	定價(정가), 價格(가격)								
可 옳을 가	可								
口 - 총 5획	可能(가능), 可決(가결)								
加 더할 가	加								
力 - 총 5획	加算(가산), 加重(가중)								
改 고칠 개	改								
攵 - 총 7획	改善(개선)				동음이의어 : 開(열 개)				
客 손 객	客								
宀 - 총 9획	客席(객석), 客車(객차)				상대 · 반의어 : 主(주인 주)				
擧 들 거	擧								
手 - 총 18획	擧動(거동), 擧事(거사)				동음이의어 : 車(수레 거)				
去 갈 거	去								
厶 - 총 5획	過去(과거), 去來(거래)				상대 · 반의어 : 來(올 래)				
建 세울 건	建								
廴 - 총 9획	建國(건국), 建設(건설)				동음이의어 : 件(물건 건), 健(굳셀 건)				
件 물건 건	件								
亻/人 - 총 6획	物件(물건), 事件(사건)								

5급 한자 복습

월　일 확인:

빈 칸에 한자를 써 보세요.

健	굳셀 건	亻/人 - 총 11획	健全(건전)	
格	격식 격	木 - 총 10획	格言(격언), 合格(합격)	
見	볼 견	見 - 총 7획	見學(견학), 見聞(견문)	유의어 : 觀(볼 관), 示(보일 시)
決	결단할 결	氵/水 - 총 7획	決定(결정), 決心(결심)	
結	맺을 결	糸 - 총 12획	結果(결과), 結末(결말)	
敬	공경 경	攵 - 총 13획	敬老(경로), 敬禮(경례)	
景	볕 경	日 - 총 12획	景觀(경관)	
輕	가벼울 경	車 - 총 14획	輕重(경중), 輕動(경동)	상대 · 반의어 : 重(무거울 중)
競	다툴 경	立 - 총 20획	競技(경기)	유의어 : 爭(다툴 쟁), 戰(싸움 전)

빈 칸에 한자를 써 보세요.

告	고할 고	口 – 총 7획	廣告(광고), 告發(고발)	
考	생각할 고	老– 총 6획	思考(사고), 再考(재고)	유의어 : 思(생각 사)
固	굳을 고	口– 총 10획	固定(고정), 固有(고유)	
曲	굽을 곡	日 – 총 6획	曲調(곡조), 作曲(작곡)	
課	공부할/과정 과	言 – 총 15획	日課(일과), 課長(과장)	동음이의어 : 科(과목 과), 果(실과 과)
過	지날/허물 과	辶 – 총 13획	過去(과거), 過失(과실)	유의어 : 去(갈 거), 失(잃을 실)
關	관계할 관	門– 총 19획	關係(관계), 關門(관문)	
觀	볼 관	見 – 총 25획	觀客(관객), 觀念(관념)	
廣	넓을 광	广 – 총 15획	廣場(광장), 廣告(광고)	동음이의어 : 光(빛 광)

5급 한자 복습

월 일 확인:

빈 칸에 한자를 써 보세요.

橋 다리 교 (木 - 총 16획)	橋	陸橋(육교)	동음이의어 : 交(사귈 교), 校(학교 교)
舊 예 구 (臼 - 총 18획)	舊	親舊(친구), 舊式(구식)	유의어 : 古(옛 고)
具 갖출 구 (八부 - 총 8획)	具	道具(도구), 家具(가구)	
救 구원할 구 (攵 - 총 11획)	救	救命(구명), 救國(구국)	
局 판 국 (尸 - 총 7획)	局	局面(국면), 局地(국지)	동음이의어 : 國(나라 국)
貴 귀할 귀 (貝 - 총 9획)	貴	貴下(귀하), 貴重(귀중)	
規 법 규 (見 - 총 11획)	規	規格(규격), 規約(규약)	유의어 : 法(법 법), 則(법칙 칙), 式(법 식)
給 줄 급 (糸 - 총 12획)	給	給食(급식), 月給(월급)	
己 몸 기 (己 - 총 16획)	己	自己(자기), 己未(기미)	

월 일 확인:

빈 칸에 한자를 써 보세요.

基 터 기	基
土 - 총 11획	基本(기본), 基金(기금)
技 재주 기	技
手 - 총 7획	特技(특기), 球技(구기) 유의어 : 術(재주 술)
汽 물끓는 김 기	汽
氵/水 - 총 7획	汽船(기선), 汽車(기차)
期 기약할 기	期
月 - 총 12획	期間(기간), 期約(기약)
吉 길할 길	吉
口 - 총 6획	吉日(길일) 상대 · 반의어 : 凶(흉할 흉)
念 생각 념	念
心 - 총 8획	觀念(관념), 通念(통념)
能 능할 능	能
月/肉 - 총 10획	能力(능력), 不能(불능)
團 둥글 단	團
口 - 총 14획	團結(단결), 集團(집단)
壇 단 단	壇
土 - 총 16획	壇上(단상), 花壇(화단)

월 일 확인:

빈 칸에 한자를 써 보세요.

한자	훈음	부수 – 총 획수	용례	유의어 · 상대 · 반의어
談	말씀 담	言 – 총 15획	面談(면담), 談話(담화)	유의어 : 語(말씀 어), 話(말씀 화), 說(말씀 설)
當	마땅 당	田 – 총 13획	當然(당연), 當身(당신)	상대 · 반의어 : 落(떨어질 락)
德	큰 덕	彳 – 총 15획	德談(덕담), 道德(도덕)	
到	이를 도	刂/刀 – 총 8획	到着(도착), 到來(도래)	유의어 : 着(붙을 착)
島	섬 도	山 – 총 10획	島民(도민), 半島(반도)	
都	도읍 도	阝/邑 – 총 12획	都市(도시), 都邑(도읍)	
獨	홀로 독	犭/犬 – 총 16획	獨子(독자), 獨立(독립)	
落	떨어질 락/낙	艹 – 총 13획	落下(낙하), 落心(낙심)	
朗	밝을 랑	月 – 총 11획	明朗(명랑), 朗讀(낭독)	

월 일 확인:

빈 칸에 한자를 써 보세요.

冷	찰 랭	冫/氷 - 총 7획	冷情(냉정), 冷水(냉수)	상대 · 반의어 : 熱(더울 열), 溫(따뜻할 온)
良	어질 량	艮 - 총 7획	善良(선량)	
量	헤아릴 량	里 - 총 12획	分量(분량), 計量(계량)	유의어 : 料(헤아릴 료)
旅	나그네 려	方 - 총 10획	旅行(여행), 旅客(여객)	
歷	지날 력/역	止- 총 16획	歷史(역사), 歷代(역대)	
練	익힐 련/연	糸 - 총 15획	鍊習(연습), 訓鍊(훈련)	유의어 : 習(익힐 습)
領	거느릴 령	頁 - 총 14획	領空(영공), 領海(영해)	동음이의어 : 令(하여금 령)
令	하여금 령	亻/人- 총 5획	命令(명령)	
勞	일할 로	力 - 총 12획	勞力(노력), 勞苦(노고)	상대 · 반의어 : 使(부릴 사)

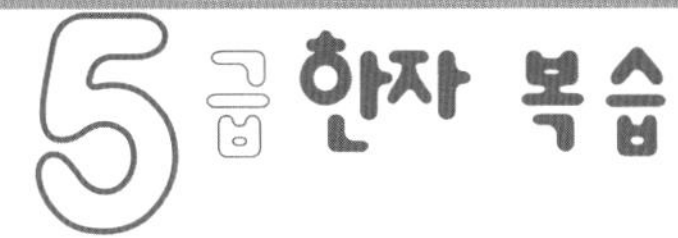

빈 칸에 한자를 써 보세요.

料 헤아릴 료/요	料							
斗 – 총 10획	料金(요금), 料理(요리)							
類 무리 류	類							
頁– 총 19획	部類(부류), 人類(인류)							
流 흐를 류	流							
氵/水 – 총 10획	流行(유행), 流水(유수)							
陸 뭍 륙/육	陸							
阝/阜 – 총 10획	陸地(육지), 陸軍(육군)				상대 · 반의어 : 海(바다 해)			
馬 말 마	馬							
馬 – 총 5획	馬夫(마부), 競馬(경마)							
末 끝 말	末							
木 – 총 5획	年末(연말)				유의어 : 終(마칠 종), 卒(마칠 졸)			
望 바랄 망	望							
月 – 총 11획	望月(망월), 所望(소망)							
亡 망할 망	亡							
亠 – 총 3획	死亡(사망), 亡命(망명)							
賣 팔 매	賣							
貝 – 총 15획	賣買(매매), 賣國(매국)				상대 · 반의어 : 買(살 매)			

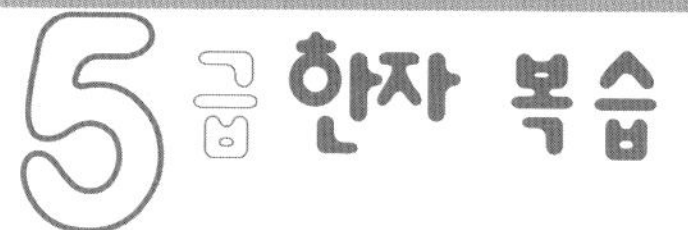

월 일 확인:

빈 칸에 한자를 써 보세요.

買	살 매	貝 – 총 12획	買入(매입)	상대 · 반의어 : 賣(팔 매)
無	없을 무	灬/火– 총 12획	無形(무형), 無能(무능)	상대 · 반의어 : 有(있을 유)
倍	곱 배	亻/人– 총 10획	倍加(배가), 倍數(배수)	
法	법 법	氵/水 – 총 8획	無法(무법), 法院(법원)	유의어 : 規(법 규), 則(법칙 칙), 式(법 식)
變	변할 변	言 – 총 23획	變動(변동), 變色(변색)	
兵	병사 병	八 – 총 7획	兵法(병법), 兵士(병사)	유의어 : 卒(병사/마칠 졸)
福	복 복	示 – 총 14획	福音(복음), 福利(복리)	
奉	받들 봉	大 – 총 8획	信奉(신봉)	
比	견줄 비	比 – 총 4획	對比(대비)	

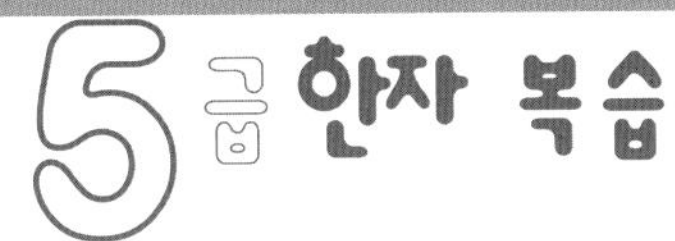

월 일 확인:

빈 칸에 한자를 써 보세요.

鼻 코 비	鼻							
鼻 – 총 14획	鼻音(비음)							
費 쓸 비	費							
貝 – 총 12획	費用(비용), 消費(소비)							
氷 얼음 빙	氷							
水 – 총 5획	氷河(빙하), 氷山(빙산)							
仕 섬길 사	仕							
亻/人 – 총 5획	奉仕(봉사), 出仕(출사) 비슷한 모양의 한자 : 任(맡길 임)							
士 선비 사	士							
士 – 총 3획	名士(명사), 士林(사림) 비슷한 모양의 한자 : 土(흙 토)							
史 사기 사	史							
口 – 총 5획	史書(사서), 史記(사기)							
思 생각 사	思							
心 – 총 9획	思考(사고), 意思(의사)							
寫 베낄 사	寫							
宀 – 총 9획	寫本(사본), 筆寫(필사)							
査 조사할 사	査							
木 – 총 15획	調査(조사), 內査(내사)							

빈 칸에 한자를 써 보세요.

産 낳을 산 (生 - 총 11획)	産母(산모), 産後(산후)	유의어 : 生(날 생)
相 서로 상 (目 - 총 9획)	相對(상대)	
商 장사 상 (口 - 총 11획)	商業(상업), 商高(상고)	
賞 상줄 상 (貝- 총 15획)	賞金(상금), 入賞(입상)	
序 차례 서 (广 - 총 7획)	序文(서문), 順序(순서)	유의어 : 第(차례 제)
仙 신선 선 (亻/人 - 총 5획)	神仙(신선), 仙女(선녀)	
鮮 고울 선 (魚 - 총 17획)	生鮮(생선), 新鮮(신선)	
善 착할 선 (口 - 총 12획)	善行(선행), 親善(친선)	상대 · 반의어 : 惡(악할 악)
船 배 선 (舟 - 총 11획)	船主(선주), 船長(선장)	

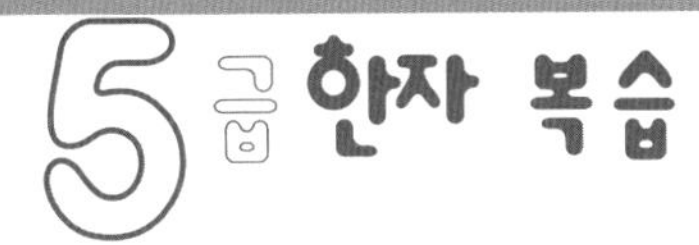

월 일 확인:

빈 칸에 한자를 써 보세요.

한자	훈음	부수 - 총획	낱말	유의어
選	가릴 선	辶 - 총 16획	選出(선출), 選擧(선거)	
說	말씀 설/달랠 세/기쁠 열	言 - 총 14획	說明(설명)	話(말씀 화), 談(말씀 담), 語(말씀 어)
性	성품 성	忄/心 - 총 8획	性格(성격), 天性(천성)	
歲	해 세	止 - 총 13획	歲月(세월), 年歲(연세)	年(해 년)
洗	씻을 세	氵/水 - 총 9획	洗面(세면)	
束	묶을 속	木 - 총 7획	束手(속수)	
首	머리 수	首 - 총 9획	首相(수상), 首都(수도)	頭(머리 두)
宿	잘 숙/별자리 수	宀 - 총 11획	宿所(숙소), 宿命(숙명)	
順	순할 순	頁 - 총 12획	順理(순리), 順序(순서)	

빈 칸에 한자를 써 보세요.

示 보일 시	示								
示 – 총 5획	告示(고시), 訓示(훈시)				유의어 : 見(볼 견)				
識 알 식/가르칠 지	識								
言 – 총 19획	有識(유식), 識別(식별)				유의어 : 知(알 지)				
臣 신하 신	臣								
臣 – 총 6획	臣下(신하), 功臣(공신)								
實 열매 실	實								
宀 – 총 14획	果實(과실), 實名(실명)				유의어 : 果(실과 과)				
兒 아이 아	兒								
儿 – 총 8획	兒童(아동), 小兒(소아)				유의어 : 童(아이 동)				
惡 악할 악/미워할 오	惡								
心 – 총 12획	善惡(선악)				상대 · 반의어 : 善(착할 선)				
案 책상 안	案								
木 – 총 10획	案件(안건), 考案(고안)				동음이의어 : 安(편안할 안)				
約 맺을 약	約								
糸 – 총 9획	約束(약속), 約定(약정)				동음이의어 : 弱(약할 약), 藥(약 약)				
養 기를 양	養								
食 – 총 15획	養育(양육), 養子(양자)				유의어 : 育(기를 육)				

월 일 확인:

빈 칸에 한자를 써 보세요.

魚	고기/물고기 어	魚 - 총 11획	魚	魚物(어물), 魚類(어류)	동음이의어 : 語(말씀 어)
漁	고기잡을 어	氵/水 - 총 14획	漁	漁夫(어부), 漁場(어장)	
億	억 억	亻/人 - 총 15획	億	億年(억년)	
熱	더울 열	灬/火 - 총 15획	熱	熱望(열망), 熱氣(열기)	상대 · 반의어 : 寒(찰 한), 冷(찰 랭)
葉	잎 엽	艹 - 총 13획	葉	落葉(낙엽), 中葉(중엽)	
屋	집 옥	尸 - 총 9획	屋	屋上(옥상), 家屋(가옥)	유의어 : 家(집 가), 室(집 실). 宅(집 택/댁)
完	완전할 완	宀 - 총 7획	完	完決(완결), 完全(완전)	유의어 : 全(온전 전)
要	요긴할 요	襾 - 총 9획	要	重要(중요), 要件(요건)	
曜	빛날 요	日 - 총 18획	曜	曜日(요일), 日曜日(일요일)	

빈 칸에 한자를 써 보세요.

浴	목욕할 욕	氵/水 - 총 10획	浴	浴室(욕실), 溫浴(온욕)	
雨	비 우	雨 - 총 8획	雨	雨期(우기), 雨衣(우의)	
友	벗 우	又 - 총 4획	友	友情(우정), 交友(교우)	
牛	소 우	牛 - 총 4획	牛	牛車(우차), 牛馬(우마)	비슷한 모양의 한자 : 午(낮 오)
雲	구름 운	雨 - 총 12획	雲	雲集(운집), 雲海(운해)	
雄	수컷 웅	隹 - 총 12획	雄	雄大(웅대), 英雄(영웅)	
元	으뜸 원	儿 - 총 4획	元	元氣(원기), 元首(원수)	동음이의어 : 園(동산 원)
願	원할 원	頁 - 총 19획	願	願書(원서), 念願(염원)	
原	언덕 원	厂 - 총 10획	原	原本(원본), 原理(원리)	

빈 칸에 한자를 써 보세요.

院 집 원	院								
阝 - 총 10획	病院(병원), 院長(원장)				동음이의어 : 源(근원 원), 圓(둥글 원)				
偉 클 위	偉								
亻/人 - 총 11획	偉人(위인), 偉大(위대)				유의어 : 大(큰 대)				
位 자리 위	位								
亻/人 - 총 7획	順位(순위), 方位(방위)								
以 써 이	以								
人 - 총 5획	以上(이상), 所以(소이)								
耳 귀 이	耳								
耳 - 총 6획	耳目(이목)								
因 인할 인	因								
口 - 총 6획	原因(원인), 因習(인습)								
任 맡길 임	任								
亻/人 - 총 6획	任命(임명)								
財 재물 재	財								
貝 - 총 10획	財産(재산), 財物(재물)								
材 재목 재	材								
木 - 총 7획	材料(재료), 教材(교재)								

월 일 확인:

빈 칸에 한자를 써 보세요.

災	재앙 재	火 - 총 7획	火災(화재), 天災(천재)	동음이의어 : 才(재주 재), 財(재물 재), 在(있을 재)
再	두 재	冂 - 총 6획	再建(재건), 再考(재고)	
爭	다툴 쟁	爪 - 총 8획	戰爭(전쟁), 競爭(경쟁)	유의어 : 競(다툴 경), 戰(싸움 전)
貯	쌓을 저	貝 - 총 12획	貯金(저금), 貯水(저수)	
的	과녁 적	白 - 총 8획	公的(공적), 的中(적중)	
赤	붉을 적	赤 - 총 7획	赤旗(적기), 赤色(적색)	상대 · 반의어 : 靑(푸를 청)
典	법 전	八 - 총 8획	法典(법전)	
傳	전할 전	亻/人 - 총 13획	口傳(구전), 傳說(전설)	동음이의어 : 前 (앞 전), 電 (번개 전), 全 (온전 전)
展	펼 전	尸 - 총 10획	展示(전시), 展望(전망)	동음이의어 : 戰 (싸움 전), 典 (법 전), 傳 (전할 전)

월 일 확인:

빈 칸에 한자를 써 보세요.

節 마디 절	節	竹 – 총 15획	關節(관절), 節約(절약)	
切 끊을 절/온통 체	切	刀 – 총 9획	一切(일체)	동음이의어 : 節 (마디 절)
店 가게 점	店	广 – 총 18획	書店(서점)	비슷한 모양의 한자 : 席 (자리 석)
情 뜻 정	情	心 – 총 11획	感情(감정), 友情(우정)	비슷한 모양의 한자 : 靑 (푸를 청), 淸 (맑을 청)
停 머무를 정	停	亻/人 – 총 11획	停車(정차), 停止(정지)	유의어 : 止 (그칠 지)
調 고를 조	調	言 – 총 15획	曲調(곡조), 調節(조절)	동음이의어 : 祖 (할아버지 조), 朝 (아침 조)
操 잡을 조	操	扌/手부 – 총 16획	操身(조신), 操心(조심)	동음이의어 : 調 (고를 조)
卒 마칠 졸	卒	十 – 총 8획	卒兵(졸병), 卒業(졸업)	유의어 : 終 (마칠 종)
種 씨 종	種	禾 – 총 14획	種類(종류), 種子(종자)	

월 일 확인:

빈 칸에 한자를 써 보세요.

終	마칠 종	糸/水 - 총 11획	終	終結(종결), 始終(시종)	상대 · 반의어 : 始 (비로소 시)
罪	허물 죄	罒 - 총 13획	罪	罪目(죄목), 罪科(죄과)	
週	주일 주	辶 - 총 12획	週	週末(주말), 週日(주일)	동음이의어 : 住 (살 주), 注 (물댈 주), 晝 (낮 주)
州	고을 주	巛 - 총 6획	州	州郡(주군), 光州(광주)	비슷한 모양의 한자 : 川 (내 천)
知	알 지	矢 - 총 8획	知	知識(지식), 知性(지성)	유의어 : 識 (알 식)
止	그칠 지	止 - 총 4획	止	中止(중지), 停止(정지)	유의어 : 停(머무를 정)
質	바탕 질	貝 - 총 15획	質	性質(성질), 人質(인질)	
着	붙을 착	目- 총 12획	着	到着(도착), 着地(착지)	
參	참여할 참/석 삼	厶- 총 11획	參	參考(참고), 參加(참가)	

5급 한자 복습

월 일 확인:

빈 칸에 한자를 써 보세요.

唱	부를 창	口 - 총 11획	合唱(합창), 獨唱(독창)	
責	꾸짖을 책	貝 - 총 11획	責任(책임), 責望(책망)	
鐵	쇠 철	金 - 총 21획	鐵橋(철교), 鐵馬(철마)	
初	처음 초	刀 - 총 7획	始初(시초), 初代(초대)	유의어 : 始 (비로소 시)
最	가장 최	日- 총 12획	最高(최고), 最善(최선)	
祝	빌 축	示 - 총 10획	祝歌(축가), 祝福(축복)	유의어 : 福 (복 복)
充	채울 충	儿 - 총 6획	充分(충분), 充實(충실)	
致	이를 치	至 - 총 10획	景致(경치), 致死(치사)	
則	법칙 칙/곧 즉	刀 - 총 9획	法則(법칙), 規則(규칙)	

월 일 확인:

빈 칸에 한자를 써 보세요.

打	칠 타	扌/手부 – 총 5획	打者(타자), 打令(타령)	
他	다를 타	亻/人 – 총 5획	他人(타인), 出他(출타)	동음이의어 : 打 (칠 타)
卓	높을 탁	十 – 총 8획	卓子(탁자), 食卓(식탁)	
炭	숯 탄	火 – 총 9획	木炭(목탄), 石炭(석탄)	
宅	집 택/댁	宀 – 총 6획	住宅(주택), 宅地(택지)	
板	널 판	木 – 총 8획	木板(목판), 氷板(빙판)	비슷한 모양의 한자 : 材 (재목 재)
敗	패할 패	攵 – 총 11획	敗北(패배), 勝敗(승패)	상대 · 반의어 : 勝 (이길 승)
品	물건 품	口 – 총 9획	品質(품질), 品格(품격)	
必	반드시 필	心 – 총 5획	必要(필요), 必勝(필승)	비슷한 모양의 한자 : 心 (마음 심)

5급 한자 복습

월 일 확인:

빈 칸에 한자를 써 보세요.

筆	붓 필	竹 – 총 12획	筆記(필기), 筆談(필담)	동음이의어 : 必 (반드시 필)
河	물 하	氵 – 총 8획	河川(하천) , 河口(하구)	유의어 : 江 (강 강)
寒	찰 한	宀 – 총 12획	寒冷(한랭), 寒天(한천)	상대 · 반의어 : 溫 (따뜻할 온)
害	해할 해	宀 – 총 10획	害惡(해악), 風害(풍해)	상대 · 반의어 : 利 (이로울 리)
許	허락할 허	言 – 총 11획	許可(허가), 特許(특허)	
湖	호수 호	水 – 총 12획	湖水(호수), 江湖(강호)	동음이의어 : 號 (부를 호)
化	될 화	匕 – 총 4획	變化(변화), 敎化(교화)	동음이의어 : 火 (불 화), 花 (꽃 화), 話 (말씀 화)
患	근심 환	心 – 총 9획	後患(후환), 病患(병환)	
效	본받을 효	攵 – 총 10획	效果(효과), 效用(효용)	동음이의어 : 孝 (효도 효)

빈 칸에 한자를 써 보세요.

凶 흉할 흉	凶							
凵 - 총 4획	吉凶(길흉), 凶年(흉년)				상대 · 반의어 : 吉 (길할 길)			
黑 검을 흑	黑							
黑 - 총 12획	黑白(흑백), 黑心(흑심)				상대 · 반의어 : 白 (흰 백)			

월 일 확인:

빈 칸에 한자를 써 보세요.

假	거짓 가	亻/人 – 총 11획	假面(가면)
街	거리 가	行 – 총 12획	商街(상가)
減	덜 감	氵/水 – 총 12획	減少(감소)
監	볼 감	皿 – 총 14획	監視(감시)
康	편안 강	广 – 총 11획	健康(건강)
講	욀 강	言 – 총 17획	講堂(강당)
個	낱 개	亻/人 – 총 10획	個性(개성)
檢	검사할 검	木 – 총 17획	檢査(검사)
潔	깨끗할 결	氵/水 – 총 15획	淸潔(청결)

월 일 확인:

빈 칸에 한자를 써 보세요.

缺	이지러질 결	缶 – 총 10획	缺席(결석)
慶	경사 경	心 – 총 15획	慶事(경사)
境	지경 경	土 – 총 14획	國境(국경)
經	지날/ 글 경	糸 – 총 13획	經書(경서)
警	깨우칠 경	言 – 총 20획	警告(경고)
係	맬 계	亻/人 – 총 9획	關係(관계)
故	연고 고	攵/攴 – 총 9획	故鄕(고향)
官	벼슬 관	宀 – 총 8획	官職(관직)
句	글귀 구	口 – 총 5획	文句(문구)

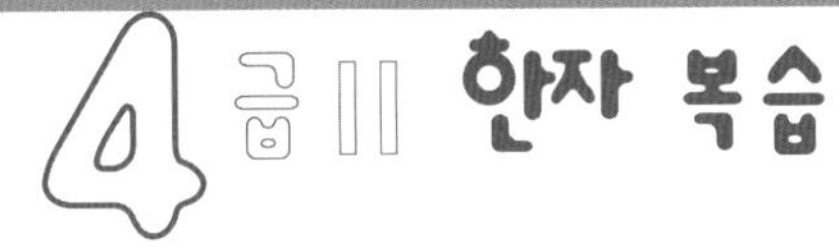

월 일 확인:

빈 칸에 한자를 써 보세요.

求	구할 구	水 – 총 7획	要求(요구)
究	연구할 구	穴 – 총 7획	探究(탐구)
宮	집 궁	宀 – 총 10획	古宮(고궁)
權	권세 권	木 – 총 22획	人權(인권)
極	극진할 극	木– 총 15획	南極(남극)
禁	금할 금	示 – 총 13획	禁止(금지)
器	그릇 기	口 – 총 16획	土器(토기)
起	일어날 기	走 – 총 10획	起動(기동)
暖	따뜻할 난	日 – 총 13획	溫暖(온난)

빈 칸에 한자를 써 보세요.

難 어려울 난 隹 - 총 19획	難 難關(난관)							
努 힘쓸 노 力 - 총 7획	努 努力(노력)							
怒 성낼 노 心 - 총 9획	怒 憤怒(분노)							
單 홑 단 口 - 총 12획	單 單語(단어)							
斷 끊을 단 斤 - 총 18획	斷 斷絕(단절)							
端 끝 단 立 - 총 14획	端 發端(발단)							
檀 박달나무 단 木 - 총 17획	檀 檀紀(단기)							
達 통달할 달 辶 - 총 13획	達 通達(통달)							
擔 멜 담 扌/手 - 총 16획	擔 擔任(담임)							

월 일 확인:

빈 칸에 한자를 써 보세요.

黨	무리 당	黑 – 총 20획	黨爭(당쟁)
帶	띠 대	巾 – 총 11획	革帶(혁대)
隊	무리 대	阝/阜 – 총 12획	部隊(부대)
導	인도할 도	寸 – 총 16획	引導(인도)
毒	독 독	毋 – 총 8획	毒草(독초)
督	감독할 독	目 – 총 13획	監督(감독)
銅	구리 동	金 – 총 14획	銅錢(동전)
斗	말 두	斗 – 총 4획	北斗(북두)
豆	콩 두	豆 – 총 7획	豆油(두유)

월 일 확인:

빈 칸에 한자를 써 보세요.

得	얻을 득	彳 – 총 11획	所得(소득)
燈	등 등	火 – 총 16획	燈油(등유)
羅	벌릴 라	罒 – 총 19획	羅列(나열)
兩	두 량	入 – 총 8획	兩分(양분)
麗	고울 려	鹿 – 총 19획	秀麗(수려)
連	이을 련	辶 – 총 11획	連結(연결)
列	벌릴 렬	刂/刀 – 총 6획	行列(행렬)
錄	기록할 록	金 – 총 16획	記錄(기록)
論	논할 논	言 – 총 15획	討論(토론)

빈 칸에 한자를 써 보세요.

한자								
留 머무를 류	留							
田 - 총 10획	留學(유학)							
律 법칙 률	律							
彳 - 총 9획	規律(규율)							
滿 찰 만	滿							
氵/水 - 총 14획	滿發(만발)							
脈 줄기 맥	脈							
月/肉 - 총 10획	山脈(산맥)							
毛 터럭 모	毛							
毛 - 총 4획	體毛(체모)							
牧 칠 목	牧							
牛 - 총 8획	牧場(목장)							
務 힘쓸 무	務							
力 - 총 11획	義務(의무)							
武 호반 무	武							
止 - 총 8획	武器(무기)							
味 맛 미	味							
口 - 총 8획	加味(가미)							

월 일 확인:

빈 칸에 한자를 써 보세요.

未	아닐 미	木 – 총 5획	未達(미달)
密	빽빽할 밀	宀 – 총 11획	密集(밀집)
博	넓을 박	十 – 총 12획	博識(박식)
房	방 방	戶 – 총 8획	房門(방문)
訪	찾을 방	言 – 총 11획	訪問(방문)
防	막을 방	阝/阜 – 총 7획	防水(방수)
拜	절 배	手 – 총 9획	歲拜(세배)
背	등 배	月/肉 – 총 9획	背信(배신)
配	나눌/짝 배	酉 – 총 10획	配達(배달)

월 일 확인:

빈 칸에 한자를 써 보세요.

伐	칠 벌	亻/人 - 총 6획	伐	伐草(벌초)
罰	벌할 벌	罒 - 총 14획	罰	體罰(체벌)
壁	벽 벽	土 - 총 16획	壁	城壁(성벽)
邊	가 변	辶 - 총 19획	邊	江邊(강변)
保	지킬 보	亻/人- 총 9획	保	保管(보관)
報	갚을/알릴 보	土 - 총 12획	報	報恩(보은)
寶	보배 보	宀 - 총 20획	寶	寶物(보물)
步	걸음 보	止 - 총 7획	步	步行(보행)
復	회복할 복/ 다시 부	彳 - 총 12획	復	復活(부활)

빈 칸에 한자를 써 보세요.

副	버금 부	刂/刀 – 총 11획	副收入(부수입)
婦	며느리 부	女 – 총 11획	婦人(부인)
富	부자 부	宀 – 총 12획	富者(부자)
府	마을/관청 부	广 – 총 8획	政府(정부)
佛	부처 불	亻/人 – 총 7획	佛像(불상)
備	갖출 비	亻/人 – 총 12획	具備(구비)
悲	슬플 비	心 – 총 11획	悲運(비운)
非	아닐 비	非 – 총 8획	非常(비상)
飛	날 비	飛 – 총 9획	飛上(비상)

월 일 확인:

빈 칸에 한자를 써 보세요.

貧 가난할 빈	貧							
貝 - 총 11획	貧富(빈부)							
寺 절 사	寺							
寸 - 총 6획	山寺(산사)							
師 스승 사	師							
巾 - 총 10획	恩師(은사)							
舍 집 사	舍							
舌 - 총 8획	官舍(관사)							
謝 사례할 사	謝							
言 - 총 17획	感謝(감사)							
殺 죽일 살/ 감할 쇄	殺							
殳 - 총 11획	殺傷(살상)							
常 떳떳할 상	常							
巾 - 총 11획	常識(상식)							
床 상 상	床							
广 - 총 7획	病床(병상)							
想 생각 상	想							
心 - 총 13획	想起(상기)							

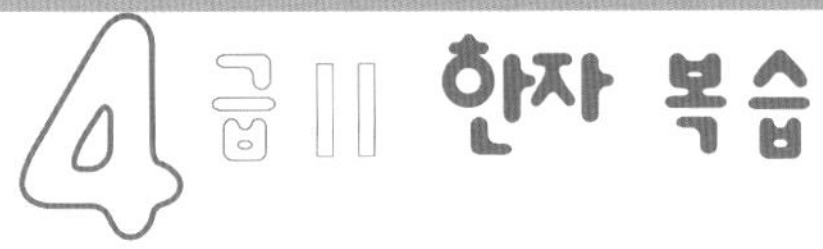

월 일 확인:

빈 칸에 한자를 써 보세요.

狀	형상 상 / 문서 장	犬 - 총 8획	狀	狀態(상태)
設	베풀 설	言 - 총 11획	設	設敎(설교)
城	재 성	土 - 총 9획	城	土城(토성)
星	별 성	日 - 총 9획	星	星月(성월)
盛	성할 성	皿 - 총 12획	盛	盛業(성업)
聖	성인 성	耳 - 총 13획	聖	聖人(성인)
聲	소리 성	耳 - 총 17획	聲	聲樂(성악)
誠	정성 성	言 - 총 14획	誠	誠金(성금)
勢	형세 세	力 - 총 13획	勢	勢道(세도)

월 일 확인:

빈 칸에 한자를 써 보세요.

稅 세금 세 禾 - 총 12획	稅 稅金(세금)								
細 가늘 세 糸 - 총 11획	細 細分(세분)								
掃 쓸 소 扌/手 - 총 11획	掃 淸掃(청소)								
笑 웃음 소 竹 - 총 10획	笑 談笑(담소)								
素 본디/흴 소 糸 - 총 10획	素 素服(소복)								
俗 풍속 속 亻/人 - 총 9획	俗 民俗(민속)								
續 이을 속 糸 - 총 21획	續 續開(속개)								
送 보낼 송 辶 - 총 10획	送 送別會(송별회)								
修 닦을 수 亻/人 - 총 10획	修 修交(수교)								

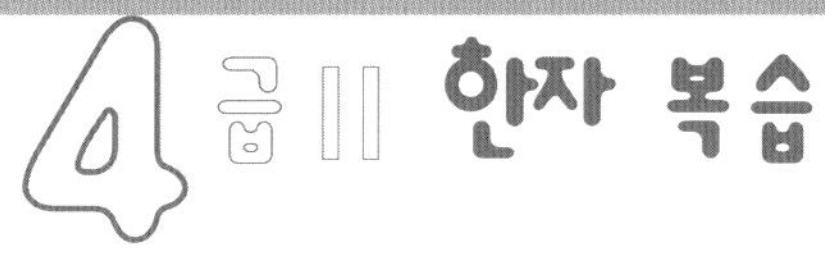

월 일 확인:

빈 칸에 한자를 써 보세요.

受	받을 수	又 - 총 8획	受業(수업)
守	지킬 수	宀 - 총 6획	守備(수비)
授	줄 수	扌/手 - 총 11획	授賞(수상)
收	거둘 수	攵/攴 - 총6획	收入(수입)
純	순수할 순	糸 - 총 10획	純情(순정)
承	이을 승	手 - 총 8획	承服(승복)
施	베풀 시	方 - 총 9획	施工(시공)
是	이 시	日 - 총 9획	是正(시정)
視	볼 시	見 - 총 12획	視力(시력)

월 일 확인:

빈 칸에 한자를 써 보세요.

試 시험 시	試							
言 – 총 13획	試合(시합)							
詩 시 시	詩							
言 – 총 13획	詩人(시인)							
息 쉴 식	息							
心 – 총 10획	休息(휴식)							
申 납 신	申							
田 – 총 5획	申告(신고)							
深 깊을 심	深							
氵/水 – 총 11획	深海(심해)							
眼 눈 안	眼							
目 – 총 11획	老眼(노안)							
暗 어두울 암	暗							
日 – 총 13획	明暗(명암)							
壓 누를/억누를 압	壓							
土 – 총 17획	壓力(압력)							
液 진 액	液							
氵/水 – 총 11획	血液(혈액)							

빈 칸에 한자를 써 보세요.

羊 양 양 羊 - 총 6획	羊 羊毛(양모)
如 같을 여 女 - 총 6획	如 如前(여전)
餘 남을 여 食 - 총 16획	餘 餘白(여백)
逆 거스릴 역 辶 - 총 10획	逆 逆行(역행)
演 펼 연 氵/水 - 총 14획	演 演技(연기)
煙 연기 연 火 - 총 13획	煙 煙氣(연기)
研 갈 연 石 - 총 11획	研 研究(연구)
榮 영화 영 木 - 총 14획	榮 榮光(영광)
藝 재주 예 艹 - 총 19획	藝 藝術(예술)

월 일 확인:

빈 칸에 한자를 써 보세요.

誤 그리칠 오	誤							
言 - 총 14획	誤用(오용)							
玉 구슬 옥	玉							
玉 - 총 5획	玉石(옥석)							
往 갈 왕	往							
彳 - 총 8획	往來(왕래)							
謠 노래 요	謠							
言 - 총 17획	童謠(동요)							
容 얼굴 용	容							
宀 - 총 10획	內容(내용)							
員 인원 원	員							
口 - 총 10획	人員(인원)							
圓 둥굴 원	圓							
口 - 총 13획	圓形(원형)							
爲 하/할 위	爲							
爪 - 총 12획	爲政(위정)							
衛 지킬 위	衛							
行 - 총 15획	衛星(위성)							

빈 칸에 한자를 써 보세요.

肉 고기 육	肉							
肉 – 총 6획	肉食(육식)							
恩 은혜 은	恩							
心 – 총 10획	恩人(은인)							
陰 그늘 음	陰							
阝/阜 – 총 11획	陰地(음지)							
應 응할 응	應							
心 – 총 17획	應急(응급)							
義 옳을 의	義							
羊 – 총 13획	正義(정의)							
議 의논할 의	議							
言 – 총 20획	會議(회의)							
移 옮길 이	移							
禾 – 총 11획	移動(이동)							
益 더할 익	益							
皿 – 총 10획	利益(이익)							
印 도장 인	印							
卩 – 총 6획	刻印(각인)							

월 일 확인:

빈 칸에 한자를 써 보세요.

引	끌 인	弓 – 총 4획	引	引受(인수)
認	알 인	言 – 총 14획	認	認定(인정)
將	장수 장	寸 – 총 11획	將	將軍(장군)
障	막을 장	月 – 총 14획	障	障壁(장벽)
低	낮을 저	亻/人 – 총 7획	低	低速(저속)
敵	대적할 적	攵 – 총 15획	敵	對敵(대적)
田	밭 전	田 – 총 5획	田	田園(전원)
絶	끊을 절	糸 – 총 12획	絶	絶交(절교)
接	이을 접	扌/手 – 총 11획	接	接待(접대)

월 일 확인:

빈 칸에 한자를 써 보세요.

政	정사 정	攵 - 총 9획	政治(정치)
程	한도/길 정	禾 - 총 5획	過程(과정)
精	정할 정	米 - 총 14획	精誠(정성)
制	절제할 제	刂/刀 - 총 8획	規制(규제)
提	끌 제	扌/手 - 총 12획	提案(제안)
濟	건널 제	氵/水 - 총 17획	百濟(백제)
祭	제사 제	示 - 총 11획	祭物(제물)
製	지을 제	衣 - 총 14획	製藥(제약)
除	덜 제	阝 - 총 10획	除草(제초)

4급 II 한자 복습

월 일 확인:

빈 칸에 한자를 써 보세요.

際	즈음/ 가 제	阝 – 총 14획	交際(교제)
助	도울 조	力 – 총 7획	助手(조수)
早	이를 조	日 – 총 6획	早期(조기)
造	지을 조	辶 – 총 11획	創造(창조)
鳥	새 조	鳥 – 총 11획	鳥類(조류)
尊	높을 존	寸 – 총 12획	尊重(존중)
宗	마루 종	宀 – 총 8획	宗敎(종교)
走	달릴 주	走 – 총 7획	競走(경주)
竹	대 죽	竹 – 총 6획	竹刀(죽도)

월 일 확인:

빈 칸에 한자를 써 보세요.

準	준할 준	氵/水 - 총 13획	基準(기준)
衆	무리 중	血 - 총 12획	大衆(대중)
增	더할 증	土 - 총 15획	增減(증감)
志	뜻 지	心 - 총 7획	意志(의지)
指	가리킬 지	扌/手 - 총 9획	班指(반지)
支	지탱할 지	支 - 총 4획	支流(지류)
至	이를 지	至 - 총 6획	至大(지대)
職	직분 직	目 - 총 10획	眞實(진실)
眞	참 진	辶 - 총 12획	前進(전진)

월 일 확인:

빈 칸에 한자를 써 보세요.

進 나아갈 진 / 辶 - 총 12획	進 / 前進(전진)
次 버금 차 / 欠 - 총 6획	次 / 次席(차석)
察 살필 찰 / 宀 - 총 14획	察 / 考察(고찰)
創 비롯할 창 / 刂/刀 - 총 12획	創 / 創作(창작)
處 곳 처 / 虍 - 총 11획	處 / 處所(처소)
請 청할 청 / 言 - 총 15획	請 / 招請(초청)
總 다 총 / 糸 - 총 17획	總 / 總會(총회)
銃 총 총 / 金 - 총 14획	銃 / 銃聲(총성)
築 쌓을 축 / 竹 - 총 16획	築 / 新築(신축)

월 일 확인:

빈 칸에 한자를 써 보세요.

蓄	모을 축	艹 – 총 14획	貯蓄(저축)
忠	충성 충	心 – 총 8획	忠臣(충신)
蟲	벌레 충	虫 – 총 15획	害蟲(해충)
取	가질 취	又 – 총 8획	取得(취득)
測	헤아릴 측	氵/水 – 총 12획	測量(측량)
治	다스릴 치	氵/水 – 총 8획	完治(완치)
置	둘 치	罒 – 총 13획	位置(위치)
齒	이 치	齒 – 총 15획	齒科(치과)
侵	침노할 침	亻/人 – 총 9획	侵攻(침공)

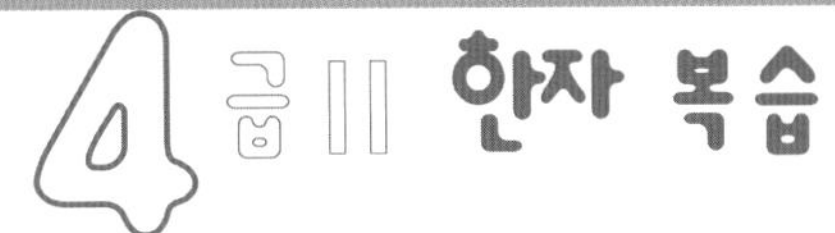

월 일 확인:

빈 칸에 한자를 써 보세요.

快	쾌할 쾌	忄/心 - 총 7획	不快(불쾌)
態	모습 태	心 - 총 14획	態度(태도)
統	거느릴 통	糸 - 총 12획	統一(통일)
退	물러날 퇴	辶 - 총 10획	辭退(사퇴)
波	물결 파	氵/水 - 총 8획	世波(세파)
破	깨뜨릴 파	石 - 총 10획	擊破(격파)
包	쌀 포	勹 - 총 5획	包圍(포위)
布	베 포/ 보시 보	巾 - 총 5획	布木(포목)
砲	대포 포	石 - 총 10획	空砲(공포)

월 일 확인:

빈 칸에 한자를 써 보세요.

暴	사나울폭/ 모질포	日 - 총 15획	暴利(폭리)
票	표 표	示 - 총 11획	票決(표결)
豊	풍년 풍	豆 - 총 18획	豊年(풍년)
限	한할 한	阝/阜 - 총 9획	限界(한계)
港	항구 항	氵/水 - 총 12획	空港(공항)
航	배 항	舟 - 총 10획	航海(항해)
解	풀 해	角 - 총 13획	解氷(해빙)
鄕	시골 향	阝/邑 - 총 13획	故鄕(고향)
香	향기 향	香 - 총 9획	香水(향수)

월 일 확인:

빈 칸에 한자를 써 보세요.

虛	빌 허	虍 - 총 12획	虛	虛弱(허약)
驗	시험할 험	馬 - 총 23획	驗	經驗(경험)
賢	어질 현	貝 - 총 15획	賢	賢人(현인)
血	피 혈	血 - 총 6획	血	止血(지혈)
協	화할 협	十 - 총 8획	協	協同(협동)
惠	은혜 혜	心 - 총 12획	惠	恩惠(은혜)
呼	부를 호	口 - 총 8획	呼	呼名(호명)
好	좋을 호	女 - 총 6획	好	好評(호평)
戶	집 호	戶 - 총 4획	戶	門戶(문호)

월 일 확인:

빈 칸에 한자를 써 보세요.

護 도울 호 言 - 총 21획	護 保護(보호)							
貨 재물 화 貝 - 총 11획	貨 貨物(화물)							
確 굳을 확 石 - 총 15획	確 正確(정확)							
回 돌아올 회 口 - 총 6획	回 回甲(회갑)							
吸 마실 흡 口 - 총 7획	吸 呼吸(호흡)							
興 일 흥 臼 - 총 16획	興 興味(흥미)							
希 바랄 희 巾 - 총 7획	希 希望(희망)							

월 일 확인:

빈 칸에 한자를 써 보세요.

加減	加(더할 가) 減(덜 감)	더하거나 더는 일	加減
可否	可(옳을 가) 否(아닐 부)	옳고 그름의 여부	可否
干滿	干(방패 간) 滿(찰 만)	밀물과 썰물	干滿
江山	江(강 강) 山(메 산)	강과 산	江山
强弱	强(강할 강) 弱(약할 약)	강함과 약함	强弱
開閉	開(열 개) 閉(닫을 폐)	열고 닫음	開閉
京鄕	京(서울 경) 鄕(시골 향)	서울과 시골	京鄕
輕重	輕(가벼울 경) 重(무거울 중)	가벼움과 무거움	輕重
苦樂	苦(괴로울 고) 樂(즐거울 락)	괴로움과 즐거움	苦樂
高低	高(높을 고) 低(낮을 저)	높고 낮음	高低
曲直	曲(굽을 곡) 直(곧을 직)	굽음과 곧음	曲直
公私	公(공평할 공) 私(사사로울 사)	공공의 일과 사사로운 일	公私
功過	功(공 공) 過(허물 과)	공과 허물, 잘잘못	功過
攻防	攻(칠 공) 防(막을 방)	적을 치는 일과 막는 일	攻防
攻守	攻(칠 공) 守(막을 수)	공병과 수비	攻守
官民	官(벼슬 관) 民(백성 민)	관리와 국민	官民
君臣	君(임금 군) 臣(신하 신)	임금과 신하	君臣
吉凶	吉(길할 길) 凶(흉할 흉)	길함과 흉함	吉凶
難易	難(어려울 난) 易(쉬울 이)	어려움과 쉬움	難易
南北	南(남녘 남) 北(북녘 북)	남쪽과 북쪽	南北

상대어 · 반의어

빈 칸에 한자를 써 보세요.

男女	男(사내 남) 女(계집 녀)	남자와 여자	男女
內外	內(안 내) 外(바깥 외)	안과 밖	內外
多少	多(많을 다) 少(적을 소)	많고 적음	多少
單複	單(홑 단) 複(겹칠 복)	단수와 복수	單複
當落	當(마땅 당) 落(떨어질 락)	당선과 낙선	當落
大小	大(큰 대) 小(작을 소)	크고 작음	大小
東西	東(동녘 동) 西(서녘 서)	동쪽과 서쪽	東西
得失	得(얻을 득) 失(잃을 실)	얻음과 잃음	得失
往來	往(갈 왕) 來(올 래)	오고 감	往來
老少	老(늙을 로) 少(젊을 소)	늙음과 젊음	老少
勞使	勞(일할 로) 使(부릴 사)	노동자와 사용자	勞使
利害	利(이로울 리) 害(해할 해)	이로움과 해로움	利害
賣買	賣(팔 매) 買(살 매)	팔고 삼	賣買
明暗	明(밝을 명) 暗(어두울 암)	밝음과 어두움	明暗
問答	問(물을 문) 答(대답할 답)	묻고 대답함	問答
文武	文(글월 문) 武(호반 무)	문관과 무관	文武
物心	物(물건 물) 心(마음 심)	물질과 정신	物心
班常	班(나눌 반) 常(항상 상)	양반과 상사람	班常
發着	發(필 발) 着(붙을 착)	출발과 도착	發着
本末	本(근본 본) 末(끝 말)	일의 처음과 끝	本末

월 일 확인:

❖ 빈 칸에 한자를 써 보세요.

夫婦	夫(지아비 부) 婦(아내 부)	남편과 아내	夫婦
貧富	貧(가난할 빈) 富(부유할 부)	가난함과 부유함	貧富
死生	死(죽을 사) 生(날 생)	죽음과 삶	死生
師弟	師(스승 사) 弟(아우 제)	스승과 제자	師弟
山川	山(뫼 산) 川(내 천)	산과 내	山川
山河	山(뫼 산) 河(물 하)	산과 물	山河
山海	山(뫼 산) 海(바다 해)	산과 바다	山海
上下	上(윗 상) 下(아래 하)	위와 아래	上下
賞罰	賞(상 상) 罰(죄 벌)	상과 벌	賞罰
先後	先(먼저 선) 後(뒤 후)	먼저와 나중	先後
善惡	善(착할 선) 惡(악할 악)	선과 악	善惡
成敗	成(이룰 성) 敗(패할 패)	성공과 실패	成敗
損益	損(덜 손) 益(더할 익)	덜고 더함	損益
授受	授(줄 수) 受(받을 수)	주고 받음	授受
水火	水(물 수) 火(불 화)	물과 불	水火
手足	手(손 수) 足(발 족)	손과 발	手足
收支	收(거둘 수) 支(지탱할 지)	수입과 지출	收支
勝敗	勝(이길 승) 敗(패할 패)	이기고 패함	勝敗
勝負	勝(이길 승) 負(질 부)	이기고 짐	勝負
始末	始(처음 시) 末(끝 말)	처음과 끝	始末

상대어 · 반의어

빈 칸에 한자를 써 보세요.

始終	始(처음 시) 終(끝 종)	처음과 끝	始終
是非	是(옳을 시) 非(그를 비)	옳고 그름	是非
新舊	新(새 신) 舊(예 구)	새 것과 옛 것	新舊
心身	心(마음 심) 身(몸 신)	마음과 몸	心身
安危	安(편안 안) 危(위태로울 위)	편안함과 위태로움	安危
溫冷	溫(따뜻할 온) 冷(찰 냉)	따뜻함과 차가움	溫冷
言行	言(말씀 언) 行(행할 행)	말과 행동	言行
與野	與(더불 여) 野(들 야)	여당과 야당	與野
玉石	玉(구슬 옥) 石(돌 석)	옥과 돌, 좋은 것과 나쁜 것	玉石
往復	往(갈 왕) 復(회복할 복)	갔다가 돌아옴	往復
遠近	遠(멀 원) 近(가까울 근)	멀고 가까움	遠近
有無	有(있을 유) 無(없을 무)	있음과 없음	有無
恩怨	恩(은혜 은) 怨(원한 원)	은혜와 원한	恩怨
隱現	隱(숨을 은) 現(나타날 현)	숨었다 나타났다 함	隱現
陰陽	陰(그늘 음) 陽(볕 양)	음과 양	陰陽
異同	異(다를 이) 同(같을 동)	다른 것과 같은 것	異同
因果	因(인할 인) 果(과실 과)	원인과 결과	因果
日月	日(날 일) 月(달 월)	해와 달	日月
姉妹	姉(손위 누이 자) 妹(손아래 누이 매)	손위 여자와 손아래 여자	姉妹
自他	自(스스로 자) 他(다를 타)	나와 남	自他

상대어 · 반의어

월 일 확인:

빈 칸에 한자를 써 보세요.

長短	長(길 장) 短(짧을 단)	길고 짧음	長短
將兵	將(장수 장) 兵(병사 병)	장군과 병사	將兵
將卒	將(장수 장) 卒(병졸 졸)	장군과 병졸	將卒
前後	前(앞 전) 後(뒤 후)	앞과 뒤	前後
正誤	正(바를 정) 誤(그를 오)	옳음과 그름	正誤
朝夕	朝(아침 조) 夕(저녁 석)	아침과 저녁	朝夕
祖孫	祖(할아버지 조) 孫(손자 손)	할아버지와 손자	祖孫
存亡	存(있을 존) 亡(망할 망)	존속과 멸망	存亡
主客	主(주인 주) 客(손 객)	주인과 손님	主客
主從	主(주인 주) 從(따를 종)	주인과 종자	主從
晝夜	晝(낮 주) 夜(밤 야)	낮과 밤	晝夜
進退	進(나아갈 진) 退(물러날 퇴)	나아감과 물러남	進退
集配	集(모을 집) 配(나눌 배)	우편물 등을 한 곳에 모아서 배달함	集配
增減	增(더할 증) 減(덜 감)	더함과 감함	增減
春秋	春(봄 춘) 秋(가을 추)	봄과 가을	春秋
豊凶	豊(풍년 풍) 凶(흉할 흉)	풍년과 흉년	豊凶
出納	出(날 출) 納(들 납)	내줌과 받아들임	出納
海陸	海(바다 해) 陸(뭍 륙)	바다와 육지	海陸
虛實	虛(빌 허) 實(열매 실)	거짓과 진실	虛實
兄弟	兄(형 형) 弟(아우 제)	형과 아우	兄弟

상대어 · 반의어

월 일 확인:

빈 칸에 한자를 써 보세요.

黑白	黑(검을 흑) 白(흰 백)	검정과 흰색	黑白
興亡	興(흥할 흥) 亡(망할 망)	흥함과 망함	興亡
喜怒	喜(기쁠 희) 怒(성낼 노)	기쁨과 성냄	喜怒
喜悲	喜(기쁠 희) 悲(슬플 비)	기쁨과 슬픔	喜悲

유의어

❖ 빈 칸에 한자를 써 보세요.

歌曲	歌(노래 가) 曲(굽을 곡)	반주에 맞추어서 부르는 성악곡	歌曲
監視	監(볼 감) 視(볼 시)	주의깊게 살피거나 지켜 보는 것	監視
居住	居(살 거) 住(살 주)	일정한 곳에 자리잡고 사는 일	居住
健康	健(굳셀 건) 康(편안할 강)	몸에 병이 없어 좋은 상태	健康
堅固	堅(굳을 견) 固(굳을 고)	굳고 튼튼하다	堅固
境界	境(지경 경) 界(경계 계)	지역의 구분이 되는 한계	境界
競爭	競(다툴 경) 爭(다툴 쟁)	같은 목적을 두고 다투는 것	競爭
階段	階(섬돌 계) 段(층계 단)	층계	階段
計算	計(셈할 계) 算(계산할 산)	어떤 값이나 답을 구하기 위해 셈하는 것	計算
繼續	繼(이을 계) 續(이을 속)	끊지 않고 이어지게 하는 것	繼續
階層	階(섬돌 계) 段(층 층)	일정한 서열이나 단계	階層
考慮	考(생각할 고) 慮(생각할 려)	생각하여 헤아리는 것	考慮
空虛	空(빌 공) 虛(빌 허)	텅비어 쓸쓸하고 허전하다	空虛
攻擊	攻(칠 공) 擊(칠 격)	비난하거나 반대하여 나서는 것	攻擊
過失	過(지날 과) 失(잃을 실)	실수나 부주의 등으로 인한 잘못	過失
過誤	過(지날 과) 誤(잘못 오)	도덕적 윤리나 잘못	過誤
果實	果(과실 과) 實(열매 실)	사람이 먹을 수 있는 나무의 열매	果實
敎訓	敎(가르칠 교) 訓(가르칠 훈)	올바른 도덕이나 규범을 가르치고 깨닫게 하는 것	敎訓
具備	具(갖출 구) 備(갖출 비)	빠짐없이 갖추는 것	具備
極端	極(극할 극) 端(끝 단)	중용을 잃고 한 쪽으로 치우치는 것	極端

유의어

월 일 확인:

빈 칸에 한자를 써 보세요.

根本	根(뿌리 근) 本(근본 본)	사물의 본질이나 본바탕	根本
技術	技(재주 기) 術(재주 술)	어떤 것을 잘 만들거나 고치고 다루는 능력	技術
技藝	技(재주 기) 藝(재주 예)	기술 상의 재주	技藝
年歲	年(해 년) 歲(해 세)	나이의 높임말	年歲
段階	段(층계 단) 階(층계 계)	일의 진행에 있어 수준에 따라 구분되는 각 과정	段階
斷絶	斷(끊을 단) 絶(끊을 절)	더 지속되지 않도록 끊는 것	斷絶
談話	談(말씀 담) 話(말씀 화)	서로 이야기를 주고 받는 것	談話
到達	到(이를 도) 達(이를 달)	이르러 닿는 것	到達
道路	道(길 도) 路(길 로)	사람, 차 등이 다닐 수 있도록 만든 넓은 길	道路
逃避	逃(도망할 도) 避(피할 피)	도망하여 몸을 피하는 것	逃避
盜賊	盜(훔칠 도) 賊(도적 적)	남의 재물을 몰래 훔치거나 빼앗는 사람	盜賊
末端	末(끝 말) 端(끝 단)	맨 끄트머리	末端
毛髮	毛(털 모) 髮(터럭 발)	사람의 머리털	毛髮
模範	模(법 모) 範(법 범)	본보기	模範
文章	文(글월 문) 章(글 장)	사고나 감정을 말로 표현하는 최소단위	文章
法典	法(법 법) 典(법 전)	국가가 제정한 통일적 체계의 성문 규범	法典
兵士	兵(군사 병) 士(병사 사)	옛날 군인을 이르는 말	兵士
兵卒	兵(군사 병) 卒(병졸 졸)	옛날 군인을 이르는 말	兵卒
報告	報(알릴 보) 告(알릴 고)	지시감독하는 사람에게 일의 결과나 내용을 글이나 말로 알리는 것	報告
副次	副(버금 부) 次(다음 차)	두 번째	副次

월 일 확인:

❖ 빈 칸에 한자를 써 보세요.

批評	批(비평할 비) 評(평할 평)	사물의 미추, 선악, 장단, 시비를 평가하여 가치를 판단하는 일	批評
貧窮	貧(가난할 빈) 窮(곤할 궁)	가난하여 생활이 몹시 어려움	貧窮
思考	思(생각 사) 考(헤아릴 고)	생각하는 일	思考
思念	思(생각 사) 念(생각 념)	주의 깊게 생각하는 것	思念
思慮	思(생각 사) 慮(생각 려)	주의 깊게 생각하는 것	思慮
思想	思(생각 사) 想(생각 상)	사람이 품고 있는 생각이나 견해	思想
舍宅	舍(집 사) 宅(집 택)	기업체나 기관에서 근무하는 사람들을 위하여 그 기업체나 기관에서 지어 놓은 살림집	舍宅
想念	想(생각 상) 念(생각 념)	마음 속에 품은 여러 가지 생각	想念
選別	選(고를 선) 別(다를 별)	어느 것 가운데 따로 택하여 구분하는 것	選別
選擇	選(고를 선) 擇(가릴 택)	가리어 택하는 것	選擇
素朴	素(본디 소) 朴(순박할 박)	꾸밈이나 거짓이 없이 있는 그대로	素朴
樹木	樹(나무 수) 木(나무 목)	식물로서 살아 있는 나무	樹木
純潔	純(순할 순) 潔(깨끗할 결)	순수하고 깨끗한 상태에 있는 것	純潔
承繼	承(이을 승) 繼(이을 계)	이어 받는 것	承繼
施設	施(베풀 시) 設(베풀 설)	베풀어 차리는 것	施設
始初	始(처음 시) 初(처음 초)	맨 처음	始初
試驗	試(시험할 시) 驗(시험할 험)	배운 지식이나 기술을 일정한 방법인 절차에 따라 알아보는 일	試驗
申告	申(납 신) 告(알릴 고)	상사나 회사 관청에 공적인 사실을 알리는 것	申告
身體	身(몸 신) 體 (몸 체)	사람의 형상을 이루는 머리에서 발 끝까지의 부분	身體
心情	心(마음 심) 情(뜻 정)	마음에 품은 생각과 감정	心情

유의어

월 일 확인:

빈 칸에 한자를 써 보세요.

眼目	眼(눈 안) 目(눈 목)	사물을 보고 분별하는 견식	眼目
言語	言(말씀 언) 語(말씀 어)	사상 감정을 나타내고 의사를 소통하기 위한 음성 문자 따위의 수단	言語
硏究	硏(갈 연) 究(궁구할 구)	깊이있게 조사·생각하여 이치나 사실을 밝히는 것	硏究
連續	連(이을 련) 續(이을 속)	끊이지 않고 죽 잇거나 지속되는 것	連續
念慮	念(생각 념) 慮(생각 려)	여러 가지로 헤아려서 걱정하는 것	念慮
永遠	永(길 영) 遠(멀 원)	어떤 상태가 끝없이 이어지는 것	永遠
溫暖	溫(따뜻할 온) 暖(따뜻할 난)	날씨가 따뜻한 것	溫暖
恩惠	恩(은혜 은) 惠(은혜 혜)	어떤 사람에게 베푸는 고마운 일	恩惠
音聲	音(소리 음) 聲(소리 성)	사람의 목에서 나오는 소리	音聲
議論	議(의논할 의) 論(의논할 논)	어떤 일에 대해 의견을 서로 주고 받는 일	議論
衣服	衣(옷 의) 服(옷 복)	옷을 문어적으로 이르는 말	衣服
意志	意(뜻 의) 志(뜻 지)	어떤 일을 해내거나 이루려는 마음의 상태나 작용	意志
財貨	財(재물 재) 貨(재화 화)	돈이나 그 밖의 값 나가는 물건을 이르는 말	財貨
貯蓄	貯(쌓을 저) 蓄(쌓을 축)	소득 가운데서 쓰고 남은 부분을 모아 두는 일	貯蓄
戰爭	戰(싸울 전) 爭(다툴 쟁)	나라와 나라 또는 교전 단체가 무기를 이용하여 싸우는 일	戰爭
戰鬪	戰(싸울 전) 鬪(싸울 투)	직접 맞서거나 무기를 이용하여 싸우는 일	戰鬪
停留	停(머무를 정) 留(머무를 류)	멈추어 머무르는 것	停留
停止	停(머무를 정) 止(그칠 지)	움직임을 멈추는 것	停止
精誠	精(정할 정) 誠(정성 성)	어떤 일을 성실하게 하거나 이루려는 태도	精誠
正直	正(바를 정) 直(곧을 직)	속이거나 숨김이 없이 참되고 바른 상태	正直

월 일 확인:

빈 칸에 한자를 써 보세요.

政治	政(정사 정) 治(다스릴 치)	통치자가 국민들의 이해 관계 대립을 조정하고 국가의 정책과 목적을 실현시키는 일	政治
製作	製(만들 제) 作(지을 작)	두뇌를 써서 어떤 기능과 내용을 가진 대상을 만드는 것	製作
製造	製(만들 제) 造(지을 조)	공장 등에서 큰 규모로 물건을 만드는 일	製造
調和	調(고를 조) 和(화할 화)	서로 고르게 잘 어울리는 것	調和
存在	存(있을 존) 在(있을 재)	실제로 있는 것	存在
尊重	尊(높일 존) 重(무거울 중)	높이고 중하게 여기는 것	尊重
朱紅	朱(붉을 주) 紅(붉을 홍)	주홍과 빨강의 중간색	朱紅
增加	增(더할 증) 加(더할 가)	더 늘어서 많아지는 것	增加
至極	至(이를 지) 極(극할 극)	더없이 극진하다	至極
知識	知(알 지) 識(알 식)	어떤 대상을 연구하거나 배우거나 또는 실천을 통해 얻은 명확한 인식이나 이해	知識
處所	處(곳 처) 所(바 소)	거처하는 곳	處所
蓄積	蓄(쌓을 축) 積(쌓을 적)	모아서 쌓는 것	蓄積
稱頌	稱(칭할 칭) 頌(기릴 송)	칭찬하여 기리는 일	稱頌
稱讚	稱(칭할 칭) 讚(기릴 찬)	좋거나 훌륭하다고 말하거나 평가하는 것	稱讚
打擊	打(때릴 타) 擊(칠 격)	때리거나 쳐서 움직이게 하는 것	打擊
鬪爭	鬪(싸울 투) 爭(다툴 쟁)	이기거나 극복하기 위해 어떤 대상과 싸우는 것	鬪爭
寒冷	寒(찰 한) 冷(찰 랭)	춥고 찬 것	寒冷
幸福	幸(다행 행) 福(복 복)	사람이 생활 속에서 기쁘고 즐겁고 만족하는 상태에 있는 것	幸福

약자

월 일 확인:

다음 한자의 약자를 써 보세요.

정자	약자	훈음
價	価	값 가
覺	覚	깨달을 각
擧	挙	들 거
堅	坚	굳을 견
輕	軽	가벼울 경
關	関	관계할 관
廣	広	넓을 광
舊	旧	예 구
國	国	나라 국

정자	약자	훈음
假	仮	거짓 가
據	拠	근거 거
儉	倹	검소할 검
經	経	지날 경
繼	継	이을 계
觀	観	볼 관
鑛	鉱	쇳돌 광
區	区	구분할 구
勸	勧	권할 권

약자

다음 한자의 약자를 써 보세요.

정자	약자	훈음	따라 쓰기	
權	権	권세 권	権	
氣	気	기운 기	気	
單	単	홑 단	単	
擔	担	멜 담	担	
黨	党	무리 당	党	
圖	図	그림 도	図	
讀	読	읽을 독	読	
樂	楽	즐길 락	楽	
來	来	올 래	来	
歸	帰	돌아갈 귀	帰	
斷	断	끊을 단	断	
團	団	둥글 단	団	
當	当	마땅 당	当	
對	対	대할 대	対	
獨	独	홀로 독	独	
燈	灯	등 등	灯	
亂	乱	어지러울 란	乱	
兩	両	두 량	両	

월 일 확인:

다음 한자의 약자를 써 보세요.

한자	약자		
麗	丽	丽	
勞	労	労	
萬	万	万	
賣	売	売	
變	変	変	
寶	宝	宝	
師	师	师	
覽	覧	覧	
狀	状	状	

한자	약자		
禮	礼	礼	
龍	竜	竜	
滿	満	満	
發	発	発	
邊	辺	辺	
佛	仏	仏	
辭	辞	辞	
寫	写	写	
聲	声	声	

월 일 확인:

다음 한자의 약자를 써 보세요.

한자	약자	훈음	따라 쓰기	
數	数	셀 수	数	
實	実	열매 실	実	
惡	悪	악할 악/미워할 오	悪	
樣	様	모양 양	様	
與	与	더불/줄 여	与	
豫	予	미리 예	予	
圍	囲	에워쌀 위	囲	
醫	医	의원 의	医	
壯	壮	장할 장	壮	

한자	약자	훈음	따라 쓰기	
肅	粛	엄숙할 숙	粛	
兒	児	아이 아	児	
壓	圧	누를 압	圧	
餘	余	남을 여	余	
榮	栄	영화 영	栄	
藝	芸	재주 예	芸	
應	応	응할 응	応	
雜	雑	섞일 잡	雑	
將	将	장수 장	将	

월 일 확인:

다음 한자의 약자를 써 보세요.

正字	略字		
奬	奨	奨	
爭	争	争	
傳	伝	伝	
錢	銭	銭	
濟	済	済	
證	証	証	
處	処	処	
廳	庁	庁	
體	体	体	

正字	略字		
裝	装	装	
轉	転	転	
戰	戦	戦	
點	点	点	
卒	卆	卆	
參	参	参	
鐵	鉄	鉄	
聽	聴	聴	
總	総	総	

약자

다음 한자의 약자를 써 보세요.

정자	약자	훈·음	따라 쓰기	
蟲	虫	벌레 충	虫	
稱	称	일컬을 칭	称	
擇	択	가릴 택	択	
解	觧	풀 해	觧	
顯	顕	나타날 현	顕	
號	号	이름 호	号	
會	会	모일 회	会	
齒	歯	이 치	歯	
彈	弾	탄알 탄	弾	
學	学	배울 학	学	
虛	虚	빌 허	虚	
賢	賢	어질 현	賢	
畫	画	그림 화	画	
興	兴	일 흥	兴	

❖ 다음 한자를 읽어 보고, 알맞은 훈과 음을 쓰세요.

街	
假	
暇	

干	
午	
牛	

甲	
申	
由	

城	
誠	
盛	

官	
管	

卷	
券	

傳	
博	

復	
複	

謝	
射	

悲	
非	

월 일 확인:

❖ 다음 한자를 읽어 보고, 알맞은 훈과 음을 쓰세요.

義	
儀	
議	

奬	
將	
裝	

績	
積	
籍	

派	
波	
破	

低	
底	

祭	
際	

帳	
張	

職	
織	

聽	
廳	

抗	
航	

❖ 다음 한자어를 읽어 보고, 어떤 음으로 소리나는지 공부해 봅시다.

降	내릴 강	降雨 (강우)
	항복할 항	降伏 (항복)

便	편할 편	便利 (편리)
	똥오줌 변	便所 (변소)

更	다시 갱	更生 (갱생)
	고칠 경	更新 (경신)

洞	고을 동	洞長 (동장)
	밝을 통	洞察 (통찰)

車	수레 거	自轉車 (자전거)
	수레 차	自動車 (자동차)

北	북녘 북	南北 (남북)
	달아날 배	敗北 (패배)

度	법도 도	制度 (제도)
	헤아릴 탁	度量 (탁량)

惡	악할 악	善惡 (선악)
	미워할 오	憎惡 (증오)

讀	읽을 독	讀書 (독서)
	구절 두	句讀 (구두)

宿	잘 숙	寄宿舍 (기숙사)
	별자리 수	星宿 (성수)

월 일 확인:

❖ 다음 한자어를 읽어 보고, 어떤 음으로 소리나는지 공부해 봅시다.

한자	훈음	한자어
參	석 삼	參億 (삼 억)
	참여할 참	參與 (참여)
識	알 식	知識 (지식)
	기록할 지	標識 (표지)
狀	형상 상	狀態 (상태)
	문서 장	賞狀 (상장)
易	쉬울 이	平易 (평이)
	바꿀 역	貿易 (무역)
切	끊을 절	斷切 (단절)
	온통 체	一切 (일체)
則	법칙 칙	規則 (규칙)
	곧 즉	然則 (연즉)
宅	집 택	宅地 (택지)
	집 댁	宅內 (댁내)
布	펼 포	宣布 (선포)
	보시할 보	布施 (보시)
省	살필 성	省察 (성찰)
	덜 생	省略 (생략)
暴	사나울 폭	暴力 (폭력)
	모질 포	暴惡 (포악)

월 일 확인:

❖ 다음 한자어를 읽어 보고, 어떤 음으로 소리나는지 공부해 봅시다.

한자	훈음	한자어
行	다닐 행	行動 (행동)
	항렬 항	行列 (항렬)

한자	훈음	한자어
畫	그림 화	畫風 (화풍)
	그을 획	畫數 (획수)

한자	훈음	한자어
見	볼 견	見聞 (견문)
	뵈올 현	謁見 (알현)

한자	훈음	한자어
殺	죽일 살	殺人 (살인)
	감할 쇄	殺到 (쇄도)

한자	훈음	한자어
單	홑 단	單語 (단어)
	오랑캐이름 선	單于 (선우)

한자	훈음	한자어
復	회복할 복	復舊 (복구)
	다시 부	復活 (부활)

한자	훈음	한자어
樂	즐거울 락	樂園 (낙원)
	음악 악	音樂 (음악)
	좋아할 요	樂山樂水(요산요수)

한자	훈음	한자어
說	말씀 설	說明 (설명)
	달랠 세	遊說 (유세)
	기쁠 열	說樂 (열락)

4급

급수한자가 제공하는 한자능력검정시험 대비

모의 한자능력검정시험

▶ **모의 한자능력검정시험을 보기 전에 꼭 읽어 보세요!**

1. 모의 한자능력검정시험은 **4급 쉽게 따는 급수한자**를 완전히 학습한 후에 실제 시험에 임하는 자세로 풀어 보세요. 특히 각 단원의 마무리 학습을 통해 4급과정의 한자를 충분히 학습하세요.
2. 실제 한자능력검정시험 4급은 100문제이며, 시험 시간은 50분입니다. 가능하면 실제 시험과 동일한 조건에서 문제를 풀 수 있도록 하세요.
3. 모의 한자능력검정시험의 답은 첨부된 실제 검정시험과 동일한 형식의 답안지에 검정색 필기도구로 표기하세요.
4. **4급 쉽게 따는 급수한자**가 제공하는 모의 한자능력검정시험의 문제 유형은 실제 검정시험과 동일하므로 하루에 1회씩 3번에 걸쳐 모의 시험 경험을 쌓는다면 실제 시험에 임할 때 많은 도움이 될 것입니다.
5. 채점은 가능하면 부모님께서 해 주시고, 틀린 부분을 철저히 분석하여 충분한 보충 학습 후 실제 시험에 응시할 수 있게 하세요.
6. 모의 한자능력검정시험의 채점 결과를 통해 평가할 수 있는 내용은 다음과 같습니다.

등급	5급 정답수	평가	한자능력검정시험
A	91~100	아주 잘함	축하합니다. 꼭 합격하실 거예요.
B	81~90	잘함	열심히 공부하셨어요.
C	71~80	보통	본 교재를 한번 더 복습하세요.
D	70이하	부족함	많이 노력해야 해요.

※ 4급 합격 문항은 70문항입니다.

第1回 漢字能力儉定試驗 4級

1 다음 漢字語의 讀音을 쓰세요. (1~20)

<보기> 天地 ⇨ 천지

1. 看過
2. 傾向
3. 紀念
4. 拍手
5. 負擔
6. 總額
7. 經營
8. 遺産
9. 成績
10. 源泉
11. 趣向
12. 粉紅
13. 潔白
14. 努力
15. 飛行
16. 田園
17. 風景
18. 必然
19. 對話
20. 體力

2 다음 밑줄 친 漢字語의 讀音을 쓰세요. (21~32)

21. 천연과즙이라는 광고를 믿고 그 <u>飮料</u>를 샀다.
22. 그는 그가 <u>信奉</u>하는 이론을 수정할 마음이 전혀 없었다.

23. 英語회화는 조금씩이라도 매일 하는 것이 중요하다.

24. 가족 모두 便安하시죠?

25. 學校에서 별일 없었니?

26. 그러면 너희 둘은 同甲이네?

27. 變更사항이 있으면 반드시 미리 알려주세요.

28. 시간이 늦어지자 모두들 歸家를 서둘렀다.

29. 천재지변으로 올해 食糧사정이 좋지 않다.

30. 만일의 境遇에 대비하여 미리 준비하는 것이 좋다.

31. 그 영화는 한국영화사에 길이 남을 秀作이다.

32. 그 나라는 난민들을 包容하기로 결정하였다.

③ 다음 漢字의 訓과 音을 쓰세요.(33~54)

<보기> 天 ⇨ 하늘 천

33. 居　　34. 構

35. 勸　　36. 寄

37. 離　　38. 犯

39. 辯　　40. 樣

41. 域　　42. 援

43. 裝　　44. 專

45. 官　　46. 連

47. 密　　48. 備

49. 費　　50. 善

51. 決　　52. 合

53. 對　　54. 每

④ 다음 밑줄 친 단어에 알맞은 漢字語를 쓰세요.(55~74)

55. 그것이 정말로 가능한 것인가?

56. 방과후에 선생님과 진학문제로 상담하기로 하였다.

57. 불가능해 보였던 작품이 마침내

완성되었다.

58. 국경근처의 작은 도시에서 양국간의 거래가 활발히 이루어졌다.

59. 뒤늦게나마 열심히 하여 간신히 낙제를 면하였다.

60. 전투에서 커다란 공을 세운 그는 영웅대접을 받았다.

61. 남의 물건을 함부로 다루면 안 된다.

62. 전화요금이 많이 나와 엄마에게 혼났다.

63. 수학에서 가장 중요한 것은 원리를 이해하는 것이다.

64. 꽃이 피자 앞산의 풍경은 마치 그림 같았다.

65. 공연이 끝났지만 감동한 관중들이 객석을 떠나지 않았다.

66. 용기를 내어 사랑한다는 고백을 하였다.

67. 시청앞 광장에서 축제행사가 열렸다.

68. 그는 자기가 직접 하겠다고 하였다.

69. 사고 당시의 기억을 떠올리기 위해 최면술까지 동원하였다.

70. 그를 환영하는 사람들이 도로를 가득 메웠다.

71. 할머니는 손자를 생각할 때마다 저절로 웃음이 나왔다.

72. 장마 후에 복구 작업이 한창이다.

73. 약초를 캐기 위해 깊은 산속으로 들어갔다.

74. 활동하기에 편한 체육복으로 갈아입어라.

⑤ 다음 漢字와 뜻이 상대 또는 반대되는 漢字를 보기에서 골라 글 속의 漢字語를 완성하시오.(75~77)

<보기> ① 攻 ② 辯 ③ 喜
④ 身 ⑤ 努

75. 양군간의 (　　　)防이 매우 치열하였다.

76. 심판이 세이프를 선언하자 양 팀의 (　　　)悲가 엇갈렸다.

77. 등산은 心(　　　)을 단련하는데 매우 좋다.

⑥ 다음 ( )안에 알맞은 漢字를 보기에서 고르세요.(78~82)

<보기> ① 威　② 將　③ 犬
④ 大　⑤ 樣

78. 各(　　　)各色: 각가지 모양과 각가지 색깔. 즉 각기 다름, 여러 가지

79. (　　　)風堂堂: 풍체가 위엄있어 당당함

80. (　　　)馬之勞: 개나 말 정도의 하찮은 힘, 자신의 노력을 낮추어 이르는 말

81. 公明正(　　　): 하는 일이 공평하여 떳떳함

82. 獨不(　　　)軍: 다른 사람을 무시하고 혼자서만 모든 것을 하는 사람

⑦ 다음 漢字의 部首를 쓰시오.(83~85)

83. 粉 ⇨

84. 專 ⇨

85. 動 ⇨

⑧ 다음 漢字와 뜻이 같거나 비슷한 漢字를 보기에서 골라 글 속의 漢字語를 완성하시오.(86~98)

<보기> ① 考　② 轉　③ 窮
④ 共　⑤ 去

86. 체육관 移(　　　) 문제로 주민간의 이견의 분분하다.

87. 청소년문제는 (　　　)極적으로 어른들의 욕심에 있다.

88. 일본은 過(　　　)를 반성하지 않고 덮어두자고 한다.

⑨ 다음 두 단어의 讀音은 같으나 뜻이 다르다. 뜻풀이를 읽고 ( )안에 적당한 단어

를 보기에서 고르세요.(89~91)

<보기> ① 去 ② 拒 ③ 私
④ 辭 ⑤ 議

89.( )否 : 상대의 요구나 제의 등을 물리침

巨富 : 큰 부자, 또는 많은 재산

90.( )典 : 낱말을 모아 해설한 책

事前 : 일이 일어나기 전

91. 上衣 : 윗옷

相( ) : 서로 의논함

10 다음 漢字語의 뜻을 쓰세요.(92~94)

92. 儉素

93. 與件

94. 師弟

11 다음 漢字의 略字(약자)를 쓰세요.(95~97)

95. 肅

96. 豫

97. 圍

12 다음 漢字語 중에서 첫 음절이 長音으로 발음되는 것을 고르세요.(95~97)

98. ① 貯蓄 ② 家屋 ③ 推進 ④ 差別

99. ① 良識 ② 事務 ③ 勝負 ④ 孤獨

100. ① 登場 ② 集團 ③ 本質 ④ 運命

모의 한자능력검정시험 제2회

第2回 漢字能力儉定試驗 4級

1 다음 漢字語의 讀音을 쓰세요. (1~20)

<보기> 天地 ⇨ 천지

1. 儉素
2. 警戒
3. 福券
4. 歌舞
5. 射擊
6. 嚴肅
7. 範圍
8. 依支
9. 專門
10. 組織
11. 討論
12. 喜悲
13. 電燈
14. 博士
15. 熱誠
16. 職員
17. 吉凶
18. 種族
19. 速力
20. 信用

2 다음 밑줄 친 漢字語의 讀音을 쓰세요. (21~32)

21. 우선 사고의 原因부터 조사해보자.
22. 신분에 의한 차별을 宿命으로 받아들이지 않았다.
23. 여름에 洋服대신에 간편한 복장을

입는 것은 에너지 절약에 도움이 된다.

24. 이제는 市民들이 직접 나서서 감시 활동을 하였다.

25. 그 노인은 아직도 靑年 같은 에너지를 갖고 있다.

26. 학교 도서관에 자리가 없어서 私設 도서관에서 공부를 하였다.

27. 세계 여러 나라와의 交易 및 외교관계가 증가하였다.

28. 합격 통지서를 郵便으로 받았다.

29. 격식이 있는 모임에는 正裝을 입고 가는 것이 좋다.

30. 절대로 飮酒운전을 하면 안 된다.

31. 흥분부터 하지 말고 冷靜하게 생각해봐라.

32. 선생님의 明快한 설명으로 이제 이해가 된다.

③ 다음 漢字의 訓과 音을 쓰세요.(33~54)

<보기> 天⇨하늘 천

33. 簡 34. 庫

35. 奇 36. 慮

37. 普 38. 肅

39. 燃 40. 壯

41. 轉 42. 珍

43. 推 44. 武

45. 博 46. 師

47. 想 48. 賣

49. 買 50. 變

51. 愛 52. 發

53. 旗 54. 海

④ 다음 밑줄 친 단어에 알맞은 漢字語를 쓰세요.(55~74)

55. 이번 주말에는 등산을 가기로 하였다.

56. 전쟁 후에 국가의 재건을 위해 모

든 사람들이 노력하였다.

57. 지나친 경쟁은 승자도 패자도 모두 불행하게 만든다.

58. 그는 이번 사건과 무관하다고 주장하였다.

59. 오랜 전투 끝에 정전협상을 시작하였다.

60. 이 자료를 참고해서 보고서를 작성하여라.

61. 독서를 많이 하면 사고의 영역이 넓어진다.

62. 소대장은 사격중지를 명령하였다.

63. 경찰은 인질을 구출하기 위해서 범인을 설득하려 하였다.

64. 학기 초에 반장선거가 실시되었다.

65. 무조건 유행을 따르기보다 자신만의 개성을 표현하려 하였다.

66. 기대가 컸던 만큼 실망도 컸다.

67. 그녀는 아프리카로 봉사활동을 떠났다.

68. 보통의 경우 산업이 발달할수록 교통도 발달한다.

69. 그 회사는 월급 외에 숙식도 제공한다.

70. 두 사람은 영원한 사랑을 맹세하였다.

71. 그녀는 보기 드문 미녀였다.

72. 신용카드는 있지만 현금은 전혀 없습니다.

73. 살아있다는 것 그 자체가 기적이었다.

74. 오늘 학교에서 안전교육을 받았다.

5 다음 漢字와 뜻이 상대 또는 반대되는 漢字를 보기에서 골라 글 속의 漢字語를 완성하시오.(75~77)

<보기> ① 戒　② 博　③ 妹
④ 損　⑤ 害

75. 두 姉(　　　)는 마치 쌍둥이처럼 닮았다.

76. 꼼꼼하게 (　　　)益을 따져 계산해 보았다.

77. 利(　　　)관계의 당사자가 결정에 참여하면 안 된다.

6 다음 ( )안에 알맞은 漢字를 보기에서 고르세요.(78~82)

<보기> ① 歸　② 戒　③ 離
④ 緣　⑤ 傳

78. 一罰百(　　　) : 한 사람을 벌주어 백사람을 경계한다. 즉, 본보기로 엄한 처벌을 하는 것

79. (　　　)木求魚 : 나무에 인연하여 물고기를 구한다. 즉, 목적에 맞지 않는 수단, 허술한 계획

80. 複(　　　)多端: 일이 얽히고설키어 갈피를 잡기 어려움

81. 父(　　　)子(　　　) : 아버지에게서 아들로 전해짐

82. 事必(　　　)正: 세상의 모든 일은 결국에 가서는 바르게 됨

7 다음 漢字의 部首를 쓰시오.(83~85)

83. 管 ⇨

84. 組 ⇨

85. 州 ⇨

8 다음 漢字와 뜻이 같거나 비슷한 漢字를 보기에서 골라 글 속의 漢字語를 완성하시오.(86~98)

<보기> ① 孤　② 競　③ 空
④ 季　⑤ 共

86. 모두가 떠나가자 그는 갑자기 (　　　)獨한 느낌이 들었다.

87. 가을은 풍요의 (　　　)節이다.

88. 환경은 우리 모두의 (　　　)同문제이다.

9 다음 두 단어의 讀音은 같으나 뜻이 다르다. 뜻풀이를 읽고 ( )안에 적당한 단어를 보기에서 고르세요.(89~91)

<보기> ① 宣 ② 善 ③ 容
④ 散 ⑤ 領

89. ( )亂 : 흩어져 어지러움, 어수선함
産卵 : 알을 낳음

90. ( )傳 : 주의, 주장을 널리 알림
善戰 : 온힘을 다하여 잘 싸움

91. 勇氣 : 씩씩하고 굳센 기운
( )器 : 물건을 담는 그릇

10 다음 漢字語의 뜻을 쓰세요.(92~94)

92. 近況

93. 退陣

94. 遠洋

11 다음 漢字의 略字(약자)를 쓰세요.(95~97)

95. 稱

96. 顯

97. 轉

12 다음 漢字語 중에서 첫 음절이 長音으로 발음되는 것을 고르세요(95~97)

98. ① 領域 ② 情報 ③ 對象 ④ 農業

99. ① 專攻 ② 看板 ③ 憲法 ④ 交流

100. ① 監督 ② 參加 ③ 裝置 ④ 善惡

第3回 漢字能力儉定試驗 4級

1 다음 漢字語의 讀音을 쓰세요. (1~20)

<보기> 天地 ⇨ 천지

1. 打擊
2. 管理
3. 寄生
4. 激烈
5. 侵犯
6. 領域
7. 援助
8. 壯觀
9. 條件
10. 賣盡
11. 選擇
12. 結婚
13. 暗示
14. 議會
15. 創造
16. 暴力
17. 消費
18. 始終
19. 歲月
20. 團結

2 다음 밑줄 친 漢字語의 讀音을 쓰세요. (21~32)

21. 길거리에서 흥겨운 <u>曲調</u>가 흘러나왔다.
22. 서둘러서 늦지 않게 <u>到着</u>하였다.
23. 뻔뻔하게도 <u>反省</u>하는 기미도 보이

지 않았다.

24. 올해도 秋夕을 쇠러 고향에 가는 사람들로 도로가 붐빌 것이다.

25. 모든 근심을 잊고 모처럼 童心으로 돌아가 신나게 놀았다.

26. 공부하기 전에 책상 整理부터 좀 하여라.

27. 이 것은 평상시에 볼 수없는 珍貴한 구경거리이다.

28. 멋진 풍경에 感歎이 절로 나왔다.

29. 우리나라 여름은 고온 다습한 氣候이다.

30. 지금 그렇게 閑暇한 말을 할 때가 아니다.

31. 이 사업을 推進하기 위해서는 결단력이 필요하다.

32. 이순신 將軍은 세계 해전사에 큰 족적을 남겼다.

③ 다음 漢字의 訓과 音을 쓰세요.(33~54)

<보기> 天 ⇨ 하늘 천

33. 看　　34. 戒

35. 評　　36. 層

37. 籍　　38. 遊

39. 獎　　40. 迎

41. 延　　42. 秘

43. 亂　　44. 穀

45. 悲　　46. 聖

47. 受　　48. 深

49. 擧　　50. 領

51. 養　　52. 番

53. 勇　　54. 午

④ 다음 밑줄 친 단어에 알맞은 漢字語를 쓰세요.(55~74)

55. 그는 항상 초심을 유지하려 노력하였다.

56. 운동 경기를 즐기기 위해서는 경

기규칙을 잘 알아야 한다.

57. 새벽 일찍부터 어부들은 바다로 나갔다.

58. 네 말은 이치에 맞지 않다.

59. 우리는 마지막 타자에게 모든 기대를 걸었다.

60. 경기장은 응원열기로 후끈하였다.

61. 때로는 과정이 승패보다 중요하다.

62. 옛날에는 하늘이나 기후를 보며 길흉을 점치기도 하였다.

63. 그 마을은 전통가옥이 많이 남아 있어 외국인 관광객들의 발길이 끊이지 않았다.

64. 갑자기 날씨가 추워지자 병원은 감기환자들로 북적였다.

65. 이 사업은 매우 전망이 좋다.

66. 용돈을 절약해서 선물을 샀다.

67. 그 길고양이는 본능적으로 위험을 감지하였다.

68. 그 길고양이의 외모는 귀여웠지만 성질은 사나웠다.

69. 그 충고는 그에게 분명 효과가 있었다.

70. 선생님이 출석을 부르셨다.

71. 무책임한 언동을 삼가라. 고 경고하였다.

72. 그 계약과 관련된 문서를 다시 찾아보아라.

73. 한번 반대로 생각해 보렴.

74. 친구들은 학교에 이미 등교하였다.

5 다음 漢字와 뜻이 상대 또는 반대되는 漢字를 보기에서 골라 글 속의 漢字語를 완성하시오.(75~77)

<보기> ① 寄 ② 與 ③ 否
④ 海 ⑤ 暗

75. 국회에서 (　　)野가 대립하였다.

76. 결국에 투표로서 可(　　　)를 결정하기로 하였다.

77. 온갖 山(　　　)진미로 가득한 저녁 식사를 대접받았다.

⑥ 다음 ( )안에 알맞은 漢字를 보기에서 고르세요.(78~82)

<보기> ① 篇　② 條　③ 驚
　④ 盡　⑤ 髮

78. 金科玉(　　　) : 금과 옥 같이 소중히 지켜야할 법률

79. 無窮無(　　　) : 끝도없고 다함도 없다.

80. 千(　　　)一律 : 여러 시문이 격조가 비슷하다. 모두가 비슷비슷함

81. (　　　)天動地 : 하늘이 놀라고 땅이 흔들림. 세상을 놀라게 함

82. 危機一(　　　) : 머리털 한 올 같은 위험. 즉, 몹시 절박함을 이름

⑦ 다음 漢字의 部首를 쓰시오.(83~85)

83. 犯 ⇨

84. 壯 ⇨

85. 歲 ⇨

⑧ 다음 漢字와 뜻이 같거나 비슷한 漢字를 보기에서 골라 글 속의 漢字語를 완성하시오.(86~98)

<보기> ① 崇　② 貯　③ 資
　④ 績　⑤ 困

86. 아직도 많은 나라들이 貧(　　　)문제를 해결하지 못하고 있다.

87. 그 분의 (　　　)高한 희생정신을 기리는 묵념을 하였다

88. 열심히 (　　　)蓄하여 노후를 준비하였다.

⑨ 다음 두 단어의 讀音은 같으나 뜻이 다르다. 뜻풀이를 읽고 ( )안에 적당한 단어를

보기에서 고르세요.(89~91)

<보기> ① 良 ② 糧 ③ 各
④ 刻 ⑤ 調

89.( )食 : 먹을거리

樣式 : 일정한 형식이나 모양

90. 時( ) : 시간의 한 시점

視角 : 사물을 살피는 자세

91. 始祖 : 맨 처음 조상

時( ) : 우리나라 고유의 시

10 다음 漢字語의 뜻을 쓰세요.(92~94)

92. 叔父

93. 延期

94. 交信

11 다음 漢字의 略字(약자)를 쓰세요.(95~97)

95. 儉

96. 鑛

97. 勸

12 다음 漢字語 중에서 첫 음절이 長音으로 발음되는 것을 고르세요.(95~97)

98. ① 百姓 ② 賞罰 ③ 根源 ④ 進化

99. ① 意識 ② 看護 ③ 手段 ④ 構造

100. ① 親切 ② 商品 ③ 貴重 ④ 宣告

※ 4급 과정을 모두 마친 다음에 모의고사 답을 이 곳에 기재하세요.

수험번호 □□□-□□-□□□□ 성명 □□□□□

주민등록번호 □□□□□□-□□□□□□□ ※유성 싸인펜, 붉은색 필기구 사용 불가.

※답안지는 컴퓨터로 처리되므로 구기거나 더럽히지 마시고, 정답 칸 안에만 쓰십시오. 글씨가 채점란으로 들어오면 오답처리가 됩니다.

제 1회 한자능력검정시험 4급 답안지(1)

답 안 지		채점란		답 안 지		채점란		답 안 지		채점란	
번호	정 답	1검	2검	번호	정 답	1검	2검	번호	정 답	1검	2검
1				17				33			
2				18				34			
3				19				35			
4				20				36			
5				21				37			
6				22				38			
7				23				39			
8				24				40			
9				25				41			
10				26				42			
11				27				43			
12				28				44			
13				29				45			
14				30				46			
15				31				47			
16				32				48			

감 독 위 원	채 점 위 원 (1)		채 점 위 원 (2)		채 점 위 원 (3)	
(서명)	(득점)	(서명)	(득점)	(서명)	(득점)	(서명)

※본 답안지는 컴퓨터로 처리되므로 구기거나 더럽혀지지 않도록 조심하시고 글씨를 칸 안에 또박또박 쓰십시오.

제 1회 한자능력검정시험 4급 답안지(2)

답안지		채점란		답안지		채점란		답안지		채점란	
번호	정 답	1검	2검	번호	정 답	1검	2검	번호	정 답	1검	2검
49				67				85			
50				68				86			
51				69				87			
52				70				88			
53				71				89			
54				72				90			
55				73				91			
56				74				92			
57				75				93			
58				76				94			
59				77				95			
60				78				96			
61				79				97			
62				80				98			
63				81				99			
64				82				100			
65				83							
66				84							

※ 4급 과정을 모두 마친 다음에 모의고사 답을 이 곳에 기재하세요.

수험번호 □□□-□□-□□□□ 성명 □□□□□

주민등록번호 □□□□□□-□□□□□□□ ※유성 싸인펜, 붉은색 필기구 사용 불가.

※답안지는 컴퓨터로 처리되므로 구기거나 더럽히지 마시고, 정답 칸 안에만 쓰십시오.
글씨가 채점란으로 들어오면 오답처리가 됩니다.

제 2회 한자능력검정시험 4급 답안지(1)

답안지		채점란		답안지		채점란		답안지		채점란	
번호	정답	1검	2검	번호	정답	1검	2검	번호	정답	1검	2검
1				17				33			
2				18				34			
3				19				35			
4				20				36			
5				21				37			
6				22				38			
7				23				39			
8				24				40			
9				25				41			
10				26				42			
11				27				43			
12				28				44			
13				29				45			
14				30				46			
15				31				47			
16				32				48			

감독위원	채점위원(1)		채점위원(2)		채점위원(3)	
(서명)	(득점)	(서명)	(득점)	(서명)	(득점)	(서명)

※본 답안지는 컴퓨터로 처리되므로 구기거나 더럽혀지지 않도록 조심하시고 글씨를 칸 안에 또박또박 쓰십시오.

제 2회 한자능력검정시험 4급 답안지(2)

답안지		채점란		답안지		채점란		답안지		채점란	
번호	정답	1검	2검	번호	정답	1검	2검	번호	정답	1검	2검
49				67				85			
50				68				86			
51				69				87			
52				70				88			
53				71				89			
54				72				90			
55				73				91			
56				74				92			
57				75				93			
58				76				94			
59				77				95			
60				78				96			
61				79				97			
62				80				98			
63				81				99			
64				82				100			
65				83							
66				84							

※ 4급 과정을 모두 마친 다음에 모의고사 답을 이 곳에 기재하세요.

수험번호 □□□-□□-□□□□ 성명 □□□□□

주민등록번호 □□□□□□-□□□□□□□ ※유성 싸인펜, 붉은색 필기구 사용 불가.

※답안지는 컴퓨터로 처리되므로 구기거나 더럽히지 마시고, 정답 칸 안에만 쓰십시오.
글씨가 채점란으로 들어오면 오답처리가 됩니다.

제 3회 한자능력검정시험 4급 답안지(1)

답 안 지		채점란		답 안 지		채점란		답 안 지		채점란	
번호	정 답	1검	2검	번호	정 답	1검	2검	번호	정 답	1검	2검
1				17				33			
2				18				34			
3				19				35			
4				20				36			
5				21				37			
6				22				38			
7				23				39			
8				24				40			
9				25				41			
10				26				42			
11				27				43			
12				28				44			
13				29				45			
14				30				46			
15				31				47			
16				32				48			

감독위원	채점위원(1)		채점위원(2)		채점위원(3)	
(서명)	(득점)	(서명)	(득점)	(서명)	(득점)	(서명)

※본 답안지는 컴퓨터로 처리되므로 구기거나 더럽혀지지 않도록 조심하시고 글씨를 칸 안에 또박또박 쓰십시오.

제 3회 한자능력검정시험 4급 답안지(2)

답 안 지		채점란		답 안 지		채점란		답 안 지		채점란	
번호	정 답	1검	2검	번호	정 답	1검	2검	번호	정 답	1검	2검
49				67				85			
50				68				86			
51				69				87			
52				70				88			
53				71				89			
54				72				90			
55				73				91			
56				74				92			
57				75				93			
58				76				94			
59				77				95			
60				78				96			
61				79				97			
62				80				98			
63				81				99			
64				82				100			
65				83							
66				84							

· 예상문제 (20p~23p)

1. 1)시각 2)간편 3)간과 4)휴가 5)용감 6)각고 7)강하 8)거물 9)감초 10)거주 11)걸작 12)검소 13)견고 14)충견 15)타격 16)감격 17)간구 18)동갑 19)근거 20)거절
2. 1)굳을 견 2)새길 각 3)깨달을 각 4)칠 격 5)볼 간 6)내릴 강/항복할 항 7)감히/구태여감 8)개 견 9)막을 거 10)살 거 11)클 거 12)갑옷 갑 13)검소할 검 14)대쪽/간략할 간 15)근거 거 16)뛰어날 걸 17)방패 간 18)격할 격 19)겨를/틈 가 20)달 감
3. 1)餘暇 2)巨人 3)寸刻 4)簡單 5)先覺者 6)看護 7)反擊 8)傑出 9)堅果 10)忠犬
4. 1)③ 2)⑤ 3)⑪ 4)⑫ 5)⑩ 6)⑧ 7)⑯ 8)⑳ 9)⑱ 10)⑨
5. 1)① 2)③ 3)⑤
6. 1) 覚
   2) 拠
   3) 倹
7. 1)④
   2)②
   3)③

· 예상문제 (36p~39p)

1. 11)경향 2)변경 3)망원경 4)경계 5)계절 6)직계 7)관리 8)금광 9)고립 10)차고 11)곡식 12)곤경 13)공자 14)계급 15)대경 16)계속 17)양계 18)공격 19)구성 20)골격
2. 1)칠 공 2)거울 경 3)섬돌 계 4)쇳돌 광 5)닭 계 6)경계할 계 7)곡식 곡 8)이어맬 계 9)고칠 경/다시 갱 10)이을 계 11)기울 경 12)외로울 고 13)대롱, 주관할 관 14)곤할 곤 15)구멍 공 16)얽을 구 17)곳집 고 18)계절 계 19)놀랄 경 20)뼈 골
3. 1)訓戒 2)四季 3)孤獨 4)書庫 5)養鷄場 6)鑛夫 7)穀間 8)構築 9)困難 10)骨子
4. 1)② 2)⑪ 3)⑱ 4)⑳ 5)⑮ 6)⑰ 7)⑬ 8)⑥ 9)① 10)⑫
5. 1)⑤ 2)② 3)③
6. 1) 鉱
   2) 継
   3) 経
7. 1)①
   2)②
   3)④

· 예상문제 (52p~55p)

1. 1)군자 2)곤궁 3)권선 4)기별 5)석권 6)학군 7)복권 8)굴곡 9)귀가 10)근육 11)균등 12)극장 13)기념 14)출납 15)계단 16)신도 17)도용 18)근로 19)기생 20)기기
2. 1)들일 납 2)도둑 도 3)기특할 기 4)부칠 기 5)부지런할 근 6)힘줄 근 7)심할 극 8)책 권 9)고를 균 10)돌아갈 귀 11)문서 권 12)권할 권 13)굽힐 굴 14)다할 궁 15)벼리 기 16)무리 도 17)임금 군 18)무리 군 19)층계 단 20)틀 기
3. 1)旅券 2)上卷 3)窮地 4)機動力 5)鐵筋 6)平均 7)生徒 8)納品 9)屈服 10)群集
4. 1)⑨ 2)⑱ 3)⑰ 4)④ 5)⑧ 6)③ 7)⑩ 8)① 9)⑥ 10)②
5. 1)사람, 건물 등이 한곳에 모임 2)본래의 상태 또는 자리로 되돌아감 3)걸어감, 걷기
6. 1) 勧
   2) 灯
   3) 担
7. 1)②
   2)①
   3)③

· 예상문제 (68p~71p)

1. 1)계란 2)전람회 3)염려 4)격렬 5)연륜 6)이별 7)비명 8)모조 9)가무 10)박수11)도주 12)난립 13)약자 14)식량 15)비룡 16)유기 17)남매 18)근면 19)성묘

20)기묘

2. 1)도망할 도 2)알 란 3)바퀴 륜 4)무덤 묘 5)묘할 묘 6)볼 람 7)춤출 무 8)누이 매 9)울 명 10)용 룡 11)어지러울 란 12)본뜰 모 13)매울 렬 14)떠날 리 15)힘쓸 면 16)버들 류 17)양식 량 18)간략할/약할 략 19)칠 박 20)생각할 려

3. 1)逃亡 2)觀覽 3)省略 4)龍宮 5)妹兄 6)勉學 7)妙技 8)墓地 9)拍車 10)亂舞

4. 1)④ 2)⑭ 3)⑥ 4)⑫ 5)⑳ 6)⑮ 7)⑦ 8)③ 9)⑨ 10)①

5. 1)앞일을 걱정함, 또는 그런 걱정
2)나라를 위해 목숨을 바친 열사, 또는 조상의 공적
3)나뉘어 떨어짐

6. 1)乱
2)覧
3)竜

7. 1)②
2)④
3)③

· 예상문제 (84p~87p)

1. 1)모발 2)답변 3)거부 4)부담 5)비문 6)사설 7)철사 8)침범 9)규범 10)복병 11)복사 12)분노 13)분식 14)비밀 15)사격 16)사전 17)산보 18)방해 19)보통 20)비판

2. 1)아닐 부 2)흩을 산 3)범할 범 4)사사 사 5)겹칠 복 6)넓을 보 7)쏠 사 8)분할 분 9)숨길 비 10)비평할 비 11)가루 분 12)방해할 방 13)터럭 발 14)비석 비 15)엎드릴 복 16)말씀 변 17)법 범 18)실 사 19)말씀 사 20)질 부

3. 1)白髮 2)辯論 3)勝負 4)粉筆 5)降伏 6)神秘 7)碑石 8)公私 9)發射 10)激憤

4. 1)⑥ 2)④ 3)⑯ 4)⑦ 5)⑧ 6)⑳ 7)② 8)⑤ 9)① 10)③

5. 1)① 2)④ 3)③

6. 1)辞
2)宝
3)师

7. 1)④
2)②
3)①

· 예상문제 (100p~103p)

1. 1)부상 2)대상 3)소속 4)손익 5)수작 6)숙부 7)씨족 8)총액 9)여당 10)영역 11)선포 12)독설 13)송판 14)송축 15)숙청 16)숭문 17)모양 18)엄숙 19)교역 20)연기

2. 1)엄숙할 숙 2)코끼리 상 3)덜 손 4)모양 양 5)빼어날 수 6)붙일 속 7)다칠 상 8)소나무 송 9)베풀 선 10)아재비 숙 11)칭송할, 기릴 송 12)늘일 연 13)더불, 줄 여 14)이마 액 15)혀 설 16)바꿀 역/쉬울 이17)높을 숭 18)지경 역 19)엄할 엄 20)각시, 성씨 씨

3. 1)舌戰 2)崇高 3)秀才 4)損害 5)宣傳 6)自肅 7)巨額 8)樣式 9)全域 10)容易

4. 1)⑱ 2)⑬ 3)⑤ 4)⑥ 5)⑰ 6)⑲ 7)③ 8)⑫ 9)⑮ 10)⑪

5. 1)속을 썩임, 마음 상함 2)쇠붙이, 금붙이
3)엄하게 벌을 줌, 또는 엄한 벌

6. 1)粛
2)様
3)与

7. 1)②
2)①
3)③

· 예상문제 (116p~119p)

1. 1)연료 2)경영 3)경우 4)근원 5)위신 6)인연 7)영입 8)우편 9)위급 10)위로11)연필 12)예방 13)원망 14)범위 15)우유 16)영화 17)우수 18)원조 19)위임 20)유학

2. 1)젖 유 2)탈 연 3)근원 원 4)위엄 위 5)선비 유

6)맞을 영 7)넉넉할 우 8)위태로울 위 9)인연 연
10)우편 우 11)도울 원 12)위로할 위 13)납 연
14)미리 예 15)에워쌀 위 16)비칠 영 17)만날 우
18)원망할 원 19)맡길 위 20)경영할 영

3. 1)血緣 2)放映 3)運營 4)豫告 5)禮遇 6)怨聲 7)支援
8)危機 9)權威 10)優先
4. 1)⑳ 2)⑯ 3)⑫ 4)⑬ 5)⑥ 6)⑭ 7)⑦ 8)② 9)⑰ 10)⑲
5. 1)② 2)③ 3)⑤
6. 1)予
2)囲
3)芸
7. 1)③
2)①
3)③

· 예상문제 (132p~135p)

1. 1)유목 2)유산 3)의식 4)의심 5)자매 6)자세 7)복잡
8)장관 9)대장 10)정장 11)은퇴 12)의지 13)이색
14)인술 15)자원 16)잔액 17)통장 18)주장 19)장학
20)해저
2. 1)어질 인 2)거동 의 3)남길 유 4)의지할 의 5)꾸밀 장
6)숨을 은 7)다를 이 8)모양 자 9)섞일 잡 10)창자 장
11)재물 자 12)의심할 의 13)베풀 장 14)장할 장
15)밑 저 16)손위누이 자 17)놀 유 18)남을 잔
19)장려할 장 20)장막 장
3. 1)遊園地 2)隱密 3)禮儀 4)疑問 5)姿態 6)殘留 7)壯談
8)出張 9)包裝 10)底力
4. 1)⑯ 2)⑩ 3)⑫ 4)③ 5)⑦ 6)⑨ 7)⑳ 8)⑧ 9)⑬ 10)⑱
5. 1)④ 2)① 3)③
6. 1)雑
2)壮
3)装
7. 1)①
2)②
3)④

· 예상문제 (148p~151p)

1. 1)축적 2)적절 3)절반 4)정리 5)조류 6)서적 7)전문
8)점령 9)냉정 10)조합 11)성적 12)운전 13)점심
14)제왕 15)존재 16)도적 17)엽전 18)장정 19)조건
20)복종
2. 11)있을 존 2)문서 적 3)가지런할 정 4)좇을 종
5)짤 조 6)꺾을 절 7)임금 제 8)조수, 밀물 조
9)도둑 적 10)가지 조 11)고무래, 장정 정 12)오로지 전
13)돈 전 14)고요할 정 15)쌓을 적 16)점 점 17)구를 전
18)길쌈 적 19)맞을 적 20)점령할 점/점칠 점
3. 1)積極的 2)業績 3)適應 4)專攻 5)骨折 6)獨占 7)整備
8)安靜 9)風潮 10)組立式
4. 1)⑮ 2)① 3)② 4)⑨ 5)⑭ 6)⑲ 7)⑳ 8)⑤ 9)⑯ 10)⑩
5. 1)한 나라의 국민이 되는 자격
2)다른 학교로 옮겨가서 배움 3)잘 보호하여 남김
6. 1)転
2)銭
3)点
7. 1)②
2)①
3)③

· 예상문제 (164p~167p)

1. 11)종로 2)좌석 3)음주 4)증거 5)교지 6)조직 7)진지
8)차이 9)책상 10)원천 11)주위 12)주황 13)지지
14)기지 15)진귀 16)매진 17)극찬 18)채취 19)시청
20)관청
2. 1)샘 천 2)술 주 3)쇠북 종 4)들을 청 5)두루 주
6)가질 지 7)짤 직 8)책 책 9)다를 차 10)보배 진

11)다할 진 12)캘 채 13)지혜, 슬기 지 14)기릴 찬
15)관청 청 16)기록할 지 17)붉을 주 18)진칠 진
19)자리 좌 20)증거 증

3. 1)周邊 2)酒店 3)檢證 4)所持 5)雜誌 6)珍風景 7)未盡
8)退陣 9)時差 10)採用

4. 1)⑮ 2)⑪ 3)⑩ 4)⑭ 5)⑳ 6)② 7)⑥ 8)⑫ 9)⑰ 10)④

5. 1)구별하여 차등을 둠 2)칭찬, 찬양하는 말
3)따뜻한 물이 솟아오르는 샘

6. 1)証
2)聴
3)庁

7. 1)①
2)④
3)②

· 예상문제 (180p~183p)

1. 1)초래 2)취향 3)명칭 4)탐구 5)투구 6)추진 7)층계
8)포탄 9)선택 10)투쟁11)감축 12)침실 13)감탄
14)토론 15)파생 16)취학 17)방침 18)탈퇴 19)고통
20)판결

2. 1)탄알 탄 2)일컬을 칭 3)판단할 판 4)층 층 5)줄일 축
6)아플 통 7)나아갈 취 8)벗을 탈 9)칠 토 10)탄식할 탄
11)찾을 탐 12)싸움 투 13)밀 추 14)가릴 택 15)잘 침
16)바늘 침 17)부를 초 18)뜻 취 19)갈래 파 20)던질 투

3. 1)推算 2)縮小 3)趣味 4)時針 5)脫出 6)稱讚 7)探査
8)討議 9)戰鬪 10)開化派

4. 1)⑳ 2)⑦ 3)⑮ 4)② 5)④ 6)⑱ 7)① 8)⑪ 9)⑭ 10)③

5. 1)③ 2)④ 3)⑤

6. 1)称
2)弾
3)択

7. 1)③
2)②
3)①

· 예상문제 (202p~206p)

1. 1)옥편 2)폭탄 3)통한 4)헌법 5)형벌 6)분홍 7)상황
8)지휘 9)평론 10)목표11)한가 12)보험 13)혹시
14)영화 15)석회 16)희비 17)폐회 18)피로 19)항의
20)혁명 21)결혼 22)환영 23)기후 24)세포 25)도피
26)핵심 27)구현 28)혼동 29)환경 30)후대

2. 1)씨 핵 2)법 헌 3)닫을 폐 4)빛날 화 5)기쁠 희
6)형벌 형 7)세포 포 8)불터질 폭 9)표할 표 10)피할 피
11)혼인할 혼 12)한가할 한 13)책 편 14)겨룰 항
15)험할 험 16)평할 평 17)상황 황 18)피곤할 피
19)섞을 혼 20)한 한 21)붉을 홍 22)재 회 23)고리 환
24)혹 혹 25)기쁠 환 26)기후 후 27)휘두를 휘
28)가죽 혁 29)두터울 후 30)나타날 현

3. 1)短篇 2)密閉 3)爆發 4)指標 5)回避 6)恨歎 7)閑散
8)危險 9)革新 10)死刑 11)紅衣 12)歡聲 13)花環
14)好況 15)厚生

4. 1)㉒ 2)⑪ 3)⑦ 4)③ 5)⑯ 6)㉚ 7)④ 8)① 9)⑭ 10)㉘

5. 1)② 2)④ 3)⑤

6. 1)顕
2)兴
3)鮮

7. 1)④
2)①
3)②

4급 모의 한자능력검정시험 해답

모의한자능력검정시험 (제1회)

1 1.간과
2.경향
3.기념
4.박수
5.부담
6.총액
7.경영
8.유산
9.성적
10.원천
11.취향
12.분홍
13.결백
14.노력
15.비행
16.전원
17.풍경
18.필연
19.대화
20.체력

2 21.음료
22.신봉
23.영어
24.편안
25.학교
26.동갑
27.변경
28.귀가
29.식량
30.경우
31.수작
32.포용

3 33.살 거
34.얽을 구
35.권할 권
36.부칠 기
37.떠날 리
38.범할 범
39.말씀 변
40.모양 양
41.지경 역
42.도울 원
43.꾸밀 장
44.오로지 전
45.벼슬 관
46.이을 련
47.빽빽할 밀
48.갖출 비
49.쓸 비
50.착할 선
51.결단할 결
52.합할 합
53.대할 대
54.매양/늘 매

4 55.可能
56.相談
57.完成
58.去來
59.落第
60.英雄
61.物件
62.料金
63.原理
64.風景
65.客席
66.告白
67.廣場
68.自己
69.當時
70.道路
71.孫子
72.作業
73.藥草
74.活動

5 75.①
76.③
77.④

6 78.⑤
79.①
80.③
81.④
82.②

7 83.米
84.寸
85.力

8 86.②
87.③
88.⑤

9 89.②
90.④
91.⑤

10 92.사치하지 않고 수수함
93.주어진 조건
94.스승과 제자

11 95.粛
96.予
97.囲

12 98.①
99.②
100.④

모의한자능력검정시험 (제2회)

1 1.검소
2.경계
3.복권
4.가무
5.사격
6.엄숙
7.범위
8.의지
9.전문
10.조직
11.토론
12.희비
13.전등
14.박사
15.열성
16.직원
17.길흉
18.종족
19.속력
20.신용

2 21.원인
22.숙명
23.양복
24.시민
25.청년
26.사설
27.교역
28.우편
29.정장
30.음주
31.냉정
32.명쾌

3 33.대쪽/간략할 간
34.곳집 고
35.기특할 기
36.생각할 려
37.넓을 보
38.엄숙할 숙
39.탈 연
40.장할 장
41.구를 전
42.보배 진
43.밀 추
44.호반 무
45)넓을 박
46.스승 사
47.생각 상
48.팔 매
49.살 매
50.변할 변
51.사랑 애
52.필 발
53.깃발 기
54.바다 해

4 55.週末
56.再建
57.競爭
58.無關
59.停戰
60.參考
61.思考
62.中止
63.救出
64.選擧
65.流行
66.失望
67.奉仕
68.產業
69.宿食
70.永遠
71.美女
72.現金
73.自體
74.安全

5 75.③
76.④
77.⑤

6 78.②
79.④
80.③
81.⑤
82.①

7 83.竹
84.糸
85.川

8 86.①
87.④
88.⑤

9 89.④
90.①
91.③

10 92.요즘 상황
93.물러남
94.육지에서 멀리 떨어진 바다

11 95.称
96.顕
97.転

12 98.③
99.③
100.④

모의한자능력검정시험 (제3회)

1 1.타격
2.관리
3.기생
4.격렬
5.침범
6.영역
7.원조
8.장관
9.조건
10.매진
11.선택
12.결혼
13.암시
14.의회
15.창조
16.폭력
17.소비
18.시종
19.세월
20.단결

2 21.곡조
22.도착
23.반성
24.추석
25.동심
26.정리
27.진귀
28.감탄
29.기후
30.한가
31.추진
32.장군

3 33.볼 간
34.경계할 계
35.평할 평
36.층 층
37.문서 적
38.놀 유
39.장려할 장
40.맞을 영
41.늘일 연
42.숨길 비
43.어지러울 란
44.곡식 곡
45.슬플 비
46.성인 성
47.받을 수
48.깊을 심
49.들 거
50.거느릴 령
51.기를 양
52.차례 번
53.날랠 용
54.낮 오

4 55.初心
56.競技
57.漁夫
58.理致
59.期待
60.熱氣
61.勝敗
62.吉凶
63.家屋
64.患者
65.展望
66.節約
67.感知
68.性質
69.效果
70.出席
71.言動
72.文書
73.反對

74.學校

5 75.②

76.③

77.④

6 78.②

79.④

80.①

81.③

82.⑤

7 83.犭

84.士

85.止

8 86.⑤

87.①

88.②

9 89.②

90.④

91.⑤

10 92.작은 아버지

93.정해진 기간을 뒤로 물림

94.전화, 우편 등을 통해 정보를 주고받음

11 95.倹

96.鉱

97.勧

12 98.④

99.①

100.③